renovation

集合住宅の
リノベーション

renovation
of
multi-family buildings

日本建築学会 編

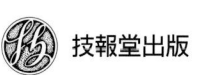

技報堂出版

まえがき

　年数を経たマンションや鉄筋アパートのその後に，どのように対応していくかということが，ハウジングに関わる人々の間で，大きな話題になっている。阪神・淡路大震災以降は，とくに建替えといったことに議論が集中したりしたが，一足飛びに建替えとはいかないで，もう少し長期に使っていくとすると，どんな方法があるのだろうか。そのようなところに大変興味があったが，一つの方法としてリノベーションというものに注目した。

　リノベーションというのは，リニューアルとも言われたりするが，建物の大掛かりな改修や改造のことで，欧米ではかなり頻繁に行われていて，新築工事よりもこちらの方が多い国も少なくない。

　われわれ，日本建築学会の集合住宅管理小委員会のメンバーは，マンションなど集合住宅の建設後の管理のことを考えてきたことがあって，集合住宅が年数を重ねていくにつれてどのようなことが問題となるか，常々心に留めてきたし，議論もしてきた。そのようなことから，年数を経た集合住宅への対応というテーマには，大変興味があった。

　小委員会では，2001年度から「サステナブル(持続可能)な社会における集合住宅の管理」ということを長期テーマにすえて委員会活動を行おうと考えてきた。日本建築学会では「地球環境・建築憲章」というものを公にして，建築の長寿命化を図ろうとしているが，その趣旨にも応えようとするものでもある。まず，サブテーマとして，集合住宅のリノベーションを選び，調査研究を始めていったが，本書はこの三年間の委員会活動のまとめを主体としたものである。

　今日，ハウジングの重点は，フロー(新建設)からストック(既存住宅)対策に変わりつつある。そういう中で集合住宅のリノベーションが注目されている。日本の集合住宅リノベーションは，公営住宅など公的な賃貸住宅で試みられており，今後，本格的なものが増えるであろう。ついで民間のマンションでも，住戸内のリフォームに加えて共用部分を対象としたリノベーションが，現在の大規模修繕の経験を踏み台として取り組みが増すであろう。その技術的，組織的な方法を総括しながら発展の方向を模索し提示していくことは，重要な課題である。本書の内容は，そのような課題に挑戦しつつまだその途上にあるというところであるが，世に問うことの意味は大きいと考えている。

　集合住宅のリノベーションについては，諸外国の優れた事例研究があり，多くのことを教えられるのだが，わが国の事例については案外断片的な紹介に終っていて，系統的に整理されてきていない。リノベーションの研究も含めて，住宅ストックの研究は，フローの研究に比べて遅れている。そんなことから，リノベーション研究の手始めとしては，事例を収集し整理して，じっくり観察し，考察を深めることだと考えた。そのような意図から本書は，事例の紹介とそ

まえがき

の取り組みの課程での問題，新建設とは違った困難性といったことの整理と紹介に努めた。集合住宅の管理や補修の実務に関わっている方々，計画や設計の専門家，行政担当者など多様な方々に読んでいただき，ご批判をいただけたらと思っている。また，本書の出版では，年数を経た集合住宅に住む人々に，情報を提供することも大きな狙いとした。本委員会の活動の特徴の一つに，住民との接触をはかるというのがあって，いつの頃からか身についてきている。あまり大げさなことではないが，マンションの住民の方々に研究成果を還す意図で，市民のためのシンポジュームを10回近く開いたりしてきた。そのような委員会活動がつくった良き伝統を引き継いで，集合住宅の住民の方々に情報を提供し，刺激として受け取ってもらい，将来，出来るならばすばらしいリノベーション事例をつくって欲しいということも考えた。

　本書は総論と3編，8章からなっており，第1編は，民間マンションを扱い，大規模修繕からリノベーションへと繋がる多彩な事例を見ている。民間マンションでは，共用部分に手をつける場合，多くの区分所有者の合意を図って進めなければならないから，困難なことが多いが，それにもかかわらず，増築も含めて大小さまざまなリノベーションが見られる。また，第3章ではオフィスや寮など他の用途の建物から住宅に改装するコンバージョンを取り上げた。わが国では鉄筋コンクリート造のコンバージョンはまだ少ないが，建物を長く使っていく傾向が増してくると，多くなっていくであろう。第2編は，公的な賃貸住宅で実施されているリノベーションを見ている。第4章，第5章では公営住宅と公団住宅を扱い，第6章ではいろいろな試みを行っている大阪府住宅供給公社のケースを取り上げた。1960年代から70年代にかけて，大都市圏を中心に多くの公的住宅供給がなされたが，このマスハウジング期のストックをどのように活用していくかは大きな問題である。試行錯誤が続いているように見うけられるが，公的機関の住宅供給とはいったい何かといったことなど住宅政策の基本的なところの見直しが必要なように思われる。第3編は，海外の事例を2つの章で紹介し，教訓を考えた。欧米を中心に海外のリノベーション事例は豊富で，わが国への紹介も増えてきている。単なる事例紹介に終らず，わが国が学ぶべきものは何かという視点を意識して執筆してもらっている。わが国のハウジングを取り巻く諸事情が諸外国と大いに異なることは論をまたない。われわれの意図は日本における集合住宅ストック，そして団地の再生が進展していき，それによってわが国のやり方がつくり出されていくことである。そのために本書がいくらかでも寄与すればと願っている。本書の出版にあたっては，幹事の方々にはご苦労をおかけした。特に米野史健さんには裏方をひき受けてもらい，わずらわしい実務作業をお願いした。ご苦労いただいた方々にお礼を申し上げたい。

　なお，本書は日本建築学会建築経済委員会にある集合住宅小委員会の新旧メンバーと委員会の活動に参加いただいた方々によって書かれており，各章の分担は別記のとおりである。

2004年1月

日本建築学会建築経済委員会
集合住宅管理小委員会
主査　梶浦　恒男

日本建築学会建築経済委員会集合住宅管理小委員会

主　査　梶浦　恒男　（平安女学院大学生活環境学部）

幹　事　阿部　一尋　（市浦都市開発建築コンサルタンツ）
　　　　田辺　邦男　（関東学院大学工学部）
　　　　米野　史健　（国土交通省国土技術政策総合研究所）

委　員　今井　俊夫　（今井環境建築事務所）
　　　　奥澤　健一　（スペース・ユニオン一級建築士事務所）
　　　　笠原　秀樹　（長谷工コミュニティ）
　　　　川本　郷司　（元 聖ドミニコ学園）
　　　　齋藤　広子　（明海大学不動産学部）
　　　　西戸　啓陽　（明海大学不動産学部）
　　　　長谷川　洋　（国土交通省国土技術政策総合研究所）
　　　　藤本　佳子　（金蘭短期大学生活科学科）
　　　　星川　晃二郎（汎建築研究所）
　　　　前田　昭彦　（都留文科大学社会学科）
　　　　村上　　心　（椙山女学園大学生活科学部）

執筆者　総　論　梶浦　恒男（前掲）

　　　　第1章　田辺　邦男（前掲）（1.1節）
　　　　　　　　星川　晃二郎（前掲）（1.2節）
　　　　　　　　三木　　哲（共同設計・五月社）（1.3節）
　　　　　　　　阿部　一尋（前掲）（1.4節）

　　　　第2章　山本　育三（関東学院大学工学部）

　　　　第3章　齋藤　広子（前掲）（3.1, 3.2節）
　　　　　　　　中城　康彦（明海大学不動産学部）（3.2節）
　　　　　　　　笠原　秀樹（前掲）（3.3節）

　　　　第4章　長谷川　洋（前掲）

　　　　第5章　石倉　健彦（都市基盤整備公団）

　　　　第6章　辻　　壽一（大阪樟蔭女子大学学芸学部）
　　　　　　　　吉内　幸子（大阪府住宅供給公社）
　　　　　　　　楊井　裕美（大阪市立大学大学院生）

　　　　第7章　村上　　心（前掲）

　　　　第8章　辻　　壽一（前掲）

目 次

総　論　集合住宅リノベーションの課題と展望　1

1 リノベーションの必要性　1
2 フローからストックへ —— ハウジングの転換　1
3 環境問題と住宅のあり方　2
4 集合住宅リノベーションの経験　3
　4.1 公的集合住宅の場合　3
　4.2 民間マンションの場合　4
　4.3 リノベーションへの要求　4
5 わが国のリノベーションの問題点　5
　5.1 リノベーション費用の問題　6
　5.2 個別性を尊重したリノベーション工事を　6
6 リノベーション・プロジェクトの特質　7
7 リノベーションが進むために　8
　7.1 住居マネージメントを進めるシステムの確立　8
　7.2 具体的な取り組み　9

第1編　マンション再生

第1章　マンションのリノベーション　12

1.1 マンションの大規模修繕工事内容の変遷　12
　1.1.1 分譲マンションストックの現況　12
　1.1.2 経年によるマンションの傷みへの対応　13
　1.1.3 マンションの維持管理の全体像　16
　1.1.4 経年によるマンションの大規模修繕の変遷　19
　1.1.5 マンションの長命化とグレードアップ　29
1.2 マンションのグレードアップとリノベーション　36
　1.2.1 マンション各部のグレードアップ　36
　1.2.2 マンション設備の性能改善　40
　1.2.3 共用部分のバリアフリー対策　42
　1.2.4 エレベータの更新と新設　44
　1.2.5 耐震診断と耐震補強　47
　1.2.6 その他のグレードアップ　47
　［事例-1］築25年で外壁, 排水管, 電気幹線等の総合改修　49
　　(1) 改修概要　49
　　(2) 1階エレベータホール(エントランスホール)のグレードアップ　50

(3) バルコニーの台所系排水たて管更新　50
　　　(4) 電気幹線容量アップ　50
　　　(5) 集会所の内装リフォーム　51
　1.3　団地型マンションでの屋外環境改善　52
　　1.3.1　樹木の成長障害と環境整備事業　52
　　1.3.2　駐車場・駐輪場の増設・改善事業　53
　　1.3.3　コミュニティー施設の増改築改修　55
　　1.3.4　団地屋外環境の総合的整備事業　56

　　[事例−2]　駐車場と自治会館新築 総合的な改修の事例　58
　　　(1) 川越市笠幡住宅 屋外環境整備事業　58
　　　(2) 問題点　58
　　　(3) 事業に向けて　59
　　　(4) 駐車場の計画　59
　　　(5) 緑について　61
　　　(6) バリアフリー化について　61
　　　(7) 自治会館の計画　61
　　　(8) 資金計画　62
　　　(9) 自治会館の建築計画上のコンセプト　62
　　　(10) 一団地認定の変更申請　63
　　　(11) 一団地認定の変更(連担建築物設計法86条の2)，確認申請の流れ　64
　1.4　小規模マンションの大規模修繕への取り組み　66
　　1.4.1　管理体制上の問題点　66
　　1.4.2　建物維持管理上の問題点　68
　　1.4.3　小規模マンション改善のための方策　69

第2章　マンション専有部分の増築　72

　2.1　事例から見た増築への取り組み方とその効果　72
　　2.1.1　増築の実態整理　72
　　2.1.2　増築を行う際の仕組み・手順　73
　　2.1.3　増築事例にみる結果と課題　78
　2.2　首都圏での事例——Fu団地型マンションの取り組み　79
　　2.2.1　調査の概要と増築の背景　79
　　2.2.2　管理組合の取り組み　80
　　2.2.3　増築の成立要件と影響　81
　　2.2.4　最近の状況　82
　　2.2.5　まとめ　83

第3章　コンバージョンによる集合住宅への再生　84

　3.1　集合住宅へのコンバージョン　84
　　3.1.1　はじめに——コンバージョンとは何か？　84
　　3.1.2　集合住宅のリノベーションと建物のコンバージョン　84
　　3.1.3　建物の用途コンバージョンパターンとその背景　86
　　3.1.4　コンバージョンの実態　87
　　3.1.5　コンバージョンでみられた多様なリノベーション工事　88
　　3.1.6　コンバージョンを円滑に行うための促進要因・阻害要因　89
　　3.1.7　コンバージョンが示唆する新しい居住形態と建築・不動産法制度の課題　91

3.2　オフィスビルから集合住宅へ　94
3.2.1　部分コンバージョンの事例　94
3.2.2　全体コンバージョンの事例　96
3.3　社員寮から集合住宅へのコンバージョン　99
3.3.1　はじめに　99
3.3.2　プチ・コンバージョンの事例　99
3.3.3　本格的コンバージョンの事例　102
3.3.4　不動産開発におけるコンバージョンの位置づけ　103

第2編　公的集合住宅にみる再生アイデア

第4章　公営住宅のストック活用と改善事業の展開　106
4.1　はじめに　106
4.2　既設公営住宅の更新・改善に係る制度　106
4.2.1　建替え事業　106
4.2.2　個別改善事業　106
4.3　公営住宅ストック総合活用計画の創設　113
4.3.1　背　景　113
4.3.2　ストックの活用手法　113
4.3.3　制度の内容　113
4.3.4　実　績　117
4.4　全面的改善（トータルリモデル）事業の創設　117
4.4.1　改善の内容　117
4.4.2　最適改善手法評価　118
4.4.3　主な補助対象　119
4.4.4　全面的改善事業の計画　119
4.5　おわりに――課題と展望　122

第5章　公団におけるストック活用の取り組み　124
5.1　公団賃貸住宅の現状　124
5.2　公団の既存ストック活用の政策的位置づけ　126
5.3　既存ストック活用に対するさまざまなメニュー　127
5.3.1　建替え事業　127
5.3.2　総合的団地環境整備事業（総合団環）　130
5.3.3　ライフアップ　132
5.3.4　リニューアル　132
5.3.5　高齢者向け優良賃貸住宅　135
5.3.6　その他の主な居住性能向上対策　135
5.3.7　トータルリニューアル　136
5.4　事業実施の考え方　136

第6章　大阪府住宅供給公社の取り組み　138
6.1　公社賃貸住宅ストックの状況　138
6.2　公社賃貸住宅ストックの活用・改善事業に対する取り組み　139

目 次

   6.2.1 ストック活用事業の開始 139
   6.2.2 住戸改善事業の実施 139
   6.2.3 住戸内リフォーム事業の実施 140
   6.2.4 再生住宅（ニューリフォーム住宅）への取り組み 142
  6.3 リフォーム事業における竹原義二氏の提案 142
   6.3.1 持続への手法 143
   6.3.2 リフォームの可能性 147

第3編　海外事例にみる再生アイデア

第7章　欧米における集合住宅リノベーション 150

  7.1 リノベーションという行為 150
   7.1.1 欧米におけるリノベーション——スクラップ・アンド・ビルドからサステナブルへの転換 150
   7.1.2 集合住宅リノベーションの背景 151
  7.2 リノベーションの手法 153
   7.2.1 リノベーション・レベル 153
   7.2.2 リノベーションのボキャブラリ 155
   7.2.3 ボキャブラリの適用例 158
   7.2.4 リノベーションの動機と範囲 165
  7.3 日本への教訓と方向性 167
   7.3.1 リノベーション工事上の課題 167
   7.3.2 合意形成と専門家の役割 168
   7.3.3 リノベーションとは何か？ 172

第8章　環境に配慮した集合住宅再生－デンマーク 174

  8.1 はじめに 174
  8.2 エリックスゲーデ集合住宅（Eriksgade, Copenhagen） 174
  8.3 ソルゴーン集合住宅（Solgarden, Kolding） 175
  8.4 フレデンスゲーデ集合住宅（Fredensgade, Kolding） 175
  8.5 ストッズゲーデ12集合住宅（Studsgade 12, Arhus） 176
  8.6 ヒデビューゲーデ集合住宅（Hedebygade, Copenhagen） 176
   8.6.1 プリズム（Prisme） 177
   8.6.2 グリーンキッチン（Green Kitchen） 177
   8.6.3 ファサード（Facade） 178
   8.6.4 モニター（Moniter） 178
   8.6.5 ウェイスト（Waste） 178
  8.7 デンマークの住宅ストック 179
  8.8 デンマークの建設産業 179
  8.9 デンマークの環境・エネルギー政策 180
  8.10 まとめ（都市におけるエコロジー） 180

索　引 183

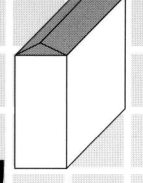

総論
集合住宅リノベーションの課題と展望

1 リノベーションの必要性

　リノベーションという言葉はまだ一般的にはなじみがない言葉かもしれない。日本ではマンションの住戸を改装するのをリフォームと呼んでいる。リノベーションはこの住戸部分のリフォームと呼ばれているものも含めて、住棟の全体の比較的大掛かりな改装や改造をさしている。

　リノベーションにはいろいろの形態があって、松村秀一氏は諸外国でみられる、多様なタイプを紹介している[*1]。

　ヨーロッパなどでは、長い住棟の一部分を切り取ってしまったり、平らな屋根に新しく傾斜した三角屋根をつけるといった改造や、外壁に断熱材をつけて外側を新しく囲ってしまい、窓枠も新しくするといった改造など、たいへん大胆なリノベーションがみられる。

　わが国でも、ヨーロッパ諸国の事例ほど大掛かりではないけれども、隣りとの間の壁を一部取り払って、2戸を1戸にしたり、部屋を増築したりする事例がみられる。案外以前からいろいろな試みがなされている。

　このようなリノベーション、とくに集合住宅のリノベーションが、最近たいへん注目されるようになり、その必要性が強調されるようになってきた。なぜリノベーションがクローズアップされてきて、必要性が言われるようになってきたのか。その理由は日本の住宅を取り巻く諸々の環境が大きく変わりだしたからである。ハウジングの大転換といわれるものがみられるからである。

2 フローからストックへ
──ハウジングの転換

　わが国の住まいが今、一つの大きな転換の時を迎えようとしている。それはこれまでのものとは違ったものである。ここ50数年、戦後の日本は、住まいのあり様をずいぶん変えてきた。若い人達には想像しにくいかもしれないが、50年程前までは日本は木造の住宅がほとんどであった。そんなところに、鉄筋コンクリートのアパートが建てられ、やがて郊外に団地やニュータウンが作られる。プレハブ住宅という新しい建築構法が普及して、住宅地の街並みが一変して行く。20階、30階といった高いマンションが都市のあちこちに建てられていく。つぎつぎと新しい形の住まいが、人々の欲求を刺激しながら現れて、建設を続けてきた。ここ50数年の住まいの変わり様には、振り返ってみて、改めて驚かされるのである。

　さて、今私たちが迎えようとしている住まいの転換は、このように戦後続いてきた住まいの流れを大きく変えていこうとするものであって、これまでとは質の違った変化である。それは「フローからストックへ」といわれている。それはどういうことかというと、「フロー」すなわち新建設中心で進んできた住宅供給を改める。「ストック」すなわち今在る住宅を重視して、それを長く、有効に使っていく方向に切り替えて

---

*1 松村秀一:「団地再生」, 彰国社, 2001.

いこうというものである。

　建設大臣(当時)の諮問機関である住宅宅地審査会が，2000年6月に「21世紀の豊かな生活を支える住宅・宅地政策について」との答申を大臣に行った。その折のキーワードの一つは「ストック重視」であって，答申は「成長の右肩上がりが終わった今，求められるのは『良いものを長く，効率的に利用する』という発想である。豊かな成熟社会を支えるカギは，個々人の価値観に基づいた居住を実現しうる社会全体のストックの『質』とその『流動性』を高めることである」と述べ，「ストック重視」の政策展開を強調したのである。

　さて，このように既存の住宅ストックを重視していこうというのだが，そのような住まいの転換はそう簡単なものではない。これまで50数年続けてきたハウジングの流れは，技術にしても政策にしても，あるいは企業のシステムにしても，どれも新建設(フロー)中心型にできていて，おいそれとは変わらない。たいへんなエネルギーを注ぎ込んで，努力をしないと変わらないのである。

　このようなハウジングの転換の時にあって，集合住宅のリノベーションは，じつは重要な役割を持ち，われわれが力を入れて取り組みを進めなければならないテーマなのである。

　その理由を簡単に述べると次のようになる。

　フロー中心のハウジングの流れを，ストック中心に切り替える。すなわち既存の住宅を有効活用していこうといった場合，最も考えねばならないことは，日本の住宅の寿命を延ばすことだ。日本の住宅は諸外国に比べると，たいへん短い年数で潰されていて，極端に短命なのである。平均して30年くらいで潰されているといわれている。これを諸外国並みに100年といかないまでも，せめて倍の60年くらいにしていきたい。そのためには，年数が経て時代遅れとなる住まいの各部分に手を入れて新しくしていく改善工事，すなわちリノベーションが絶対必要なのである。リノベーションを進めるシステムや技術を大いに開発していかなければならないのである。

3　環境問題と住宅のあり方

　ストック重視の住宅政策が強調される背景について，もう少し述べておきたい。それはリノベーションが重要となる背景でもある。

　ご存知のように，今日地球環境問題は大きな問題となっており，国際的な取り組みが進みつつある。わが国も本格的な政策を強く求められてきているが，このことと，これからの住宅のあり方は，大きなかかわりがあるといってよい。

　日本の建築物はスクラップ・アンド・ビルトが多くなされてきた。建物を短い年数でスクラップすることは，地球の資源やエネルギーの面からみてたいへん問題があって，限りある資源を有効に使っていくためには，住宅をはじめ建物を長く使い込んでいくことを心掛けねばならない。また，日本の建築は，エネルギー効率のたいへん悪い建て方がなされているのではないかという気がする。例えば，冷暖房のことを考えても，夏に涼しく，冬暖かいようにいろいろ工夫して住宅をつくるというよりも，温度調整はエアコンに頼って，エネルギーを使って，夏の暑さや冬の寒さに対応しようとしてしまっている。

　現在，世界の建築界では「サステナブル・デザイン」ということが話題となっている。「サステナブル」というのは「持続可能な」という意味なのだが，何が持続可能なのかといえば，人類社会がということであって，今日のように資源やエネルギーを使っていると，石油はあと40数年，天然ガスは60数年，原子力発電燃料のウランでさえ70数年分の埋蔵量しかないといわれていて，人類の生活が持続していかなくなる。そこで，人類社会が，われわれの世代だけ

ではなく，次の世代，そしてその後々も快適な生活が持続していくように考えなければならない。そのような対応を考えた社会を「持続可能な社会，サステナブル・ソサイアティ」と呼び，そのような社会のなかの建築や都市のつくり方を，「サステナブル・デザイン」と呼んでいる。

サステナブル・デザインでは次のようなことがいわれている。

① 建物の機能が変えられるように，すなわち建物が例えばオフィスからマンションに変えられるように考えておく。建物の用途変更をコンバージョンというが，コンバージョンが可能なように，建物の再利用が可能なように考えておくということ。

② 長寿命に対応するデザインにしておく。

③ 再生可能エネルギーを最大限利用することを考えておく。再生可能なエネルギーというのは，太陽光や風力，バイオガスなどを使ったエネルギーである。

④ エネルギー効率を向上させ，気候を調節するような建物や都市のデザインを考える。

⑤ 自然光，自然換気を最大限利用するようにする。

⑥ 建物の用途混在（mixed use）を考え，居住用途と非居住用途の調和をはかり，住宅のタイプを混在させる。

⑦ 建物の部材，部位，設備などの取り替え可能性を大いに追求すること，古い部分を新しいものと交換し，建物全体を長持ちさせる。

⑧ 都市の車利用を減らし，自転車利用や歩行を優先させる。

ざっとこのようなことが，これからのデザインのあり方として指摘されているのであるが，以上からもわかるように，建築のつくり方，都市のあり方が大きく環境重視の方向に動いてきている。そのようななかで，住宅のリノベーションが注目され，その必要性が強調されてきているのである。

4　集合住宅リノベーションの経験

さて，先にわが国でも集合住宅のリノベーションがいくつか取り組まれてきていると述べたが，それらはどのような内容で，どのような問題点を持っているのか。以下，おおまかにこれまでの経験と実状をみてみる。

鉄筋コンクリート共同住宅のリノベーションは，家主（住宅のオーナー）の違いによって異なる形態を取っている。総じていえば，持ち家の分譲マンションよりも，公的な賃貸共同住宅の方が進んでいる。その理由は，次のようになるだろう。第一に建設時期がより古く，リノベーションの必要度が高いこと〈必要性〉，第二に住宅の所有者（家主）が分譲マンションのように複数の主体（区分所有者）の合議体でなく，地方自治体や公団，公社など単一な公共団体であって，工事実施などの方針決定や工事のマネージメントが進めやすいこと〈主体の単一性〉，そして第三に，工事実施主体が公共団体なので，工事に投資する資金が相対的に潤沢なこと〈資金の潤沢性〉，などである（もちろん投資した資金は，家賃収入などで回収をはからなければならないのではあるが）。

4.1　公的集合住宅の場合

供給主体別に現状を概説すると，まず，年数を経たストックの多い公営住宅の場合は，多様なコンバージョンの事例がみられるという点でいえば，最も進んでいるといえるかもしれない。地方自治体によっては，早くから部屋を増築し，住戸面積を増やす住戸改善事業を行っていた。

大阪府営住宅の場合1970年代から一部屋増築のリノベーション事業が実施されており，2001年度までに総数3万3000戸が増築された。数は少ないが，中層（4～5階建）の共同住宅棟にエレベータを設置する例や，上下の住戸を階段で繋げてメゾネット型にし，居住面積を

増やした事例，隣り同士の住戸を連結して2戸を1戸にした事例など全国各地の公営住宅団地で，自治体ごとの個性をある程度出しながら，リノベーションが行われている。平成12年度からは，それまでの改善事業が部分的な更新に終わる傾向があることから，より総合的に住棟全体のスケルトン（建物の構造的躯体部分）を残し，インフィル（住戸内部・設備部分）を新しくする「公営住宅ストック総合改善事業」が取り組まれるようになった。東京都では，住棟全体の居住者に移転してもらって行うリノベーション工事（スーパーリフォーム事業）が行われているが，その事例をみるとそれまでの部分的な改修，改善事業に比べて，かなり住棟全体が新しくなり，生まれ変わった印象がある。

公団（都市基盤整備公団）の場合は，1998, 99年度あたりから，間取り変更のリノベーション事業が本格的に行われだし，関西では1万1000戸強が2001年度までに実施されている。3DK を 2LDK，2DK を 1LDK などに変更したりするもので，対象とされる団地内の，空家となった住戸において工事がなされ，住戸内部が一新される。しかし，階段，廊下，外壁などの共用部分を含めた一棟全体の改修ではなく，部分的なリノベーションである。この点は住宅供給公社の場合にも共通しており，棟全体を更新する事業は，今のところ先に述べた公営住宅のストック総合改善事業に限られている。

4.2　民間マンションの場合

民間マンションの場合をみると，賃貸住宅に比較して，リノベーションは区分所有者の合意形成をはかるのが難しいことから，建築空間を大胆に改造する事例は少ない。事例として見うけるのは，マンションの屋根や外壁などに大規模な修繕工事を行う際に，同時になされるものが多く，玄関のアプローチ部分を改造してスロープをつけたり，管理人室や玄関ホールの一部などに手を加えて集会室をつくったり，メールボックスを新しくするといった共用部分の改善工事である。住戸部分のリフォームはそれぞれ個別に好みに応じて行うので例数は多いが，共用部分のリノベーション事例は，公共賃貸住宅に比べると多くない。

初期に公団が供給した中層の分譲団地で，団地内の複数の住棟の居室を増築した事例が，横浜や大阪府下の堺市，茨木市などにみられるが，現在のところ一般的なタイプとして普及する可能性は，多いとはいえない。その原因は，その取り組みの難しさと，負担の大きさに比較して，効果が少ないという点にあるのかと思われるが，今後の新しい展開もまったく期待できないわけではないだろう。

4.3　リノベーションへの要求

以上のような集合住宅リノベーションを経験してきているわけであるが，これらのリノベーションがどのような要求から取り組まれているかを整理してみると，およそ次のようになる。

① 住戸規模の拡大

まず，住戸の狭さを何とかしたいという要求がある。高度経済成長が始まり出したころ，都市へ多くの人口が集中し，それらに対して，住宅建設が急がれた。このころの大量で集団的な住宅供給は，マスハウジングと呼ばれているけれども，この時期の住戸は，2LDK，3K など住戸タイプが画一的で，しかもあまり広くなく，家族が成長し，また家財道具が増えたりすると，暮らしの空間がたまらなく狭く，何とか改造したいという願いが強くなってくる。その結果，居室を増築したり，2戸を1戸にするといったリノベーションが生まれてくる。

② 住戸プランの刷新，改造

もう一つ，マスハウジング期の集合住宅が抱えていた問題は，時代が進むにつれて住戸の間取りがたいへん不便なものになってきたという点である。その中には，住戸全体の狭さとともに，各室やダイニングキッチン，浴室，洗面所，

玄関といった個々の空間が狭く，使い勝手が悪くなってきたことや，収納空間が少なくて物の置き場，しまい場所に困るといったことが目立った。これらは，住戸プランの改造を進めることとなっていった。マンションリフォームと呼ばれているものの中には，この住戸の間取りの刷新がみられる。

③ 設備の更新

間取りの変更とともに取り組まれることの多いのが，いろいろな設備を新しくする工事である。電気の容量アップや洗面所，浴室，台所など水廻りの改造とパイプ類の更新など，いろいろな設備面を新しくする工事は大小取り混ぜてたいへん多い。今後，情報技術の進向なども影響して，さらに設備面の更新は続いていくであろう。

④ 高齢化に伴う改善

わが国の集合住宅のストックは，高度経済成長期に大都市に建てられたものが多いが，それらは比較的若い世代向けであった。この居住世帯が子育てを終え，結果として居住者の高齢化が進んでいる。高齢化に対応した住宅改善が必要になり，簡単なものでは階段の手すりの設置などから，住棟玄関口のスロープ設置といった，バリアフリーに向けたリノベーションがなされることとなる。

⑤ 耐震補強

阪神大震災後，古い基準時に建設された集合住宅などでは，耐震性能を向上させねばならないものが少なからずみられた。これらのなかには大規模な補修工事に合わせて耐震補強を行うといった事例も散見される。

⑥ 断熱・省エネを目的とした改修・改造

建物の熱効率を良くし，エネルギー消費を少なくする目的で実施されるリノベーションがある。ヨーロッパ諸国では外壁や屋根に断熱工事を施すなど，この種のリノベーション事例は多いが，わが国の場合はまだ大規模な施工事例は多いといえない。

⑦ その他，各種性能の向上を目指すもの

建物の耐久性の向上やセキュリティの向上，あるいは建物のデザインを斬新なものにするといった，さまざまな建物性能の向上の目的で，リノベーションが行われることがある。

5 わが国のリノベーションの問題点

さて，以上にみたわが国の共同住宅リノベーションの経験は，欧米と比較して，どのような特徴や問題点があるのだろうか。

第一にいえることはヨーロッパ諸国にみられるコンバージョンに比べると，棟全体，団地全体を再生し，新しい空間を生みだしたという形になっておらず，多くが部分的で，不徹底なコンバージョンに終わっている。住宅供給公社や都市基盤整備公団が行っている住戸改善事業は，空家となった住戸を対象にしたものなので，棟全体が更新されるものではなく，一部の住戸は新しくなるが，外壁や階段，廊下などは手がつけられず，依然として古いままである。公営団地で，居室を増築しているケースが多くみられるけれど，増築部分のみが新しくなるのが多く，不徹底さを残している。4～5階建の中層棟にエレベータをつける工事がいくつか生まれているが，住棟が階段室型の場合，踊り場への昇降口設置となり，半階の昇り降りが残り，バリアフリーとして中途半端だ。外形デザインもあまり感心したものになっておらず，住棟の再生としては成功しているとはいいがたい。居住者の高齢化に対するバリアフリー策としては，別の方法も考えることが要るだろう。最近ヨーロッパで強調されている環境共生のサステナブル・デザインのポリシーの一つには，電力消費を少なくする目的から，エレベータを付けない住宅設計がいわれている。高齢者は1階への居住を誘導するという方法である。これが一般的に受け入れられていくのかどうか，簡単に判断できないが，例えば住棟の階段の昇り降りに

負担を感じる世帯を1階に住まわせるようにし，そのために，住戸交換を容易にするシステムを広げるといったソフト対策も考えてはどうか。

このようにコンバージョンが部分的なもので，住環境全体を再生するものになっていないことに対して，より全体的な，全面的なリノベーション事業が国の施策として行われだした。平成12年度から実施されている「公営住宅ストック総合改善事業」などがそれであって，東京都が先進的に行っていた「スーパーリフォーム事業」などがその先駆けとなっていた。これらの事業では，居住者に一度転居してもらって住棟を空っぽにして，住棟全体に改善工事を施すことから，それまでのものに比べて徹底したリノベーションになっている。しかし，さらに欲をいうならば，家賃上昇を慮って，よりレベルの高い共同住宅につくり直すということになっていないことが気がかりである。

5.1　リノベーション費用の問題

すなわちそこにはリノベーションの費用捻出の問題がネックとしてある。これがヨーロッパ諸国と比較して指摘できる第二の点だ。

公的な賃貸住宅の場合でいえば，リノベーションの費用は家賃に跳ね返るから，経費を掛ければ良くなるとわかっている改善工事も，簡単に採用できないことになる。ヨーロッパ諸国をみると，リノベーションの費用に対して，環境・エネルギー対策面からの補助がなされており，大きな役割を果たしている。もちろんリノベーション工事の内容が地球環境に配慮することが求められるが，そのような改善工事が多い。例えば，デンマークの中層団地の例では，既存外壁に断熱材を組み込み，アルミパネルの新しい壁を外側に付けたり，既存の陸屋根の上に勾配屋根を取りつけて，屋上防水効果と断熱性の向上をはかるといったものなど，多様な省エネや環境共生型のリノベーションがみられる。

このような環境に配慮したリノベーションに対して補助金を出すという制度は，わが国でも充分考えられて良いことであって，公的な賃貸住宅だけでなく，民間のマンションに対しても公共，民間を問わず推進されていくべきだ。

5.2　個別性を尊重したリノベーション工事を

ヨーロッパ諸国の事例を観察し，わが国の現状と比べて気付くことは，リノベーションの成功例を生み出すポイントの一つは，個別性を尊重したプロジェクトとして進めることではないかということである。全国的に適用できるリノベーション技術の一般解をいきなり求めて努力するよりも，まず，対象とする住宅を個別に再生する方法をそれぞれの条件の中で考え，その特殊解の経験をいくつか積み重ねることだ。それぞれの地域の条件，団地の条件，住棟の建築・設備等の条件，居住者の条件などを考えて，個別に再生策をつくり出すことである。その際もう一つのポイントは，その再生策に住民のアイディアを引き出して取り入れ，プロジェクト推進に住民の協力を得ることである。これらの個別解をある程度積み重ねたうえで，一般的方法を考えていくべきであろう。すなわち，上から考えるのではなく，現場を重視し，下から積み上げる個別性を大いに強め，住民とともに進めるプロジェクトとすべきだ。このことは取りも直さずフローハウジングのスタイルではなく，ストックハウジングの考え方とスタイルで実施すべきだということなのである。

例えば，公団や住宅供給公社のリノベーションが空家となった住戸内のリフォームに終わっていて，共用部分を含んだ住棟全体を改める工事になっていないが，共同住宅の住棟全体を，住戸内部も外部も含めて新しく改修するためには，住んでいる人に一度立ち退いてもらう必要がある。このような本来的な共同住宅棟のリノベーションは，居住者の協力なしにはとうてい実施できない。共同住宅のリノベーションとい

うプロジェクトを，住民の協力のもとに，あるいは住民との共同事業として進めるようにすべきだろう。そのためには，住まいの現場にできるだけ近いところに，企画や実施の主体を置くべきだ。公営住宅でいうならば，もっと地方自治体の裁量範囲を広げ，自治体にまかせる方法を取るようにすべきだ。現に公営住宅ストック総合改善事業において，裁量の範囲を広げてほしいという声は自治体側からも出されている[*2]。

6 リノベーション・プロジェクトの特質

建設工事は，大きく分けて新建設（フロー）と既存の建物に手を加えるリノベーションなどストック工事になるが，ストックを対象とするリノベーションなどのプロジェクトは新建設と違った特質を持っている。その特質にマッチした建設のシステムをつくり上げることが，今後の大きな課題である。というのは，これまでのわが国の建設活動のシステムは，新建設により適合したものであって，リノベーションなどストック対応は慣れていない。

リノベーションなどストック対応プロジェクトの新建設と違う特質とは何かといえば，第一は，既存の建築空間が存在するという点である。プロジェクトに取り組む人々は，既存の空間を充分理解し，そこに新たな建設行為を付け加えるのであって，真白なキャンバスに絵を描いていくかのような新建設とは，大きな差異がある。その場合，リノベーションに関わる建築家や技術者は，新建設の場合とは違って，既存建物の工法や材料，さまざまな技術的工夫を理解できなければならないし，その建物の状態を正確に診断できる能力と技術を持っていなければいけない。これはより総合的な力量であって，新建設への対応より高いレベルの専門性が求められる。リノベーションは現存する建物に欠けている点を補って，よりすばらしい建物に再生させていくわけであるから，より難しい建築行為だといえよう。

例えば，居住者の高齢化が進むなかで，段差のない住まいにするということを考えた場合，新建設であれば，多少の工夫をすればそれほど難しいことではない。実例を紹介した書物も出ているし情報も多い。しかし，現存する住宅を段差のないものに変えようとすると，簡単なことではない。とくに集合住宅でそれを実施しようとすると一戸建てなどに比べてはるかに難しい。

ちなみに，現在わが国で新しく建てられる住宅についてみると，65歳以上の人が住んでいる住宅で，56.6％が段差のない屋内になっている（平成8年から10年に建設された住宅について。平成10年住宅・土地統計調査結果）。この比率を既設の住宅で得ようとするとたいへんなことである。

既設の5階建ての集合住宅にエレベータを付けるといったことを考えても，廊下型といわれる共用廊下に各戸が面する住棟であれば技術的に難しくないが，階段を中にして住戸が接している階段型の住棟だと，エレベータの付け方は技術的にたいへん難しい。

このようにリノベーションは新建設よりも技術的な難しさがあるといえる。

またリノベーションは，既存建物に手を加える際に，新しい建築行為が既存の建物とよく調和するようになされねばならない。わが国のリノベーションを諸外国で見た事例と比べると，その点でもかなり見劣りがする。新しい部分と古い部分がはっきり見分けられ，一見してその不調和が気になることが案外多い。例えばちょっとした例だが，マンションの外壁を新しく塗り替え，各戸の窓や玄関扉を新しくしながら，玄関の横についていた牛乳受けや表札板が古い

[*2] 松尾久：「ストックの活用を重視した住宅供給」，日本住宅協会，『住宅』，vol.51, p.15, 2002.9.

ままであったり，呼び出しベルや電燈スイッチのカバー板が古く汚れたままであったりする。外国のリノベーション工事で，部分的に外壁のれんがを新しいものと取り替えたものを見たが，わざわざ古いれんがと同じように色や表面の質感を古びた感じにして，一見して違いがわからないように工夫していた。このようなこだわりのデザインには感心させられた。欧米諸国の施工状況をみると，既存の建物に手を加えるリノベーション工事やそれに近い大規模な補修工事は，基本的なこととして目に見える部分，手に触れる部分は，小さい部分も含めてすべて新しくするという方法が貫かれているようだ。このようになるのは西欧の人達がリノベーションと新建設を同じようにとらえているからだろう。ある日本の人が，フランスのパリに住む友人に，家を新築したから見にくるように勧められて見にいったところ，古いアパートの住戸を改装したもの，すなわち日本でいうリフォームしたものだったという話を聞いた。リフォームを新築と呼んでいるのである。日本の人には意外かもしれないが，これはまったく西欧の都市に住む人々の普通の感覚であろう。

さて，リノベーションの特質の第二は住民の存在である。新建設と違って，リノベーションなどストック対応のプロジェクトでは必ず住んでいる人々がおり，その人々の希望や要求を取り入れながら，またその人々の協力を得ながらプロジェクトは進むことになる。新建設の場合は分譲マンションにしても賃貸アパートにしても，入居者は住宅ができてから決まるが，リノベーションなどの場合は特定の住み手がいて，住みながらの建築工事となる。この場合，そのリノベーションプロジェクトへの住民のかかわりはたいへん大きなものとなる。まず，住民がそのプロジェクトの内容に納得し，受け入れるものでなければならない。リノベーションによる空間づくりが住民生活の要求に応えるものであること，またそれとともにリノベーションプ

ロジェクトのプロセスを住民が満足し喜ぶものであることが求められよう。二つめに，プロジェクトへの住民の協力が，その成功にとって大事だということがある。これはストック対応の工事に共通することだといえるが，マンションの大規模修繕工事でもみられることだ。

三つめに指摘できることは，住み手がいての工事ということによる専門家のかかわりや仕事の新建設との相違である。リノベーションにおける建築や設備の技術的な難しさもあるが，住民の合意形成などソフト面の対応はより難しい面を持っている。リノベーションに関わる専門家はハード面の技術，技能に優れるだけでなく，住民対応のソフト面でもキャリアを持たねばならない。

7 リノベーションが進むために

今後，日本のハウジングが，ストックを重視した方向に変わっていくにつれて，集合住宅のリノベーションは進んでいくであろう。その速度を早めていくことが，日本人の住まいと住生活の改善にとって大事なこととなっていく。

7.1 住居マネージメントを進めるシステムの確立

まず基本的な課題として次の点を指摘したい。

第一に，住宅管理を重視し，適切な住居マネージメントがなされていく風潮をつくり出すことである。リノベーションは適切な住宅管理の延長上にあるものだ。ここでいう管理という概念は，建設後の後始末的な消極的なものではない。住まいを常に住み手にとって快適なものとして存在するように気を配り，適切な処置を取っていくのがハウジングの使命であり，それがハウジングマネージメントの内容である。それは住宅の建設時のみに目を向けるものではなく，建てられた後の住宅についても，安全で快

適な状態をチェックし，住む家族の成長や住要求の変化に対応し，また経年による建物や設備の劣化や社会的な住宅水準の向上に対応して，住まいを改善していくという一連の作業である。このマネージメントの過程を確固としたものにすることがまず重要だ。このような風潮が定着することによって，リノベーションが住まいの状態を改善する工事の中心的な部分の一つとしての位置を持ってくるからである。

7.2 具体的な取り組み

　第二に，そのように基本的にストックに目を向ける風潮を定着させるためにも，具体的に集合住宅のリノベーションを進めていく意識的な取り組みが必要になる。それらについて以下に述べたい。

　まず一つめは，公営住宅，そして公団賃貸，公社賃貸など，公的賃貸住宅ストックのリノベーションについてである。

　これまでの住戸部分だけの改善といった部分的なリノベーションに終わる状態を一歩も二歩も抜け出して，住棟全体を再生させるリノベーション事業にステップアップすることである。公営住宅ではその方向が取られだしたが，公団，公社でもぜひ進めたい。そのためには，住み手である住民や住民組織の協力が欠かせない。その上で先に述べたように，集合住宅の立地している地域の個別性を尊重したプロジェクトを積み上げていくことだ。これを実現するためにこれまでの方法を大胆に改めることである。制度の改革と柔軟な運用がいる。すなわち，既存ストックに対応する制度やシステムの改革リノベーションが必要なのだ。

　二つめに考えたいのは民間のマンションでのリノベーションである。長期修繕計画の立案と大規模修繕工事の実施がマンションでは定着してきている。この延長上にリノベーションの展開があるからして，管理組合の大規模修繕などの取り組みを正確なものとし，レベルアップしていくことである。そして必要なところで，修繕の域を越えて多様な，創意に満ちたリノベーションを計画し，実施していくことである。その際，管理組合に対する外からの社会的支援がさしあたって三つの点で求められる。一つは管理組合や居住者に対する教育，啓蒙であり，とくにリノベーションの豊かな実施例を見聞きさせ，居住者に知識と刺激を与えることである。もう一つは費用面で何らかの支援を管理組合や居住者に与える工夫が要る。公的援助も含めて考えられると良い。三つめに，このようなマンションでの取り組みは居住者の合意形成がポイントとなっている。その点で専門家の支援が必要となっている。

第1編

マンション再生

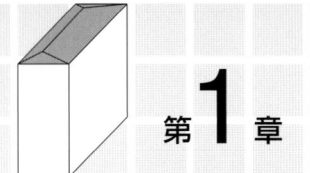

第1章 マンションのリノベーション

1.1 マンションの大規模修繕工事内容の変遷

　本章では民間分譲集合住宅(マンション)のリノベーションを取り上げている。賃貸住宅と異なり、分譲マンションは区分所有されているため、その維持管理はすべて所有者が協力しながら自らの手で行っていかなければならない。集合住宅がマンションという名称で分譲され始めてからすでに40年が経過している。所有する建物を維持管理するという行為は戸建住宅ではあたりまえのことであるが、複数の所有者(個人)が1つの建物を共同所有・管理する例はマンションを除いて数少なく、その歴史も浅い。維持管理の中でもとくに大規模修繕といわれるものは、住まいながらの工事であり、これらの工事が始まった20数年前は居住者も、工事の施工者も初めての経験であった。この間、試行錯誤を繰り返しながら、当初の単にお化粧直し的な、初期性能の回復という目的から、建物の耐久性・住性能の向上、さらに、屋外を含めた居住環境の改良・改善(リノベーション)へと変質してきた。

　本章では、今まで大規模修繕がどのように行われてきたかと、今後のリノベーションはどのような内容のものになっていくか、「再生への道」を探る。また、近年、高経年化したマンションの大規模修繕のテーマともなっているグレードアップ・性能改善と、さらに、団地型マンションでは建物だけでなく屋外を含めた環境改善が行われている実態を事例を含め紹介する。

　一方、都市部に多い小規模マンションでは、住戸数の少なさ故に維持管理上でのさまざまな問題を抱えている。とくに、経済的なスケールメリットがないことから、大規模修繕時の費用負担も割高となる。これら小規模マンションの取り組みと問題点等についても取り上げている。

1.1.1 分譲マンションストックの現況

　わが国での最初の分譲マンションは、民間では1956年の四谷コーポラスといわれている。5階建て28戸の比較的小規模のものである。これより早く東京都が分譲した宮益坂アパートは11階建てであり公的分譲の第1号となる。また、同時期の1955年には当時の住宅公団が設立され、団地型の分譲マンションが首都圏で売りだされた。分譲マンションの供給が本格的に始まったのは1960年代の前半からで、この時期のものが第一次マンションブームといわれている。その後1990年代後半のものを第6次ブームとしているが、年代別の供給戸数をみると1988年以降は着工統計をみる限り一時期を除いて毎年の供給戸数は15万戸を超えている。地域による差もあるが供給戸数は以前の2倍以上の年もあり、2002年の段階では全国で400万戸を超えるストックとなっている。

　また、1998年に行われた住宅・土地統計調査によると、首都圏の大都市部(京・浜・葉)では共同住宅が半分以上を占めており、今やマンションが都市型住宅として完全に定着したことを示している。

　一方、これらのマンションを経年でみると、2000年の時点で全ストックの6割が10年を経過し、20年を超えるものが全体の1/4(約100

万戸)となる。これが7年後の2010年には20年を超えるものは215万戸，その内150万戸が30年を超える状況にある。

近年，マンション管理適正化法・建替え円滑化法の施行，区分所有法の改正等により，マンションの維持管理，建替えに関する論議が盛んになっているが，現実には建替えはさまざまな問題を抱えており，困難なマンションが多い。建替えが不可能な市街地型の高層マンション等では，建物をいかに長持ちさせるか(長命化)と，経年により住宅としての機能が陳腐化してくるマンションを，どのように再生させるかが課題となっている。

1.1.2　経年によるマンションの傷みへの対応

(1)　マンションの経年劣化と計画修繕・大規模修繕

一般的に建物の傷みは経年に比例する。経年による建物の傷みに対応するためには，定期的な「手入れ」が不可欠である。マンションの大規模修繕は，10年を経過する前後から外壁・屋根防水等を中心に始まり，15年を超えると設備関係がこれに加わってくる。さらに，20年を超えると，第2回目の外壁等のほか，設備を含めたさまざまな大規模修繕の波が押し寄せ，そのピークは24～36年の間と推測される。これらに要する修繕費用はかなり多額となり，とくに，設備関係の機器・配管更新，エレベータの更新は高額なものとなる。また，中層階段室型のものでは，高齢化対策としてエレベータの新設等バリアフリー化も課題となっている。

(2)　計画修繕と建物の調査診断

人間の体が年をとるにしたがい，あちこちの機能が衰えてくるように，建物も使っているうちに，また，風雨に曝されることから，傷みや不具合箇所が出てくる。これらの傷み・不具合箇所は，手遅れにならない適切な時期に「手当て」を行っておくことが重要で，これが「計画修繕」といわれるものであり，この計画修繕を一定の時期に集約したものが「大規模修繕工事」となる。当然これらの工事を行う前には，傷みの程度・不具合箇所を発見し，その原因究明と対策についての検討が必要となる。その結果で「手当て」(処置)の方法が決められる。これらの一連の行為が「建物診断」で，建物の状況・診断の目的に応じて，健康診断的なものから精密調査まで，建物診断のグレードはいくつかに分けられている。古いマンションほど建物診断が必要となる。

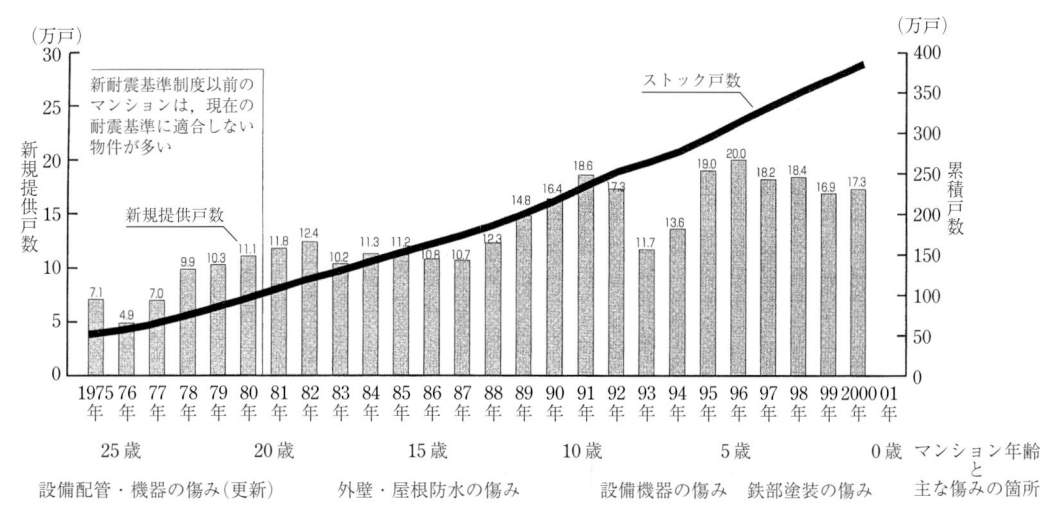

図-1.1.1　マンションの築年数別ストックの推移

(3) 建物の老朽化とは
（物理的老朽化と相対的老朽化）

マンションの老朽化には，年を経ることにより起きてくる建物を構成する各部材と，各種の設備（給水・排水設備他）機器の傷みがある。これらの傷みは「物理的老朽化」といわれる。また，建物の老朽化にはもう一つの現象がある。10年ひと昔といわれるように，人々の生活水準の向上によりマンション（建物）の居住性能が対応しきれなくなるもので，これを「相対的老朽化（または社会的老朽化）」といっている。「物理的老朽化」は建物各部位の傷みが具体内容となる。

これに対して新築時の建物・設備の性能が経年により陳腐化し，時代により変化していく住宅機能に対応できなくなる「相対的老朽化」の問題がある。具体内容としては各種設備性能の低下のほかに，建物の耐久性・耐震性の問題，高齢化に伴うバリアフリー対策，防犯・セキュリティー等が上げられる。これらに対しては前述の物理的老朽化への対応に合わせグレードアップ化の検討が求められている。

(4) 建物・設備の物理的老朽化と具体内容

a. 建物構造体の傷み（鉄筋・コンクリート部等の躯体）

① 鉄筋露出現象：コンクリートのカブリ厚不足による鉄筋の錆の発生とコンクリートの剥離。

② コンクリートの収縮（乾燥・温度変化，打継ぎ部・コールドジョイント）によるひび割れ，何らかの構造的原因によるひびの発生，①の鉄筋露出との複合作用によるひび割れ。

図-1.1.2　外壁妻壁面の亀裂と補修跡

図-1.1.3　バルコニー外壁・天井部分のタイルの浮きによる剥落

図-1.1.4　屋根露出防水層の傷み。平場・立上り廻りに傷みが著しい

図-1.1.5　バルコニー天井部のひび割れと漏水によるしみ。上階排水ドレイン廻りよりの漏水が原因

図-1.1.6 階段床面の傷み。モルタル仕上げ面の傷みと金物ノンスリップの浮きが著しい

図-1.1.7 バルコニー手すり支柱のコンクリート埋込み部廻りの劣化。錆の進行が著しい

b. 仕上材げの傷み（外壁仕上げ材，屋根・床等の防水材）

① 外壁仕上げ材の傷み：風雨の影響によるもの（汚れ変色，退色・浮き・フクレ・剥がれ）。モルタル・タイル等の浮き，剥離，落下の問題。

② 鉄部・金物類：風雨の影響による，塗膜の劣化・錆の発生。コンクリートへの埋込部廻りの錆による劣化，雨水の浸透が原因。経年による金物類の劣化，一定の時期に更新が必要。

③ 屋根防水：屋根防水の仕様によって，劣化（傷み）の状況はかなり異なる。露出防水表層材の傷み。パラペット立上り・天端廻りの傷み。

④ バルコニー・開放廊下等の床防水：これらの部位は，通常コンクリート直仕上げ，または防水モルタル程度で本格的な床防水層を持つ建物はきわめて少ない。そのため，これらの劣化による下階への雨漏りの発生，上げ裏の傷みが問題となる。

c. 設備機器・配管の傷み

設備機器・配管等の傷みの度合い（耐用年数）は，設置されている場所（屋内・屋外・地下・水中），用いられている材料（配管・配線等），使用頻度，日常のメンテナンス等の状況と密接に関連する。したがって，耐用年数も状況によりかなり異なる。一般的に建物の仕上げ材と異なり，目に見えない箇所にあるものが多い。

① 給・排水設備機器と配管の傷み：給水配

図-1.1.8 埋設給水配管の止水弁内外部の傷み。配管内部は錆により閉塞状態

図-1.1.9 給水管バルブ内部の錆の発生状況

図-1.1.10 パイプシャフト内部の給水管の劣化。配管外部の防露材を剥がした状態

図-1.1.11 高置水槽および付帯配管の劣化。配管外部の錆が著しく、水槽パネルの劣化も進んでいる

管の劣化は赤水に代表される。配管内部の錆発生が原因であるが、水量の低下、さらに進行すると錆により漏水の危険もある。給水管の更新等は日常生活を営みながらの工事であるため、実施時には十分な検討が必要であり、また、専有部分（住戸内配管）については費用負担の問題がある。排水管の傷みは、直接漏水事故につながることが多い。排水管は下階天井裏に配管されているものもあり、修繕・配管更新にさまざまな問題が発生する。

② 電気設備・情報設備関係：電気容量の問題が大きい。古いマンションでは各戸を50A～60Aに増量した場合、幹線容量の問題が出る。家電機器の普及・増大、パソコン等の使用による電気容量の不足、さらに、近年は情報機能の高度化への対応が問題となっている。

③ 高層住宅のエレベータ設備：20年以上を経過すると、メンテナンス部品等の交換に支障が出る場合がある。また、カゴの傷みも進む。更新には高額の費用を要し、その負担額はマンションの規模とも関連する。小規模のものほど負担は大きい。

1.1.3 マンションの維持管理の全体像

(1) マンションの維持保全の体系

分譲マンション維持保全のための行為を、その内容・性格によっておおまかに分類すると「表-1.1.1」のようになる。この表では分類と同時にその範囲と主要な項目を、また、それぞれが一般的にどのような費用で賄われているかを示している。

a. 日常管理（建物点検、設備点検・清掃）

日常管理の中での保守・点検は、現実には設備関係の占める割合が大きい。これらの事故・故障は日常生活への影響が大きいことにある。また、設備関係の点検や受水槽、高置水槽の清掃は定期的に行うことが義務付けられているものが多い。排水管の清掃も定期的に行う必要がある。通常、管理会社やメンテナンス専門会社に委託される。

b. 修繕工事と計画修繕

修繕工事は、日常管理で行われる小口修繕、および事故修繕と、計画的に一定の周期で行われる計画修繕に分けられる。

小口修繕などは部分的な修繕・取替えのため、工事費は比較的低廉となる。これに対して計画修繕は一定の時期を予測して行うもので

表-1.1.1 マンションの維持・保全体系

	対象範囲・項目	維持・保全費用
日常管理 — 保守・点検 清掃	• 給水、汚水、EV施設等の保守・点検 • 消防設備、電気設備 • 受水槽、高架水1槽、雑排水管等の清掃 • 建物の目視による点検	• 日常管理費 （営繕費、保守・点検費および委託費）
修繕工事 — 日常管理（小口修繕・事故修繕）	• 建物の部分的な小修理 • 道路、外構等の小修理 • 漏水事故等の修繕、応急修理	• 日常管理費（営繕費・小口修繕費） • 多額を要する場合は積立金の一時流用
計画修繕（短・中・長期計画）	• 長期修繕計画によるもの 　建築（外壁、屋根、バルコニー、階段、廊下等の共用部分） 　設備（給水、排水、ガス等の配管機械設備、電気設備、消防設備、TV共聴設備） 　外構（道路、駐車場、工作物）	• 原則として修繕積立金による • 小規模な工事は日常管理費で賄う場合もある
環境整備 — 外構整備・緑化計画	• プレイロット・遊戯施設 • 植栽・造園	• 日常管理費（園芸費） • 多額を要する場合は年次計画とする
増設・新設	• 駐車場、自転車置場、オートバイ置場	• 修繕積立金より借入 • 日常管理費で年次計画とする（利用料金で返済していく）
増築・建替え		

「どのような部位を，いつ，どのような方法で行うのか」という検討が必要となる。一斉に行われる修繕工事は，当然，工事費も多額になり，資金的な裏付けが必要で事前の準備も欠かせない。この計画修繕をまとめたものが長期修繕計画といわれるもので，短期的に繰り返し行われるもの，十数年の周期で行われる中期的なもの，20〜30年に一度の長期的なものに分けられる。当然，大規模修繕もこれらに含まれる。

c. 屋外等の環境整備

環境整備としては外構（屋外工作物，道路，駐車場，駐輪場，プレイロット等）と，造園関係が対象となる。大規模な団地型マンションの場合は対象項目は多岐にわたる。アプローチ道路，駐車場，駐輪場等の増設・更新，用途変更等，設備関係を含めさまざまな内容となる。また，緑化計画・植栽管理などは管理組合の特別事業として別途の計画を立案するものもある。これらの計画は，環境整備としてのマスタープランが必要となり，グレードアップを含め年次計画として検討が望まれる。

(2) 計画修繕をまとめた「長期修繕計画」

すでに述べたように，施設の維持保全は日常的に管理されるものと，一定の周期で行われる計画修繕に分類される。しかし，これらはまったく別個のものではなく，日常的な管理がどのように行われてきたかが計画修繕にも影響を及ぼす。したがって，日常の保守・点検が忘れられがちな建物の各部位にとっては，計画修繕がより重要なものとなっている。

長期修繕計画は，今後，計画的な修繕が予想されるすべてのものが対象で，その直接的な目的は，老朽化・機能低下を防ぐために「いつ，どのような修繕を行う必要があるのか」という目安を立てること，さらに，これらの修繕を行うために「どの程度の費用を要するか」を知って，修繕積立金との関連を明らかにするものである。

計画修繕にはさまざまな内容があるが，新築時の初期性能への回復のみでは居住性能の低下（相対的老朽化）が問題となる。当然生活水準に対応した性能の向上（グレードアップ）が求められる。これらの内容を，いつの時期に，どのように計画に組み込むかが，今後の長期修繕計画策定のポイントの一つとなる。

表-1.1.2　計画修繕項目と修繕周期の目安

修繕周期の分類	主な計画修繕項目(修繕・更新)		
A. 短期的なもの (4～6年周期)	(a) 建物関係		
	・建物廻り鉄部塗装	①屋外に面し直接風雨に曝される部位	(3～4年)
		②建物内部で直接風雨のかからない部位	(4～6年)
	・屋根露出防水の場合のシルバーコート(トップコート)塗布		(4～6年)
	(b) 設備関係		
	・給水ポンプ類のオーバーホール		(5～6年)
	＊屋外設備の鉄部塗装関係		(4～6年)
B. 中期的なもの (10～15年・ 20年)	(a) 建物関係		
	★屋根(露出防水)改修		(12～15年)
	☆外壁総合改修(躯体改修＋塗替え)タイル補修, ・シーリング材の打替え		(12～15年)
	☆バルコニー,開放廊下,階段室等の床防水		(12～15年)
	☆大庇,窓庇,階段出入口庇等の屋根防水		(12～15年)
	☆鉄部・金物改修,取替え		(12～15年)
	(b) 設備関係		
	・TVアンテナ交換		(10～15年)
	★TV共聴システム機器類の取替え		(15～20年)
	・照明器具の取替え	①屋外に面したもの	(12～15年)
		②屋内のもの	(15～20年)
	★給水ポンプ類の取替え		(15～20年)
	★給水施設制御盤等の取替え		(15～20年)
	(c) 屋外施設		
	・駐車場,アプローチ通路		(15～25年)
	・屋外遊戯施設等の部分修繕・取替え		(15～20年)
C. 長期的なもの (24～36年) ※全面更新が 主体となる。	(a) 建物関係		
	★屋根防水(押え層のあるもの)改修		(18～25年)
	☆鋼製建具(玄関扉・PS扉・避難ハッチ等) ☆アルミサッシ・面格子・手すり等更新		(24～36年) (24～36年)
	(b) 設備関係		
	★受水槽・高置水槽取替え		(20～25年)
	★給水管類更生・取替え(更新)		(20～25年)
	★排水管取替え(更新)		(24～36年)
	★ガス管取替え	①屋外配管	(20～25年)
	・エレベータ(カゴ・機器類)		(25～30年)
	★各種電気配線関係(動力・電灯・TV・消防設備等)		(24～30年)

※　計画修繕項目・周期は,マンションの仕組み(建物形態・構造,設備)によって異なる。したがって,本表の周期は大まかな目安であり(材質等によってもかなり耐久性に幅がある),また,項目についてもさらに細分化されているものもある。

※　計画修繕の中には足場架設等が必要なものもあり,また,建物等の耐久性・経済性から,同時に工事を行なっておくことが望ましいものがある。これらの計画修繕項目を☆印としている。

※　立地条件,構成材料により特に周期に幅があるもので,実施前に劣化状況等を調査・診断により,判断することが望まれるものを,★印としている

(3) 「共用部分と専有部分」

　マンションは区分所有され,専有部分と共用部分で構成されている。専有部分は,壁・床などの躯体で区画された構造上・利用上の独立性のある居住空間であり,個人が財産として具体的に所有し管理する部分となる。したがって,躯体を除いた空間の内側部分は個人が自由に維持管理し,また,リフォームすることができる。

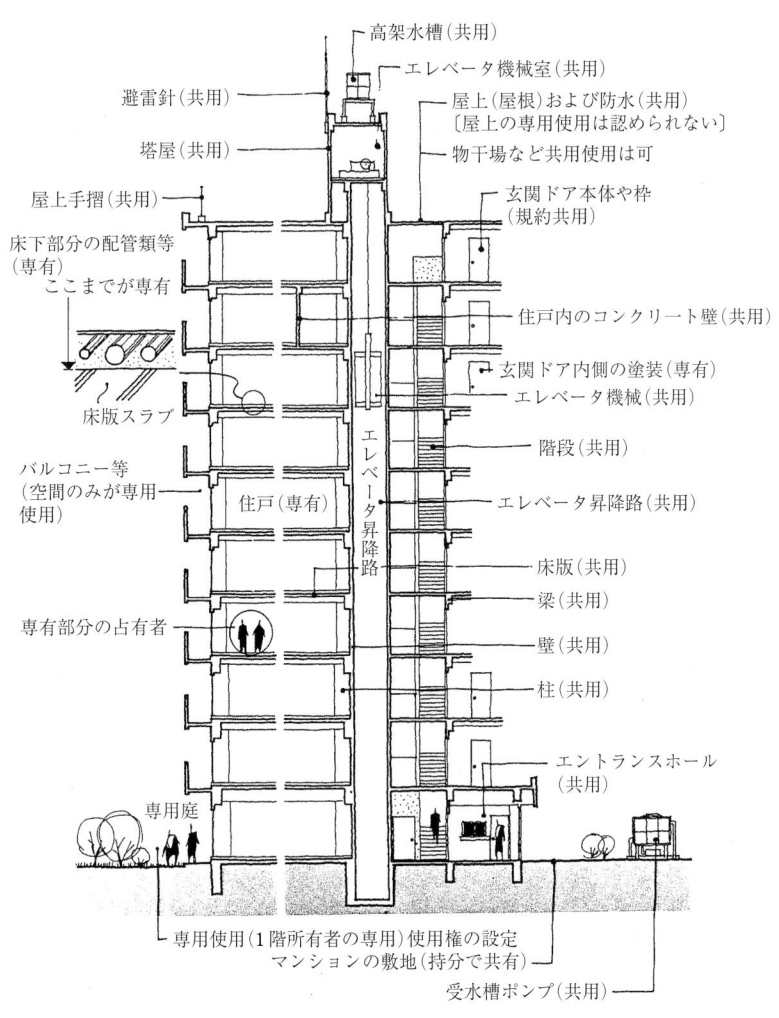

図-1.1.12 マンションの専有部分と共用部分

〔図の主なラベル〕
- 高架水槽(共用)
- エレベータ機械室(共用)
- 避雷針(共用)
- 屋上(屋根)および防水(共用)〔屋上の専用使用は認められない〕
- 塔屋(共用)
- 物干場など共用使用は可
- 屋上手摺(共用)
- 玄関ドア本体や枠(規約共用)
- 床下部分の配管類等(専有)
- ここまでが専有
- 住戸内のコンクリート壁(共用)
- 玄関ドア内側の塗装(専有)
- 床版スラブ
- エレベータ機械(共用)
- バルコニー等(空間のみが専用使用)
- 階段(共用)
- 住戸(専有)
- エレベータ昇降路(共用)
- 床版(共用)
- 梁(共用)
- 専有部分の占有者
- 壁(共用)
- 柱(共用)
- エントランスホール(共用)
- 専用庭
- 専用使用(1階所有者の専用)使用権の設定
- マンションの敷地(持分で共有)
- 受水槽ポンプ(共用)

これに対して専有部分以外のすべてが共用部分となり，区分所有者全員で組織する管理組合がこれらを維持・管理している。バルコニー，1階専用庭などは共用部分ではあるが，プライバシーの面から規約で専用使用権を認めている。

問題は，これらの両者の境界である。「どこまでが専有(共用)で，誰が管理するのか」のボーダーラインを引くことは，実際のマンションではそれぞれ仕組みが異なるため一概には決められない。建物の維持管理を視野に入れた管理の区分を検討し，規約等で定めておくことが望まれるが，現実の作業としては難しい問題が多い。設備関係の給・排水管，都市ガスなどのライフラインも同様であり，原則として専有空間内では専有部分となるが，維持管理上，管理規約で共用部分とするものもある(排水管の下階天井裏配管等)。今後の改修工事の際には，住みやすさ，管理のしやすさを考慮しながら，新たな管理システムを考えていくことが求められている。

1.1.4 経年によるマンションの大規模修繕の変遷

(1) 大規模修繕の位置づけ

マンションの計画修繕の中で，最も時間と費用を要するものに大規模修繕と呼ばれるものが

ある。これらも計画修繕の一環であるが，建物の外壁改修や屋根防水工事，給排水設備の配管更新等がその代表的なものとなる。とくに，外壁改修工事では単に外壁廻りのみでなく関連する工事（バルコニー・廊下・階段床防水，鉄部塗装等）も同時に行われるため工事期間は長く，工事費用も大きい。また，日常生活を営みながらであるため，居住者の生活への影響も大きい。これらの要素が大規模修繕と呼ばれ，とくにマンションにとって重要な工事として位置づけられる所以である。これらの大規模修繕は外壁関係では一般的に12～15年の周期で繰り返し行われる。また，設備関係の計画修繕は専有部分との関連もあり，修繕積立金の資金計画の検討を含め，どのように長期修繕計画に組込むか，それぞれのマンションの課題となる。

(2) マンションの大規模修繕の変遷

マンションの大規模修繕が本格的に始まったのは1980年代ごろ（昭和55年前後）からであろう。無論，それ以前にも一部の民間マンションではすでに行われていたが，首都圏ではこの時期より郊外団地型マンションの大規模修繕が活発化してきた。これらのマンションは1960年代後半（昭和40年代）に建てられたもので，この時期からマンションの大規模修繕ブームが始まったと考えられる。本項ではこの時期を第Ⅰ期とし，以降5年ごとにⅡ期～Ⅴ期に分け各時期のマンション大規模修繕の特徴について概観してみる。

a．マンションの特徴と社会的背景

■ 第Ⅰ期「1980～85（昭和55～60）年」
- 第Ⅰ期で工事を行っているマンションは1960年代後半に分譲されたものが多い。代表的なものに都市郊外の大規模団地（公団・公社の分譲）がある。その規模は1団地500～600戸，中には1 000戸を超えるものもあり，建設後10～15年を経過したものである。
- 当時は長期修繕計画や修繕積立金については，未だ策定手法・徴収制度が確立されておらず，また，これらに対する重要性・認識が低い状況にあったといえる。さらに，長期計画があり修繕積立金を徴収しているマンションでも，その内容はきわめて不十分なものであった。このような状況が，その後の第1回目の大規模修繕工事に際しさまざまな問題を生み出すことになった。
- 竣工年度が古いものでは竣工図書（図面等）がまったくないもの，十分そろっていないものがあり，修繕工事の実施時に問題になった。

■ 第Ⅱ期「1986～90（昭和61～平成2）年」
- この時期に工事を実施したものは1971～75（昭和40年代後半）年に分譲されたもので，市街地では高層型のもの，郊外団地では更に大規模団地の工事が増加している。建物構造も従来のRC在来工法のものから，工場生産のPC（プレキャストコンクリート）工法で中層5階建のものもある。前期に続き外壁を主体とした大規模修繕を行うものが増え，マンションの大規模修繕ブームといった時期となる。
- 80年代後半になると管理組合活動も活発になっている。とくに公的分譲の団地型では，役員構成も当時は30代の比較的若い層が多く，維持管理面でも活発に行われており，大規模修繕工事のセミナー・見学会等にも積極的に参加している。
- 長期修繕計画の重要性，修繕積立金の必要性と認識も高まりつつあり，建築の専門家を交えた地域の居住者団体の勉強会等も行われ始め，その成果がマンション管理組合に浸透してきた時期である。しかし，工事を実施したマンションの中には，分譲時より数年間は積立金が低額（500～1 000円/月・戸）だったものも多く，資金不足により借入れ・一時金徴収を行ったものも多い。

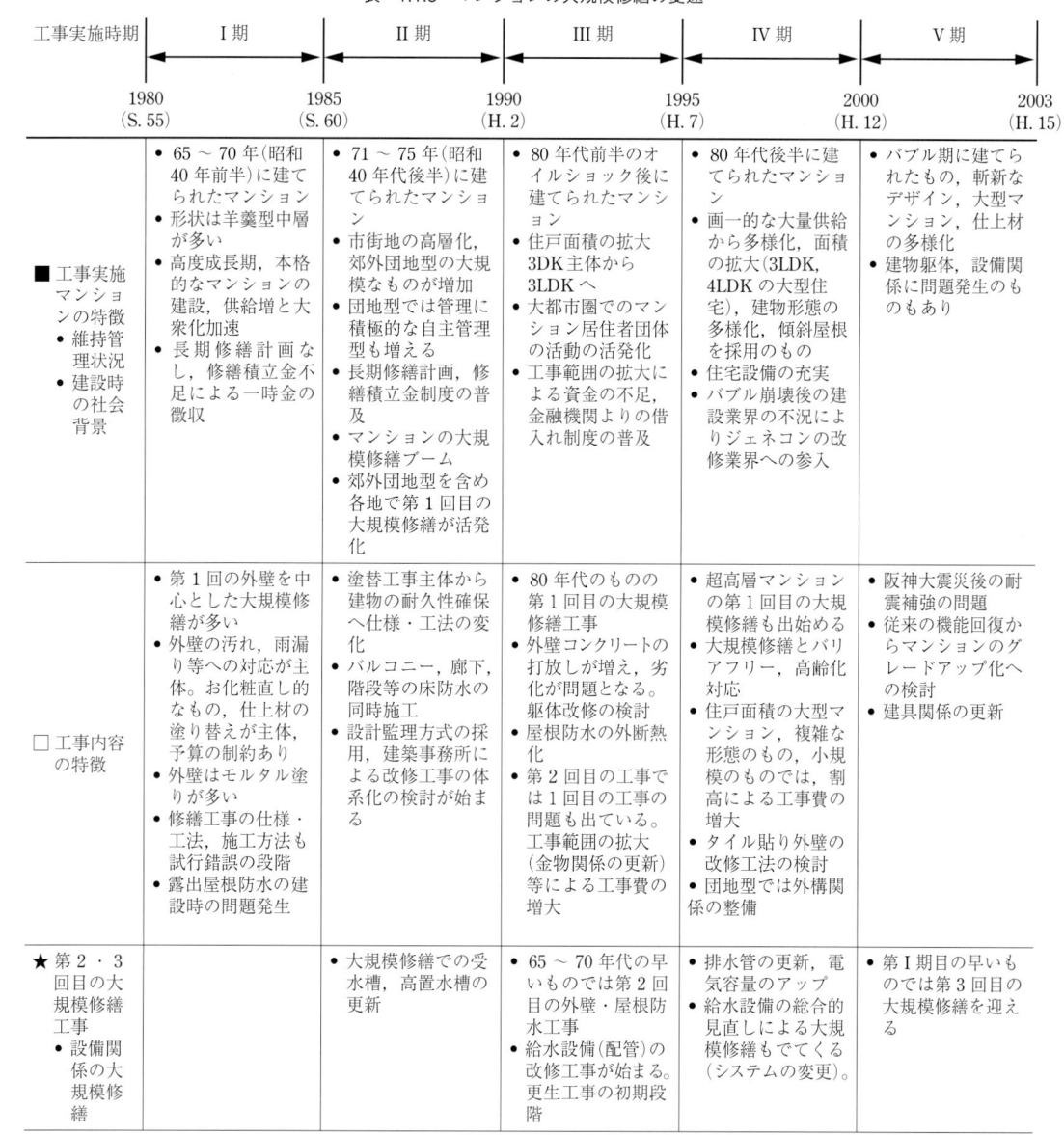

第1章　マンションのリノベーション

表-1.1.3　マンションの大規模修繕の変遷

工事実施時期	I期	II期	III期	IV期	V期
	1980(S.55) ～ 1985(S.60)	1985(S.60) ～ 1990(H.2)	1990(H.2) ～ 1995(H.7)	1995(H.7) ～ 2000(H.12)	2000(H.12) ～ 2003(H.15)
■工事実施マンションの特徴・維持管理状況・建設時の社会背景	・65～70年(昭和40年代前半)に建てられたマンション ・形状は羊羹型中層が多い ・高度成長期，本格的なマンションの建設，供給増と大衆化加速 ・長期修繕計画なし，修繕積立金不足による一時金の徴収	・71～75年(昭和40年代後半)に建てられたマンション ・市街地の高層化，郊外団地型の大規模なものが増加 ・団地型では管理に積極的な自主管理型も増える ・長期修繕計画，修繕積立金制度の普及 ・マンションの大規模修繕ブーム ・郊外団地型を含め各地で第1回目の大規模修繕が活発化	・80年代前半のオイルショック後に建てられたマンション ・住戸面積の拡大 3DK主体から3LDKへ ・大都市圏でのマンション居住者団体の活動の活発化 ・工事範囲の拡大による資金の不足，金融機関よりの借入れ制度の普及	・80年代後半に建てられたマンション ・画一的な大量供給から多様化，面積の拡大(3LDK, 4LDKの大型住宅)，建物形態の多様化，傾斜屋根を採用のもの ・住宅設備の充実 ・バブル崩壊後の建設業界の不況によりゼネコンの改修業界への参入	・バブル期に建てられたもの，斬新なデザイン，大型マンション，仕上材の多様化 ・建物躯体，設備関係に問題発生のものもあり
□工事内容の特徴	・第1回の外壁を中心とした大規模修繕が多い ・外壁の汚れ，雨漏り等への対応が主体。お化粧直し的なもの，仕上材の塗り替えが主体，予算の制約あり ・外壁はモルタル塗りが多い ・修繕工事の仕様・工法，施工方法も試行錯誤の段階 ・露出屋根防水の建設時の問題発生	・塗替工事主体から建物の耐久性確保へ仕様・工法の変化 ・バルコニー，廊下，階段等の床防水の同時施工 ・設計監理方式の採用，建築事務所による改修工事の体系化の検討が始まる	・80年代のものの第1回目の大規模修繕工事 ・外壁コンクリートの打放しが増え，劣化が問題となる。躯体改修の検討 ・屋根防水の外断熱化 ・第2回目の工事では1回目の工事の問題も出ている。工事範囲の拡大(金物関係の更新)等による工事費の増大	・超高層マンションの第1回目の大規模修繕も出始める ・大規模修繕とバリアフリー，高齢化対応 ・住戸面積の大型マンション，複雑な形態のもの，小規模のものでは，割高による工事費の増大 ・タイル貼り外壁の改修工法の検討 ・団地型では外構関係の整備	・阪神大震災後の耐震補強の問題 ・従来の機能回復からマンションのグレードアップ化への検討 ・建具関係の更新
★第2・3回目の大規模修繕工事・設備関係の大規模修繕		・大規模修繕での受水槽，高置水槽の更新	・65～70年代の早いものでは第2回目の外壁・屋根防水工事 ・給水設備(配管)の改修工事が始まる。更生工事の初期段階	・排水管の更新，電気容量のアップ ・給水設備の総合的見直しによる大規模修繕もでてくる(システムの変更)。	・第I期の早いものでは第3回目の大規模修繕を迎える

・一方，建設時期がオイルショック期にかかっていたものでは，建設時点の問題(外壁仕上げ・仕様等の変更)が大規模修繕時に出てきたものもある。

■第III期「1991～95(平成3～7)年」
・第1回目の大規模修繕を迎えたものは1980年代前半のオイルショック後に建てられたものである。住居面積もこの時期のものから従来の3DKより3LDK中心へと移行しており，住居面積も若干大きくなる。都市型高級マンション「億ション」といわれた住宅もこの時期より供給され始めた。

■第IV・V期「1996～2003(平成8～15)年」
・1980年代後半以降に建てられたもの，1987～90年の間はバブル期となる。この時期のマンションは今までの画一型の大量供給から形態・規模・間取り等，多様化したものが増えてくる。羊羹型の南面向き単

調配置から、郊外団地にみられるタウンハウス型、雁行型・セットバック型、また、屋根も傾斜屋根を採用している。同時に住宅設備も充実化してくる。

- バブル期に建てられたものでは斬新なデザイン、さまざまな仕上材が用いられ、100m²を超える大型マンション（億ション）も分譲された。また、設備面でも最新設備と呼ばれたものであったが、しかし、その後の経年による一部機器の故障によりシステム全体の機能が麻痺するといった問題が出たマンションもある。
- さらに、オイルショック期に問題となった粗製乱造による建物の構造欠陥が、大規模修繕時に顕在化してきたものも一部にある。
- 各地の居住者団体の活動も活発になり、また、公共機関・建築等の専門技術関係団体により長期修繕計画・大規模修繕等のセミナー、シンポジュウム等が全国主要都市で開催されている。
- 一方、バブル崩壊後の建設界の不況により、大手を含むジェネコンの改修業界への参加が活発になり、これが原因の工事価格の問題が発生している。

b. 工事内容と特徴

■ 第Ⅰ期
- マンションの形態は比較的単調なものが多く、とくに郊外団地型のものでは中層5階建の羊羹型である。市街地1棟型の形態はさまざまであるが、複雑な形態に比べ羊羹型は工事もやりやすかったこともあり、工事費もかなり低額なものが多い。
- 工事内容は外壁修繕を主体としたものが多く、モルタル塗りセメントリシン仕上げの外壁が10年以上経過したことから「みすぼらしくなった建物を新築時の姿に戻す」がコンセプトになっている。
- バルコニー・廊下・階段の床よりの漏水が問題となり、これらの床防水を同時に行ったものも多い。しかし、修繕積立金を原資とした資金計画が十分でなかったことから、工事範囲を最小限に留めたものもあり、工事実施後数年で雨漏りが発生、問題となったものもある。早い時期より長期修繕計画に基づいて積立て計画を行い工事を実施したものは、きわめて少ない。

■ 第Ⅱ期
- 第Ⅰ期工事の経験を踏まえ、仕様・工法の検討と施工方法の技術的検討が加えられてくる。外壁はモルタル塗りのものから新たに工場生産のPC工法のものも出てきており、「お化粧直し的」な外壁修繕からコンクリート躯体を保護するための修繕工事（建物の耐久性の確保）へとコンセプトも変わり、これに対応するため「躯体改修工事」の

図-1.1.13　バルコニー床面に新たに塗膜防水を設けたもの

図-1.1.14　屋外階段床面に防水を設けたもの

工事項目が設けられた。
- 耐久性向上のために，仕上げ材も旧仕上げ材（主にリシン系吹付け材）は除去を前提とし，そのために高性能の高圧水洗機も開発され，塗替仕様もコンクリート保護を目的とする樹脂系塗料へとグレードアップが計られている。
- PC 工法の建物では，PC 版ジョイント部（接続部分）のシーリング材の打替えが重要な工事項目となる。しかし，この時期のものは PC 工法の開発初期のものであったため，このジョイント部に問題が出ている。この部位よりの雨漏りが多発し大規模修繕時にその対策が課題となった。
- 建設時期がオイルショック期にかかったものでは，外壁タイル貼りのものが急遽塗装仕上げに変更されたもの等，建物構造・設備面で問題を抱えたマンションもある。

■ 第Ⅲ期
- 第Ⅲ期で工事が行われているものでは，外壁はコンクリート打ち放しのものが多く，コンクリート躯体の劣化（亀裂・鉄筋露出等）が問題となった。経年劣化だけでなく建設時の施工の善し悪しが，第1回目の外壁改修時に顕著に表れている。
- 工事内容の主体は外壁であるが，足場を架けることから関連する工事をできるだけ同時に行う考えが定着してくる。このため第Ⅱ期の工事に比べ工事内容も広範なものとなり，改修技術も工事項目を含め体系化されたものとなってくる。
- 外壁関係工事でも，このころより20年以

図-1.1.15 ルーフバルコニーのパラペット立上り廻り外壁面の状態。仕上材の汚れ・傷みが著しい

図-1.1.16 図-1.1.15のパラペット廻り外壁面，大規模修繕後の状態。防水性の高い仕上げ材を用いている

図-1.1.17 屋根パラペット斜壁廻りの亀裂補修工事中のもの。パラペット天端部の改修も行われている

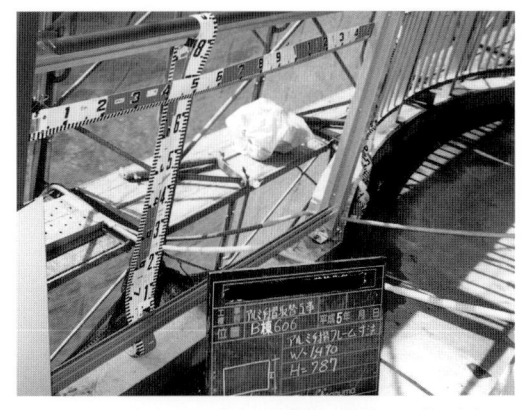

図-1.1.18 バルコニー手すりの更新。鋼製パイプの手すりをアルミ製品で更新している

図-1.1.19 屋上に設けられた高置水槽廻りの給水配管の更新。床面の防水も同時に行われている

図-1.1.20 屋外埋設配管および止水弁の更新。配管廻りには防食シートが巻かれている

図-1.1.21 受水槽の更新。ビルピットであったものを屋外に新設，基礎工事中のもの

図-1.1.22 更新後の受水槽。新耐震基準で設置されている

　　上を経過したマンションで第2回目の大規模修繕が始まってくる。屋根防水工事も同時に行われるが，第1回目の工事内容に問題があったもの，予算との関係で工事が不十分だったものを等，前回の経験を踏まえ準備段階に時間をかけ検討しているものが多い。
- 第2回目の工事を行うものでは，外壁廻りの金物類の取替えが行われている。とくに，海浜地域等の早いものでは，窓手すり等鉄部・金物類の更新も行われている。
- 給水設備関係の大規模修繕も始まってくる。この時点では給水配管の経年劣化による修繕工事となる。更新とするか，更生（現在の配管内部にエポキシ樹脂ライニングするもの）とするかの選択となるが，住戸内配管は更生工事としたものが多い。同時に20年を超えたものでは屋外に設けられた受水槽・高置水槽の取替え（更新）工事が始まる。

■ 第Ⅳ期・Ⅴ期
- 第1回目の外壁等の大規模修繕を迎えるものは1980年代後半よりバブル期に建てられたものである。住戸も大型のものとなり，また，建物形態も斬新・複雑，仕上材もさまざまなものが用いられている。外壁はタイル貼りのものが多くなり，その亀裂・浮き・剥がれに対しての改修工法が新たに検討項目となり，さまざまな工法が提案されている。
- 超高層マンションも早いものでは第1回目の大規模修繕時期となる。工事内容も過

第1章　マンションのリノベーション

図-1.1.23　玄関ホール廻りのグレードアップ。玄関扉および集合郵便受けを更新している

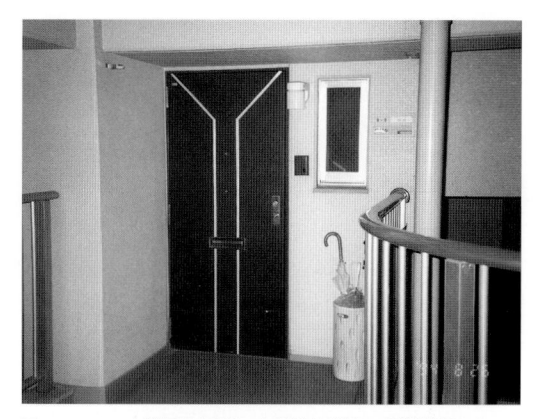

図-1.1.24　玄関扉の更新。大規模修繕時に鋼製単板のものをフラッシュ戸に更新し、断熱性を高めている

図-1.1.25　階段室廻りのグレードアップ。床防水およびノンスリップをステンレス製品で更新している。同時にバリアフリー化で手すりを新たに設けている

図-1.1.26　高置水槽方式の給水設備をポンプ圧送方式に変えポンプを更新したもの。周辺の配管も更新している

去の経験とはまったく異なるもので、改修設計者、工事を担当する施工業者を含めて初めての経験となる。とくに足場架設等に新たな提案がなされている。
- 第2回目の大規模修繕を迎えるマンションでは、グレードアップが目玉となってくる。工事内容も外壁・屋根防水といった単独工事での機能回復から、外構関係・設備を含めた住環境改善・向上を目的とした大規模修繕へと変質する。
- 設備関係工事では給排水設備の他、電気設備（電気容量のアップ）、エレベータ設備の更新が行われている。給排水設備では単に配管更新のみでなく設備システム全体を再検討し、給水方式を変更（高置水槽方式か

らポンプ圧送方式へ）したものもある。これらの工事は従来の単独工事として行うものもあるが、建物の大規模修繕と併せ行い、工事費のスケールメリットを図るマンションも増えている。

c. 工事費用にみられる特徴

大規模修繕工事の費用関係については、図-1.1.27, 1.1.28, 表-1.1.4～1.1.6に調査事例を掲載している。工事実施年で分類すると、図-1.1.27, 表-1.1.4の01～12は第Ⅰ期の1980～83年に実施したもので、公的分譲（公団・公社）の団地型を対象としている。また、図-1.1.27, 表-1.1.4の13～24の事例では実施時期が1985～86年に集中しており、第Ⅱ期に分類している。これらは大部分が1棟

第1編 マンション再生

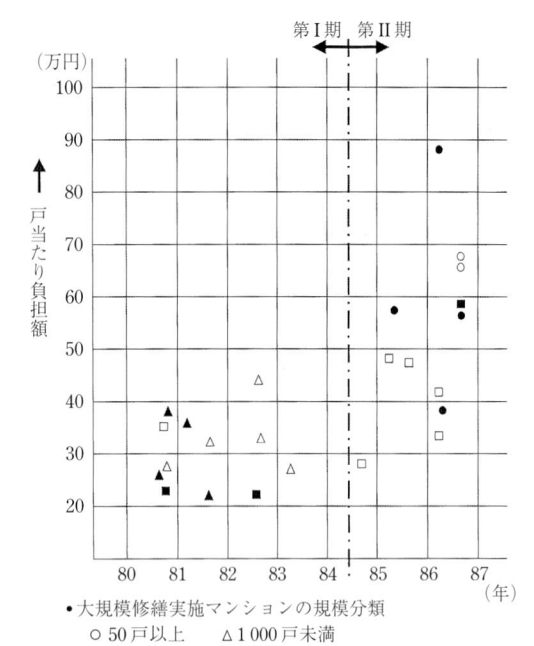

図-1.1.27　第Ⅰ期・第Ⅱ期実施，大規模修繕
（戸当たり負担額）

図-1.1.28　第Ⅲ期・第Ⅳ期実施，大規模修繕
（戸当たり負担額）

型の民間マンションである。

図-1.1.28，表-1.1.5は1993～2000年の間に工事を実施したもので，事例では公的分譲の団地型，民間1棟型が混在している。これらは第Ⅲ期・Ⅳ期に分類した。表-1.1.6の実施時期はⅢ・Ⅳ期のものであるが，建築・設備を含めた総合型の大規模修繕であり，また，すべてが第2回目のものである。

■ 第Ⅰ期［図-1.1.27，表-1.1.4(No.01～12)］
公的分譲・団地型
- 工事費用は一般的に工事内容と直接関係する。事例はすべて団地型のものでありマンション規模も大きい。しかし，その工事費をみるとかなりの差がある。第1回目の大規模修繕では工事内容・仕様工法等も試行錯誤で行われていたものが多く，この影響が大きいと考えられる。
- 外壁関係のみを主体とした工事でも，屋根防水を加えた工事内容のものより戸当たり

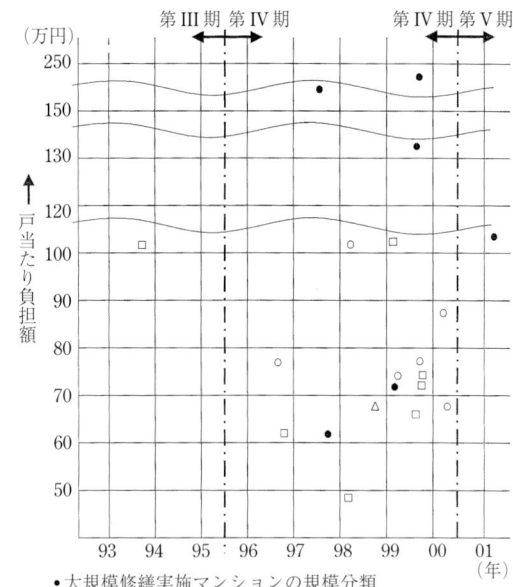

負担が高額のものもあり，また，工事内容が同じものでも，かなり工事費にバラツキがある。建物は同形態のものが多いことから，材料の選定による工事単価の影響もある。
- 工事内容・範囲の他にも，工事発注方法（特命での責任施工方式，設計・監理方式による相見積り方式等）の違いの影響も大きい。
- 工事内容の違いはあるが，全般的に20～30万円/戸のものが多く，この時期に工事を行った団地型マンションの平均的価格であり，Ⅳ期に行われている同工事内容のものに比べると仕様・工法の違いもあるが半額以下の工事費である。

■ 第Ⅱ期［図-1.1.27，表-1.1.4(No.13～24)］
民間マンション・1棟型
- 第Ⅱ期の工事費用の事例はすべて民間マンションである。工事実施時期は公的分譲よ

り数年後であるが，工事内容と質，仕様工法等は従来の延長線上で大きな違いはない。しかし，工事費用では団地型に比べ全般的に高額であり，また，工事範囲・内容が同じでも団地型以上に差がみられる。とくに外壁工事費（仮設・下地補修・塗装工事費）に大きく，建物形態と仮設工事費，塗替え仕様の違い，工事単価の影響が考えられる。
- また，その他工事の影響がある。民間マンションでは大規模修繕時に玄関・エレベータホール，屋内階段・廊下等の内装工事を行ったものがあり，これらの費用も大きい。
- 団地型との工事費の違いはマンションの規模（住戸数）にもある。小規模のものは工事内容が同じでもスケールメリットがないことから割高となる傾向がある。具体の工事費用では，外壁・屋根防水・鉄部関係塗装が対象の9事例でみると34～88万円/戸，50～60万円/戸のものが多い。

■ 第Ⅲ期・Ⅳ期［図-1.1.28，表-1.1.5，表-1.1.6（No.25～44）］団地型・民間マンション1棟型
- 表-1.1.5では一部に第2回目の大規模修繕のものもあるが，大部分は1回目のものであり実施時期はⅢ・Ⅳ期にまたがる。また，表-1.1.6はすべて第2回目の大規模修繕工事，Ⅳ期に実施されている。
- 表-1.1.5の事例では団地型の公的分譲，民間マンションが混在しているが，Ⅰ・Ⅱ期にみられるような規模による差は少ない。むしろ工事内容の影響が大きい。外壁改修工事も前期のものに比べ全般的に工事費はアップしているが，仕様工法と単価の影響と考えられ，第1回目のものでも60～70万円/戸のものが多い。この時期の第2回目のものではその他の工事費が大きく，その内容をみるとマンション全体のグレードアップを目的としたものである。
- 表-1.1.6は第2回目の大規模修繕のものである。経過年数24～36年目のもので外壁・防水等の建築関係以外に設備関係工事，外構関係工事を同時に行っている総合改修工事として位置づけられる。したがって，設備関係の工事費は1/3～1/2を占めており，戸当たり負担額も100万円を超え250万円に近いものもある。
- 設備関係工事内容もエレベータの更新・新設等のバリアフリー対策，給排水設備・電気設備の大規模改修，さらに，建物関係では玄関扉・メーターBOX扉等の建具更新を行ったものもある。

d. 予測される第Ⅳ期以降の大規模修繕

第3回目の大規模修繕は，第1回目の周期（一般的に外壁を中心としたもので12～15年）を前提とするなら36～45年目に行うことになる。ただし，建設時期の早いものでは45年目を超え第4回目の大規模修繕となる。いずれにしても，この時期までに建物を構成するすべての部材の修繕周期が一巡すると考えられる。第3回目の大規模修繕の内容がどのようなものとなるか，過去2回の大規模修繕の延長線として位置づけるか，または，躯体以外のすべての部位の部材を更新させ総合的に改修し，新築マンションと同レベルまでグレードアップすることも考えられる。実際，東京都の公営住宅（賃貸住宅）ではスーパーリフォームとして工事期間中は居住者に引越してもらい，専有・共用部を一括して改修した事例もある。しかし，分譲マンションではこのような事例は未だ見当たらない。第3回目（または第4回目）の大規模修繕をどのように位置づけ，その内容をどのようなものとするかは，居住者の合意形成と資金計画が重要な要素となるが，十分な検討時間が必要となろう。

表-114 第Ⅰ期・第Ⅱ期大規模修繕

サンプルNo.	サンプル記号	地域	入居年度	規模(戸)	住棟形態 構造・階数	住棟形態 棟数	工事実施年	経過年数
※公的分譲団地型マンション								
01	K-1	東京	67	240	RC・5	9	80/8～12	13
02	K-2	東京	70	1 199	RC・5	55	80/8～12	10
03	K-3	千葉	69	780	RC・5	19	80/9～11	11
04	K-4	東京	67	250	RC・5	8	80/9～12	13
05	K-5	東京	69	1 400	RC・5	32	80/9～12	11
06	K-6	千葉	68	1 530	RC・5	37	81/8～12	13
07	K-7	東京	71	660	RC・5	19	81/8～12	10
08	K-8	埼玉	70	1 010	RC・5	35	81/8～12	11
09	K-9	千葉	71	490	RC・5	17	81/8～11	11
10	K-10	東京	72	770	RC・5	27	81/8～11	10
11	K-11	神奈川	72	600	RC・5	22	81/8～11	10
12	K-12	千葉	72	990	RC・5	41	83/3～7	11
※民間マンション								
13	M-1	東京	74	48	SRC・8	1	86/9～11	12
14	M-2	東京	69	37	RC・7	1	86/9～11	17
15	M-3	神奈川	70	89	RC・7	1	86/4～6	16
16	M-4	神奈川	70	91	SRC・13	1	86/3～6	16
17	M-5	東京	74	98	SRC・14	1	85/4～6	11
18	M-6	神奈川	73	120	SRC・11	1	86/3～7	13
19	M-7	東京	75	124	RC・7	1	86/3～5	11
20	M-8	神奈川	72	208	SRC・11	2	85/9～12	13
21	M-9	神奈川	73	107	RC・7	1	84/9～12	11
22	M-10	東京	72	324	SRC・12	2	86/9～12	14
23	M-11	神奈川	72	70	SRC・11	1	86/9～12	14
24	M-12	神奈川	71	110	SRC・11	1	85/3～5	14

注1) サンプルNo. 01～24は1985～87年に調査を行った首都圏の40マンションの中から公的分譲(公団・公社)12組合,民間分譲12組合を選定したもの

(3) マンション設備修繕の特徴

■ グレードアップが前提の設備改修

マンションの居住性能として最も陳腐化の早いものに設備機能がある。生活水準に対応したマンション設備のレベルアップは居住者のニーズとして常に新しいものが求められる。高経年化マンションと新築マンションの設備機能にはかなりの差がある。マンション設備改修は時期的には第2回目の大規模修繕と前後して行われるものが多い。当然「新しい部材・パーツ」が用いられるが,機能のグレードアップも必要となる。レベルアップにより,いかに時代の水準に近づけるか,そのために従来のシステムを変えていくことも課題となる。一方,設備の配管や配線は床や天井仕上材の裏側,パイプシャフトの中などに隠蔽され,目に見えない部分にあるものが多い。これらを修繕するためには設備関係工事だけでなく,建築関連工事も同時に必要となる。給排水・ガス・電気などのライフラインとしての設備に不具合が生じると,日常生活に支障をきたすことになる。これらの設備は共用・専有で一体的なシステムを構成しており(配管類はすべて共用部分を通し専有部の住戸内に配管されている),共用部分だけの修繕では問題が解決しないことが多い。したがって,設備関係の大規模修繕工事はシステムの変換,

実施マンションの概要と工事費用

工事区分	大規模修繕工事費(万円/戸)						
	外壁改修	屋根防水	床防水	鉄部・金物	その他	経費	工事費合計
D-1	26.5	—	—	3.0	4.0	2.2	35.7
A-1	14.0	7.9	1.2	1.9	0.2	1.0	26.2
A-1	16.7	5.5	3.0	2.2	—	0.9	28.3
C-1	17.7	—	3.8	0.7	—	1.5	23.7
A-1	32.4	3.2	2.7		0.7		39.0
A-1	20.4	6.0	3.3	3.8	—	2.4	35.8
B-1	21.2	7.0	—	3.3	—	2.1	33.6
C-1	16.2	—	2.5	3.0	0.5		22.2
D-1	11.8	—	—	8.1	1.3	1.7	22.9
A-1	25.2	9.4	5.0	1.7	—	3.0	44.3
B-1	20.4	7.2	—	5.4	—	0.8	33.8
D-1	20.4	—	—	4.6	2.1	1.4	28.5
A-1	39.7	6.3	5.7	5.7	4.0	6.6	68.0
A-1	41.4	3.7	3.4	8.6	6.3	4.1	67.5
C-1	28.2	—	4.4	3.5	0.8	1.6	39.5
C-1	66.8	—	7.7	6.6	2.6	4.4	88.1
C-1	36.5	—	5.5	2.8	10.3	2.2	57.3
C-1	32.8	—	3.8	2.3	1.1	1.3	41.3
C-1	23.8	—	7.0	1.4	—	1.8	34.0
C-1	29.9	—	4.2	2.6	6.5	5.2	48.4
A-1	15.2	3.1	3.3	5.9	0.5	1.1	29.1
C-1	36.9	—	7.6	8.1	1.4	5.8	59.8
C-1	33.2	—	3.6	6.8	10.6	2.9	57.1
C-1	38.6	—	2.0	4.8	1.4	2.2	49.0

グレードアップを前提に，また，「建築」，「設備」の工事を一体化した，「専有・共用」の管理区分を超えた総合的な改修工事が求められている。

1.1.5 マンションの長命化とグレードアップ

(1) 物理的・相対的老朽化への対応

マンションの寿命は？ という質問がよくある。近年「マンション建替え円滑化法」審議の過程で30年，40年といった論議がなされている。しかし，マンションは躯体（構造体）を含めきちんと維持管理され，また，住居としての機能が保持されていれば100年の寿命も不可能ではない。この長命化を可能にするためには，経年による「物理的・相対的老朽化」にどのように対応していくかであり，このことが今後多くのマンションの課題となってくる。

図-1.1.35はマンションの大規模修繕工事とグレードアップの関係を示したものである。第1期目（12～15年経過）までの外壁等を主体とした大規模修繕工事では，途中に保守・点検等のメンテナンスは行われるものの，建物を当初の機能まで回復させることを目的としている。同時に部分的な改良修繕が行われる場合もある。第2期目（24～30年経過）になると，設備関係では日常のメンテナンスの他に中規模な修

表-1.1.5　第Ⅲ期・第Ⅳ期大規模修繕

サンプルNo.	サンプル記号	地域	入居年度	規模(戸)	住棟形態 構造・階数	住棟形態 棟数	工事実施年	経過年数
25	K-13	神奈川	82	236	RC・2～3	40	93/8～94/2	12
26	M-13	神奈川	86	30	RC・7	1	96/8～11	11
27	K-14	東京	84	240	RC・2～5	30	96/8～97/3	13
28	M-14	神奈川	87	57	RC・4	2	97/9～12	11
29	M-15	東京	73	82	RC・3	7	97/9～12	25
30	K-15	東京	87	234	SRC・14	3	98/1～6	12
31	M-16	神奈川	82	22	RC・4	1	98/3～7	17
32	K-16	千葉	88	563	RC・SRC・5～12	18	98/8～99/5	11
33	M-17	東京	88	28	SRC・5	1	99/9～12	12
34	M-18	埼玉	86	75	SRC・5	1	99/2～6	14
35	M-19	神奈川	88	133	SRC・5	1	99/8～12	12
36	M-20	千葉	72	137	RC・5	1	99/8～00/2	28
37	M-21	神奈川	89	144	SRC・5	1	99/9～12	10
38	M-21	神奈川	89	41	RC・5	1	00/3～6	12
39	M-1	神奈川	85	18	RC・8	1	00/4～6	16

表-1.1.6　第Ⅲ期・第Ⅳ期大規模修繕(第2回目)

サンプルNo.	サンプル記号	地域	入居年度	規模(戸)	住棟形態 構造・階数	住棟形態 棟数	工事実施年	経過年数
40	K-17	東京	76	180	RC・5	7	99/1～8	24
41	M-24	神奈川	64	42	RC・6	2	99/3～6	36
42	K-25	東京	74	66	RC・4・6	2	99/7～00/1	26
43	M-26	東京	70	73	SRC・13	1	99/11～00/5	30
44	M-27	神奈川	69	70	RC・6	1	01/4～7	32

注2)　サンプルNo.25～44は2000～02年に調査を行ったもので，首都圏の公的・民間マンション。
　　　サンプルNo.を□で囲ったものは第2回目の大規模修繕を実施したマンション。
注3)　工事区分は，同時施工の工事内容により以下に記号化し分類している。
　　　A：外壁改修＋屋根防水＋バルコニー・階段・廊下等の床防水＋鉄部塗装および関連工事
　　　B：外壁改修＋屋根防水＋鉄部塗替えおよび関連工事
　　　C：外壁改修＋バルコニー・階段・廊下等の床防水＋鉄部塗替えおよび関連工事
　　　D：外壁改修＋鉄部塗替えおよび関連工事
　　　＊　外壁改修工事の中には仮設工事およびシーリング関係工事を含む。

実施マンションの概要と工事費用

工事区分	大規模修繕工事費(万円/戸)						
	外壁改修	屋根防水	床防水	鉄部・金物	その他	経費	工事費合計
C-1	64.8	10.0	8.0	4.3	6.6	8.4	102.1
A-1	35.2	32.1		3.4	4.3	3.7	78.7
A-1	40.1	2.2	5.3	3.8	7.6	3.0	62.0
A-1	25.6	31.6		1.6	—	2.6	61.4
A-1	59.3	19.7	52.3	6.9	12.1	5.7	156.0
C-1	30.4	—	2.7	2.7	7.7	4.5	49.5
C-1	60.4	—	3.3	24.8			101.5
C-1	40.2	—	—	10.7	3.9	5.0	68.9
A-1	49.6	23.0		2.0	—	4.0	78.6
C-1	39.9	—	—	9.2	—	8.8	70.9
C-1	38.6	—	5.0	3.5	4.5	5.0	66.3
C-1	26.7	—	—	9.0	28.8	5.6	72.9
C-1	33.6	—	—	3.5	13.9	4.1	74.5
A-1	55.3			2.2	2.3	22.0	6.8	88.6
A-1	34.3	21.6	5.7	6.0	2.8	3.6	68.3

実施マンションの概要と工事費用

工事区分	大規模修繕工事費(万円/戸)	工事費合計
E-2	①外壁改修 21.4 ②屋根防水 14.6 ③床防水 8.7 ④鉄部塗装・金物改修 12.7 ⑤電気設備改修 14.6 ⑥外構整備 28.3 ⑦経費 12.6	112.9
E-2	①外壁改修 21.6 ②床防水 8.2 ③鉄部塗装・金物改修 6.7 ④給水設備改修 32.0 ⑤経費 6.0	74.5
E-2	①外壁改修 52.8 ②床防水改修 15.7 ③鉄部塗装・金物改修 11.6 ④電気設備改修 3.4 ⑤外構改修 3.4 ⑥EV新設・更新 34.7 ⑦経費 12.2	133.8
E-2	①外壁改修 96.7 ②床防水改修 20.5 ③鉄部塗装・金物改修 20.0 ④給排水・消火・換気設備改修 65.1 ⑤受変電・動力電気設備改修 20.1 ⑥その他 12.5 ⑦経費 12.6	247.5
E-2	①外壁・床防水・鉄部塗装・金物改修・その他 52.2 ②建具関係改修(玄関扉,メーターBOX扉改修) 21.7 ③給水設備改修(配管・受水槽更新) 1.7 ④電気設備(照明器具更新) 1.7 ⑤外構(自転車置場新設) 3.7	117.3

繕工事が行われる。第2回外壁等の大規模修繕工事では，建物に付帯する鉄部・金物関係(外壁廻金物，バルコニー手すり等)の改修・更新工事が加わってくる。これらの工事により建物全体のグレードアップが図られる。同時に，この期間では設備関係のライフラインの更新も行われグレードアップ化される。第3期目以降は，建物の構造体を除く二次部材(鋼製建具，アルミサッシ等)の更新も段階的に行われるようになり，従来の改良修繕から一歩進んだ「マンション再生」を目的とした大規模修繕に変質していくことが考えられる。このような目的を達成するために，資金計画を含めどこまで行えるかによって，マンションの価値が大きく変わ

第1編　マンション再生

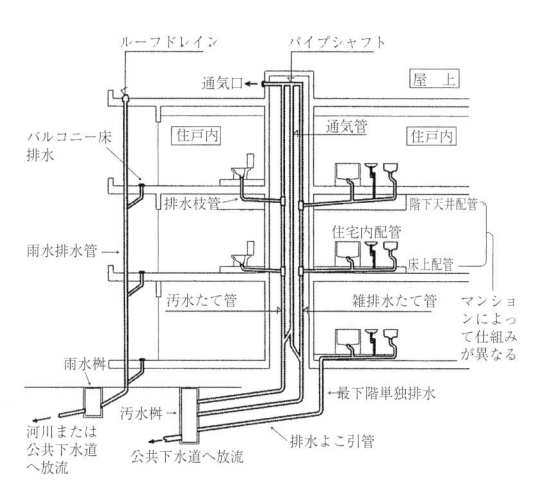

図-1.1.29　マンション排水設備の仕組み

図-1.1.30　住戸内排水設備の配管の状態。上階の排水管が下階の天井裏に配管されている

図-1.1.31　住戸内の排水管たて管をバルコニー側で更新したもの。パイプシャフトが狭いための処置

図-1.1.32　屋内排水管の更新。雑排水管2本と通気管の3管式を集合管継手を用いた単管方式に変更，更新したもの

図-1.1.33　給水設備のポンプ圧送方式を直結増圧方式に変更し，増圧ポンプを新たに設けたもの

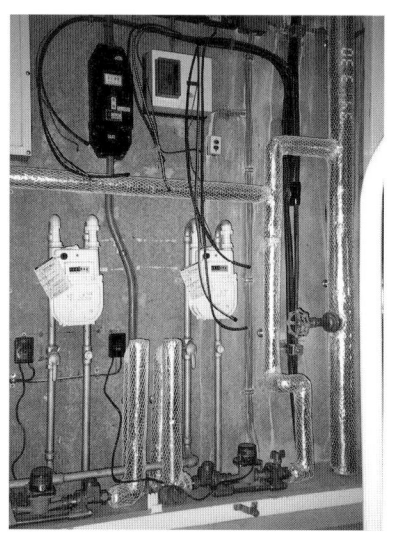

図-1.1.34　階段室型住宅のパイプシャフト内の設備更新。給水管の更新，電気幹線の更新(容量増)を同時に行っている

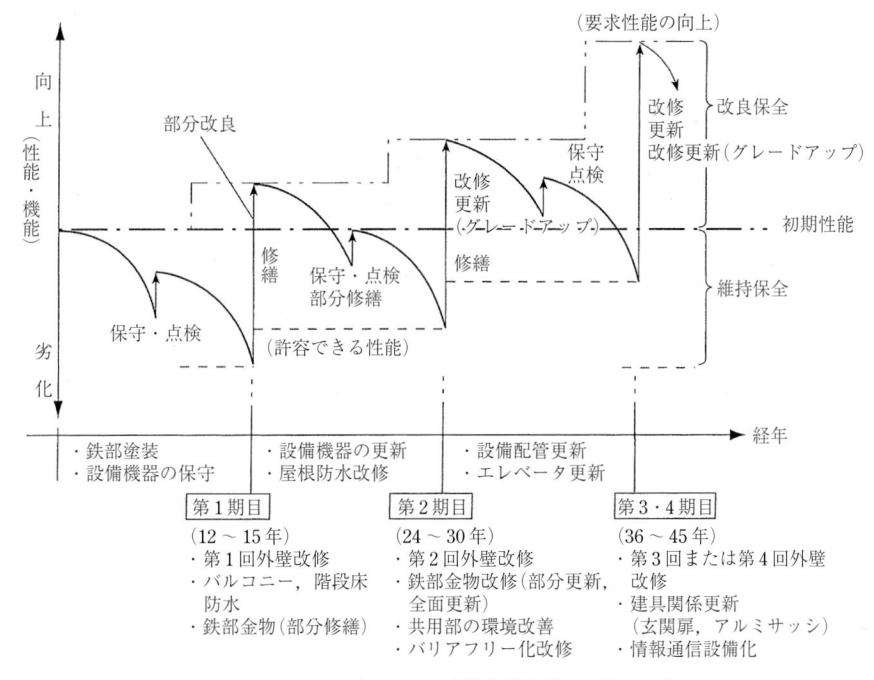

第1章 マンションのリノベーション

図-1.1.35 マンションの大規模修繕とグレードアップ

(2) 経年による物理的老朽化に「大規模修繕工事の改修計画」で対応する

- 経年による「物理的・相対的老朽化」への対応として、どのような項目・内容が上げられるか、具体的には以下項目が考えられる。

a. 建物の耐久性・耐震性・安全性能の向上

- 建物の耐久性を高め、耐用を延ばす改良修繕が求められる。大規模修繕時の仕様・材料の選択、鉄部・金物類（バルコニー・開放廊下・階段等の手すり、外壁に設けられた金物類等）の更新ではグレードアップ（鉄製品からアルミ・ステンレス製品へ）を考慮する。
- 1981年以前の設計基準のマンションの中には、阪神・淡路大震災で建替えざるを得ないような大被害が出たものもある。被害の程度は、建物の主要構造部の耐震性能によって差がでる。これらの建物は耐震性能を診断し、問題があれば耐震補強が必要と

なる。どの程度まで耐震性能を高めるかは、補強方法や費用によって異なる。
- 建物の構造補強の他に、エレベータを更新する際には「新耐震基準」にする。また、避難経路を確保するために玄関扉を耐震のものに、屋外鉄骨階段の建物接合部の補強等も上げられる。

b. 建物共用部の環境改善

- 入居30年以上を経過したマンションでは「新築時の姿に戻すこと」というコンセプトでは大規模修繕の目標にはならない。マンションの顔となるエントランスやエレベータホール廻り、階段室出入り口廻りの改善が居住者のニーズとなる。また、階段・廊下廻りを含めた建物全体のグレードアップが求められる。
- 共用部の環境整備の中では、バリアフリー化も併せて検討が求められる。入居当初は30～40歳代であった居住者も、マンションの経年と同様に高齢化してくる。若い頃は苦にならなかった階段の昇降や廊下の段

差も，年をとると問題となってくる。高齢者も安心して快適に住み続けられるマンションとするために，屋外の通路を含めた，建物入り口から住戸玄関扉までの段差解消，階段室型の建物ではエレベータを新設することも将来の課題である。

- セキュリティー性能の向上も新たな項目として上げられる。ピッキング，エレベータ内の悪戯，駐車場の車上荒らし，などマンション特有の犯罪が増加している。エレベータホールやマンション出入口，駐車場などには防犯灯や防犯カメラを設置する。また，出入りしやすいマンション・団地では，共用部分を区画する共用扉を設け，オートロックシステムとするなどの改善が望まれる。

c. 専有部を含めた快適な居住環境の確保

- 専有部・共用部の両者を対象とし，断熱・省エネルギー性能を向上させる。具体には外壁や屋根防水の「外断熱工法」の採用，また，近年では屋上を緑化する手法も採用されている。
- 開口部のサッシュや玄関扉を更新する際には，断熱・気密・遮音性能の高いものを採用する。インナーサッシュ・二重ガラスにするなど，部屋の断熱性を高める。これにより結露・ヒートロスを防ぐことが可能となる。

(3) 経年による相対的老朽化への対応，「物理的老朽化」への対応と併せ検討する

a. 設備機能の向上とライフラインの増量

- 住宅設備機器の性能向上や変化は著しい。セントラル給湯や床暖房，エアコンの普及，台所のシステムキッチン等があげられるが，これらのインテリアリフォームは，共用部分の電気幹線の容量，ガス引込み管の供給能力，給水能力等と直接関係する。
- 30年前のマンションは，各戸20～30アンペアの電気容量であったが，エアコンや家電製品の普及により幹線容量が不足するようになった。最近のマンションでは各戸60アンペアの容量が確保されている。建物全体の受変電設備・幹線容量を増やし，同時に各戸の配線回路の更新（系統を分ける）が必要となる。
- 小型ガス瞬間給湯器が普及し，住戸内でのセントラル給湯システムが一般化している。しかし，セントラルシステムや温水床暖房に改造するにはガスの供給能力の向上（増量）が必要となる。共用部ガス配管の更新の際には，これらを考慮し検討することが求められる。
- マンション全体のライフラインの供給能力の変更（増量）には，供給システムの変更が出てくる。システム変更には建物の改造が不可避なもの，これからのマンション大規模修繕では，これらの内容を含め工事の範囲・実施時期の検討が必要となる。

b. 情報機能の高度化・インテリジェント化

- 高度情報化社会の進展は著しく変化している。マンションの情報設備といえば，30年前はVHF放送を共聴受信する設備のみであったが，その後，UHF・BS・CS受信，地域CATV受信やインターネット接続へと次々に変化してきた。また，電話設備もアナログからディジタルへ，さらにISDNや光ファイバーへと高速・高機能化している。このようにめまぐるしく変化している情報機能に対応した改良・改善が求められている。

(4) マンションの再生

現在，わが国のマンションストックは400万戸を超えている。この中には新築後30年を超えるものが2010年の段階では150万戸となる。これらの多くは1965～75年（昭和40年代）に分譲されたもので，とくに郊外団地の階段室型で，3DKを主体とした住戸面積50 m^{2}前後のものが多い。マンションの老朽化・陳腐

化にどのように対応していくかの検討が問われているストックである。近年，住宅ストックは過剰傾向にあり，空き家も多く発生しているといわれる。世帯人口は減少しているが，一方で住宅(マンション)の建設は続けられる。新築マンションの価格もバブルの一時期に比べかなり低廉となったが，中古マンションの転売価格の下落も著しく，購入時の半値以下も例外ではない。とりわけ郊外団地型の住戸面積の小さいものほど下落幅は大きい。また，都市近郊の交通の便の良い一部を除いては，建替えも不可能な状況にある。これらのマンションの老朽化の進行はスラム化につながる危険性がある。これを防ぐためにも大幅なリノベーション(再生)が必要となる。過去の大規模修繕より一歩進んだ「マンション再生」に取り組むことが，今後の課題となる。

a. 生活空間拡充のための，マンションの2戸1化へ

- 生活のライフサイクルと住宅は密接な関係にある。夫婦2人住まいの頃は「2〜3DK」のマンションは居住スペースとしては十分な広さを持っている。しかし，子供が生まれ成長してくると住宅の狭さが問題となる。とくに，小・中学の学齢期となると，より広い住宅への住み替えが始まる。郊外団地型のマンションでは入居時よりの居住者は2割に満たないものもある。一方で，「3DK」50 m^2前後の住宅でも2戸を合併することによって100 m^2を超えるものとなる。上下・左右の隣戸を合併することにより居住面積を拡大するリノベーションが可能となる。
- 近年のマンション管理組合では，大規模修繕に際してリノベーションを積極的に行うものが多い。しかし，隣接する2住戸を一体化するための戸境壁や上下階のスラブを抜いての工事を許可する事例は未だ見当たらない。技術的には可能であるが，現在の規約ではコンクリートの構造躯体に手をつけることは禁止されていることによる。しかし，今後は住宅の狭さ解消の手法として，また，親と子の近接(3世代居住)を可能にするために，管理組合が「合築再生」に取り組まざるを得ない状況となってくる。

b. 生活様式・家族構成変化への対応

- 住居の狭さの問題はライフサイクルの一時期である。高齢化し子供達がそれぞれ独立した後の夫婦2人家族となると3DKは十分な広さとなる。むしろ住宅の間取りを変え，使い方に多様性をもたせる試みも必要であろう。ファミリー向けの「3DK」住宅を単身者向けの「1LDK＋仕事場」に間取り変更することもできる。また，住居から地域の生活関連施設(店舗，地域図書館の分館，

図-1.1.36 大阪府内の公営住宅の改修事例。改修前の南側外観

図-1.1.37 大阪府内の公営住宅の改修事例。改修工事後の南側外観。屋根は傾斜屋根としている

図-1.1.38　大阪府内の公営住宅の改修事例。改修工事前の北側外観，北側外壁および階段室廻り

図-1.1.39　大阪府内の公営住宅の改修事例。改修工事後の北側外観。北側面に廊下・階段・エレベータを新設している

図-1.1.40　大阪府内の公営住宅の改修事例。北側・妻側外壁面，柱・梁型部分が廊下で増築されたもの。傾斜屋根は新設したもの

保育所等）にコンバージョンすることも考えられる。今後，さらに増えるであろうマンションの過剰ストックに対応させるための一手法となろう。

c. 区分所有法の限界と，今後取り組むべき課題

- 区分所有法と，現在の一般的な管理組合規約では，共用部分（建物の構造躯体）の除去や変更を認めていない。また，現行の新築建物の設計基準ともなっている建築基準法の体系では，既存建物は遡及適用こそ受けないものの，増・改築をする際には現行基準に適合させることを義務付けている。すなわち，既存マンションの2戸1化等の「合築再生」には，現行法で規定されているさまざまな内容をクリアーしなければならず，困難な問題が多い。したがって，法律の柔軟な対応，規約改正が求められるが，さらに，建物を長く使い続けるためには，現行法に適合させようとする考え方を改め，ストックを重視した長期耐用を促進させる法体系の整備が求められる。当然，再生を図るためには，建物の安全性・耐久性に配慮した計画でなければならない。マンションをスラム化させないための最重要課題といえよう。

1.2　マンションのグレードアップとリノベーション

1.2.1　マンション各部のグレードアップ

(1)　エントランスのグレードアップ

マンションのエントランスは，そのマンションの顔である。エントランスの表情は，廊下型住棟と階段室型住棟では，通常，かなり異なる。

廊下型住棟は，高層住宅の一般的な形式でエレベータを持ち，エントランスの構成は，エントランスポーチ，エントランスホール，エレベータホール（エントランスホールとの兼用も多い）から成り，ホールには，集合郵便箱，掲示板，管理受付窓口などがある。新しいマンションでは，出入口はオートロックの自動ドアとし，メールコーナーやラウンジスペースを設け，防犯性や快適性を高めたものも多い。階段室型住棟は，郊外中層団地に多くみられ，エレベータがなく，階段室踊り場下の通路がエントランスで出入口扉はない。新しいマンションでは，階段室の手前に下屋を設け扉もつけてエントランスホールとしたものもあるが，旧来のものは，狭く低い踊場下に集合郵便箱，掲示板が設けられ，おまけに三輪車や自転車が置かれたりして，雑然とした貧弱なエントランスが多い。これらのエントランスのグレードアップとしては，床・壁・天井の仕上材や集合郵便受等のデザインを変えて，機能性，快適性，高級感を高める次のような手法がある。

- 床モルタル塗をタイル貼にする。すべりやすいタイルを防滑タイルにする。タイル貼りを石貼りにする。
- 壁吹付けタイルを石目調塗装にする。壁塗装をタイル貼りや石貼りにする。メールコーナーを新設する。
- 天井直塗装を二重天井にする。フレキシブル板EPを岩綿吸音板張りとする。
- 集合郵便箱をA4書籍が入る大型のものにする。ダイヤル錠のものにする。掲示板を大型にする。
- 天井照明を逆富士直付型からアクリルカバー型やダウンライトにする。天井形状を変え間接照明にする。
- ウォールライト，スポットライト，フットライト等で壁，床面の照度確保と光の演出効果を高める。
- 受付カウンター，館内案内板，ファニチャー等のデザインアップ
- 玄関扉のオートドア化，オートロック化等。

(2) 廊下，階段廻りのグレードアップ

古いマンションでは，廊下，階段の床は，コンクリート直仕上げやモルタル塗仕上げが多い。ひび割れ，汚れが目立ち，雨水が浸透するので下階への漏水があり，床スラブの劣化も早める。エキスパンション部も含め，快適性，機能性，防水性，躯体の耐久性を高めるため，次のようなグレードアップ手法があげられる。

- 床面に塩ビ系シートを貼り，側溝はウレタン防水する。両方を一体責任施工とし，数年間の防水保証をするシステム工法もでて

【改修前】

中層階段型住棟のエントランス。仕上げは，壁吹付けタイル，床モルタル塗り

【改修後】

壁石目調塗装，床タイル貼り。庇に号棟表示板を付け，集合郵便箱は大型化。照明器具もデザイン変更

図-1.2.1

第1編　マンション再生

【改修前】

廊下床はモルタル塗。汚れじみ、ひび割れ、補修跡等が目立ち、階下に漏水もある

【改修後】

床に超速硬化型ウレタン塗膜防水。玄関扉前の防風、防雨スクリーンは、スチール製をアルミ製に取替えた

図-1.2.2

いる。階段ではノンスリップ一体型シートもある。

- 床面に超速硬化型ウレタン塗膜防水を、排水溝、幅木とともに一体施工する。階段ノンスリップは防水上直付タイプとし、床勾配がとれてないところでは水が溜りやすいので防滑に留意する。
- 廊下 EXP.J（エキスパンションジョイント）部の床・壁・天井の鉄板製 EXP.J をアルミまたはステンレス製 EXP.J にする。床段差をなくする。1方向 EXP.を2方向 EXP.とする。
- 廊下や階段踊場で水はけの悪い箇所では、床面のモルタルをはつり取り排水勾配是正や排水溝、ドレイン、樋の新設等を行う。

【改修前】

玄関扉はプレスドア。室名札はプラスチック製。浴室窓は突出し窓

【改修後】

玄関扉は、化粧フラッシュドア。室名札はアルミ製に取替えた。浴室窓はジャロジーに各戸で取替え

図-1.2.3

(3) 住戸玄関廻りのグレードアップ

住戸玄関廻りはその住戸の顔である。玄関扉の廻りには，室名札，インターホン，メーターボックス，給排気グリルなどがある。新しいマンションでは，玄関アルコーブ(ポーチ)や門扉が設けられているのも多い。ここでのグレードアップ手法として次のようなものがある。

- 古いプレスドアを，耐震枠・ドアパッキン付の化粧フラッシュドア(内部にグラスウール充填)に取替え，耐震性，遮音性，気密性，防露性，美粧性を高める。
- プラスチック縁付木板の古めかしい室名札をステンレスまたはアルミ製のプレーンなものに取替える。階段室型住棟では，階数表示板などのサインも合わせて取替える。
- 玄関アルコーブの床モルタルに塩ビシート貼り。アルコーブのない場合，廊下や階段室のグレードアップが住戸玄関廻りのグレードアップということにもなる。

(4) バルコニーのグレードアップ

バルコニーの床は十数年位前までは，高級マンションでもコンクリート直仕上が多かった。床や手すりは廊下と同様の問題点があり，以下のようなグレードアップが行われている。

- 床コンクリートやモルタル仕上の上に，ウレタン塗膜防水を行う。排水勾配と防滑に留意。
- スチール手すりは，とくに沿岸部では，腐食・穴あき等の劣化が早く，アルミ製のものに取替える。ただし，アルミ製手すりも，点食や変色など劣化するので，クリーニングや塗装が必要になる。
- スチール製の避難ハッチの腐食は内陸部でも早く，ステンレス製カバー工法のものに取替える。

(5) 屋上廻りのグレードアップ

陸屋根では，平場と周辺パラペット部についての防水性能，断熱性能と耐久性が問題となる。傾斜屋根は，中高層マンションでの採用も多く，

【改修前】

バルコニー床はコンクリート金ゴテ仕上げ。汚れじみが目立ち，ひび割れからは階下に漏水。避難ハッチはスチール製で腐食，穴あきもあった

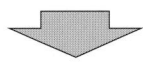

【改修後】

床はウレタン塗膜防水。避難ハッチはステンレス製のものにカバー工法型で取替えた

図-1.2.4

屋根材の劣化・損傷は，防水上だけでなく飛散落下等の安全上の問題ともなる。改修に際しては，以下のようなグレードアップがある。

- 断熱，省エネを考慮し，外断熱防水工法とする。防水層の上で断熱する断熱ブロック敷き等がよい。パラペットはコンクリート製直仕上のものについては，塗膜防水を施したり，アルミ製笠木や水切板を新設したりして，防水性と耐久性を高める。
- 傾斜屋根の化粧スレートやアスファルトシングルは，カラーステンレスやカラーアルミ葺きに更新して耐久性と安全性を高める。

第1編 マンション再生

【改修前】

屋上露出アスファルト防水。漏水のため、部分補修し、パラペットも部分的に塗膜防水を行っていた

【改修前】

低層団地の高置水槽塔。受水槽は、塔の基礎を兼ねた地下受水槽。中央は集中冷房用クーリングタワーの防音壁

【改修中】

露出アスファルト防水外断熱工法にて全面更新（かぶせ工法）。パラペットは、ウレタン塗膜防水をし、外側にアルミ水切を取付けた

図-1.2.5

【改修後】

高置水槽、クーリングタワーを撤去し、地上設置受水槽、ポンプ圧送方式に更新。埋設給水管は、腐食した亜鉛めっき鋼管を、内外面塩ビライニング鋼管（防食継手）に取替えた

図-1.2.6

- 構造上、メンテナンス上の問題が克服できれば、屋上緑化も積極的に進めたい。

(6) 外壁のグレードアップ

仕上げ材を大幅に変えるのは難しいが、下記のようなものがある。

- 塗装仕上げ材を石目調塗装等でグレードアップ。フッ素系トップコートによる長耐久性化。
- 色彩をカラーデザインして外観イメージを一新する。
- 全面的な外断熱工法は難しいが、妻壁など部分的には可能。従来より断熱性に優れた塗材も開発。
- エントランス廻り等で、石貼り、タイル貼り、パネル貼り等によりグレードアップ。
- 壁面緑化は、今後の方向として期待される。

1.2.2 マンション設備の性能改善

(1) 給水設備

給水設備の改善として、給水量・水圧アップ、給水管の高耐久化、給水システム変更によるメンテナンスコスト等の縮減、給水機器の省エネ化などがあり、具体的には、次のようなものがある。

- 高置水槽方式をやめ、直結増圧方式にする

(地域により不可能な場合もあるが)。その結果,水圧・水量アップ,タンクレス(受水槽,高置水槽)化により清掃費や修繕費などメンテナンス費の削減,揚水ポンプや圧送ポンプ廃止によりランニングコスト,メンテナンス費の削減(増圧ポンプが必要なこともあるが),受水槽設置跡スペースの倉庫,自転車置場等への転用などのメリットが生ずる。

- 圧送ポンプ方式の場合,制御方式やポンプを更新することによる水量,水圧アップ,省エネ化。
- ねじ式継手の塩ビライニング鋼管(以下 VLP という)を,防食継手の VLP やステンレス管に更新し,耐久性を増す。

(2) 排水設備

排水設備は,流れがよく,臭気や異音がなければよい。次のような改善がある。

- ねじ式継手の亜鉛めっき鋼管をメカニカルジョイントや伸縮継手方式の VLP に更新して高耐久化する。
- 排水・通気 2 管方式を単管(または集合管)方式にすることにより流れをよくすることもできる。
- 1 階住戸の排水管が共用立管に接続されている場合,逆流・噴上げ事故が起きることがあるが,床下横引排水主管につなぎ替えることにより,噴上げを解消する。

(3) ガス設備,ガス給湯設備

ガス漏れ検知や緊急遮断などの事故防止策はガス会社により講じられている。ガス管の高耐久化,ガス容量の増大などが改善としてあげられる。

- 埋設白ガス管を,PE 管(ポリエチレン管)やカラー鋼管(硬質塩ビ被覆鋼管)に取替える。20 年程度の寿命のものから 30〜40 年以上のものに高耐久化。屋内の非水掛り部の白ガス管は 30 年以上可。
- ガス給湯機の高容量化に伴い,ガス供給量(ガス管サイズ)アップ。
- U ダクトや SE ダクト方式の BF 型給湯機を大型(13 号を 24 号に等)に更新する場合,給排気容量不足になる。ダクトサイズを大きくすることはできないが,コンクリート竪ダクトの中にひと廻り小さな排気専用鋼製ダクトを設置することにより給湯機の大型化可能。

(4) 電気設備

電灯幹線容量アップ,照明器具・電動機器の省エネタイプ化などがあげられる。

- 住戸契約アンペア数 30 A を全戸 50〜60 A 可能なように幹線ケーブルを引きかえる。合わせて住戸内分電盤も多回路のもの

【改修前】

PS 内のたて管は 3 本。中央が汚水管,左が洗面系雑排管,右が通気管

【改修後】

単管コア型排水方式,管は内面塩ビライニング鋼管にて更新

図-1.2.7

にとりかえる。
- 共用部分の照明器具を省エネタイプのものに取替える。点灯システムも見直し省エネ改善する。照度バランス(暗い，明るい)を改善する。

(5) 情報通信設備

テレビ共聴については，VHF，UHF，BS[*1]，CS[*1]，CATV[*1]が普及しているが，2003年から地上デジタル放送化が進められ2011年までには完了し，高画質，多チャンネル，双方向受信等が可能になる。電話についてはインターネットの普及に伴い，ISDN[*1]，ADSL[*1]や光ファイバーなどによるブロードバンド通信網が整備されつつある。これらの高度情報通信システムの進展に対応した改善がマンションでも求められている。具体的には次のようなものがある。

- 各マンションアンテナ方式からCATV方式へ。
- テレビ共聴配線方式を直列ユニット方式(縦配線方式)から，幹線分岐方式(スター方式)へ。
- 光ファイバーケーブルを新たにマンション内に導入し，変換ラックを通じて既存MDF内で光ファイバーとメタルケーブルを接続し，棟内インターネットLAN[*1]を構築する。
- 光ファイバーケーブルを導入し，マンション内中継器と各戸は無線方式でインターネットLANを構築する。

(6) インターホン，ITV設備

マンションのセキュリティ対策として，オートロックシステムや監視カメラの設置が普及している。防犯だけでなく非常警報等とも一体となったシステムもある。具体的には次のようなものがある。

- マンション主出入口をオートドア・オートロック化する。テレビモニター付インターホン設置。その他の出入口はオートロック化。インターホンは住宅玄関ドアホンとも一体化。
- 防犯監視カメラをエレベータ内や出入口，駐車場などに設置し，テレビモニターする。
- 非常警報設備や防災設備と連動させた総合セキュリティーシステムの構築。

1.2.3 共用部分のバリアフリー対策

(1) バリアフリー化の内容

バリアフリー化とは，マンション内の移動・使用に際し，障害が少なく安全であるようにすることといえる。対象範囲は，屋外外構，建物出入口，廊下，階段，住戸出入口部分などである。バリアフリー化内容としては，階段などの段差解消と，移動・動作の安全性・容易性の確保があげられる。国や自治体のバリアフリー政策が本格化した1990年代後半以降に建てられたマンションでは，中層住宅にもエレベータを設置する，段差部にはスロープを併設するなどバリアフリーは徹底されているが，それ以前のマンションでは，改善すべきところが多い。

a. 段差解消(エレベータのないマンションでのエレベータ設置はここでは除く)

- 十数cm以下の1段段差やまたぎ越し段差はつまづきやすく，車イス等の障害にもなるので，1/5程度の勾配のスロープにする。数cm以下の場合はすり付ける。出入口や歩車道境界など。
- 屋外地面から1階廊下等床までは，1m程度上がっていることが多い。古いマンションでは一般的に階段のみなので，スロープを併設するか，スロープにつくりかえる。廊下型住棟で有効。
- 1m程度の段差でスロープ化できない場合，段差解消機(1m四方程度の垂直昇降

[*1] BS：衛星放送，CS：商業衛星放送，CATV：ケーブルテレビ，LAN：ローカルネットワーク，ISDN：総合デジタル通信網，ADSL：非対象デジタル加入者線

第1章　マンションのリノベーション

【改修前】

廊下型住棟の1階エントランスホールへの1mの階段と後付けの応急スロープ

【改修前】

エントランス出入口は，両開き強化ガラス戸（玄関内側）

【改修後】

ゆったりした幅の広いスロープがメイン通路となった

図-1.2.8

【改修後】

2連片引きのオートドアに取替えた。左側にスライドし，全開すると2/3が有効開口幅となる（玄関外側）

図-1.2.9

機）を設置する。階段室型住棟の1階住戸では，バルコニー側に設置して車イスの出入りに供することもできる。

b. 安全性，容易性の確保

- 階段，スロープ，廊下等に移動補助手すり新設。共用トイレ内や集会室上り框に動作補助手すり設置。
- 蹴上げ 20 cm ×踏面 25 cm 程度の急勾配階段も多い。16 cm × 28 cm 程度の緩勾配の階段につくりかえる。ただし，階段室ではほとんど不可能であり，地上からエントランスポーチへの階段等に適用。
- 段差箇所の段鼻部は，見分けにくいと踏み外しやすいので，平坦部とは，色や材質を替える。

- 階段，スロープ，廊下，ホール，バルコニー等では水に濡れても滑りにくい材質のもの，ノンスリップ加工したものに替える。
- エントランスホールや集会所出入口の扉は，引き戸にする。できればオートドアにする。
- 集会室のはきかえをやめ，すべて下足化，上り框のスロープ化，和室の洋室化，身障者トイレへの改造または新設など。
- 廊下や段差部の照度アップやフットライトの新設など。
- エレベータホールやエレベータカゴ内広さは，車イスや介助者を考慮した広さにすることが望ましいが，物理的，構造的に制約が多い。

(2) バリアフリー化に際しての問題点等

物理的・技術的なハード面の問題点と，資金計画や合意形成などソフト面の問題点がある。

a. 技術的・法規的に可能か

- バリアフリー化するために，階段，廊下EVシャフト等を改変・新設する場合，既存の構造躯体をどの程度改変する必要があるか，構造的に改変可能か，スペースはあるか，施工可能か。
- 確認申請は必要か，既存不適確部分の是正は必要か。

b. 居住しながら工事が可能か

- 階段室工事等の場合，仮移転が必要か（必要な場合，ほとんど実施不可能）。
- 工事中の使用制限，騒音，振動，ほこり等は許容範囲か。昼間は使用等制限があっても夜間は大丈夫か。

c. 改善を必要とする人の割合はどの程度か

- 一部の人の要望，限られた人の要望の場合，本人にとっていかに切実でも実現しにくい。自費ででも実施したいという場合，組合としてどうするか（手すり設置などの例はある）。
- 必要性の実態を正確に把握し，潜在ニーズや将来予測もふまえて検討する必要がある。

d. 工事費はどのくらいかかるか

- 戸当たり負担費用が数千円か数万円か数十万円かで，各人の判断は変わる。
- バリアフリー化は全員が今，必要という訳ではない。一部の人達にとっての改善行為のことも多い。優先度の高い全員共通の問題もある。費用のかけ方の優先順位で決まる。

e. 全体の合意が得られるか

- 上記c，dの結果次第ということになる。実施にはたいていの場合，総会議決が必要。
- 2002年の区分所有法改正により，これらの改善が，共用部分の形状や効用の著しい変更を伴なう場合や，新設に該当する場合には，3/4の特別決議が必要。

1.2.4 エレベータの更新と新設

(1) エレベータの更新

a. 既存エレベータのグレードアップ

エレベータはフルメンテナンスを行っていても陳腐化する。エレベータのグレードアップとしては，耐震安全性，防犯性，スピード，意匠性，バリアフリー性，省エネ性等の向上，乗り心地（振れ，着床精度，運転制御）の改善などがあげられる。標準的な性能仕様以外に，快適性・安全性等向上のための付加装置として，次のようなものがある。

- 地震管制運転装置：地震時に最寄階に停止し，ドアを開く。
- 火災管制運転装置：火災時に避難階に直行させ，運転を中止する。
- 停電時自動着床装置：停電時に最寄階に停止し，ドアを開く。
- 防犯用監視カメラ：かご内にカメラを設置し，ビデオに録画する。
- 防犯用ガラス窓：扉にガラス窓を設け内外が透視できるようにする。
- 耐震性向上：ロープの巻上機からの外れ防止，かごのガイドレールからの外れ防止，カウンターウェイトの脱落防止等。
- バリアフリー性向上：低位置に操作パネル追加，手すり取付，照度アップなど。

b. エレベータの更新方法

更新方法としては，標準的に次の3方法がある。

① 完全撤去更新方式

エレベータシャフトを残し既存の機器，装置をすべて撤去して最新のエレベータを設置する。

また，マシンレスエレベータにすれば，エレベータ機械室が不要になり，倉庫などに転用できる。

② 準撤去更新方式

マシンビーム，ガイドレール，カウンターウェイト，乗り場ドア3方枠は再利用し，その他のすべてを最新のものに取替える。

③ 分割改修方式

準撤去方式の内容を，制御改修，かご改修，乗り場改修に3分割し，それぞれの部位を独立して改修できるようにした方式。

(2) エレベータの新設

バリアフリー対策として，現在の新築マンションでは中層住棟でもエレベータ設置が常識となっているが，十数年以前までは5階建まではエレベータは標準装備されておらず，バブル期の高級マンションでも，エレベータは設置されていたが1階エレベータホールには階段でしか行けないという，中途半端なバリアフリーマンションも多い。廊下型住棟へのエレベータ設置は比較的容易であるが，階段室型住棟へのエレベータ設置には問題が多いのが実情である。

a. 廊下型住棟へのエレベータ設置

廊下の端部か中央部の適切な箇所にエレベータを新設する。その位置は，アプローチ方向，既存階段や住戸の窓・玄関扉との関係，地上・地中障害物の有無，派生する日影の影響度等により決定される。留意点は次のとおりである。

- 住戸前にエレベータを設置する場合，住戸廊下側居室の採光条件，PS内に設置されたガス給湯機の給排気条件，消防法による開放廊下条件などを満たすこと。
- エレベータ前の住戸にとってプライバシーや居住性低下問題があり，了承必要。

b. 階段室型住棟へのエレベータ設置

設置方法には2種類ある。「階段室踊場接続方式」と「各階床接続方式」である。いずれの場合も，階段室踊り場外面の手すり壁が梁型でなく撤去可能なことが条件である。

- 踊場接続方式：折り返し型階段室の前にエレベータシャフトを設置し，2階以上の各階中間踊り場のレベルに停止，接続する方式である。踊り場外面の手すりを撤去し出入りする。各階住戸玄関までは半階差の段差が残る。5階建住棟ではエレベータ利用住戸は10戸のうち2階以上の8戸である。工事中も既存階段は使用可能で，工事による生活支障は比較的小さい。2000年に旧建設省主導で開発提案募集があり，それをベースにしたBL認定品がある。公社，公団，公営住宅で実施されている。
- 各階床接続方式：直登（テッポー）階段室の各階床に接続する方式である。この場合は，住戸玄関まで完全バリアフリーが可能であるが，直登階段型の住棟は少なく，折り返

【改修前】

中層廊下型住棟でエレベータはない。左側タワーは階段室

【改修後】

右手奥の屋外鉄骨階段を撤去し，エレベータ（屋外鉄骨階段付）を新設した。その手前に見えるのは，工事中，仮使用のため移設利用した既存鉄骨階段でこの後撤去した

図-1.2.10

第1編　マンション再生

【基準階平面図】

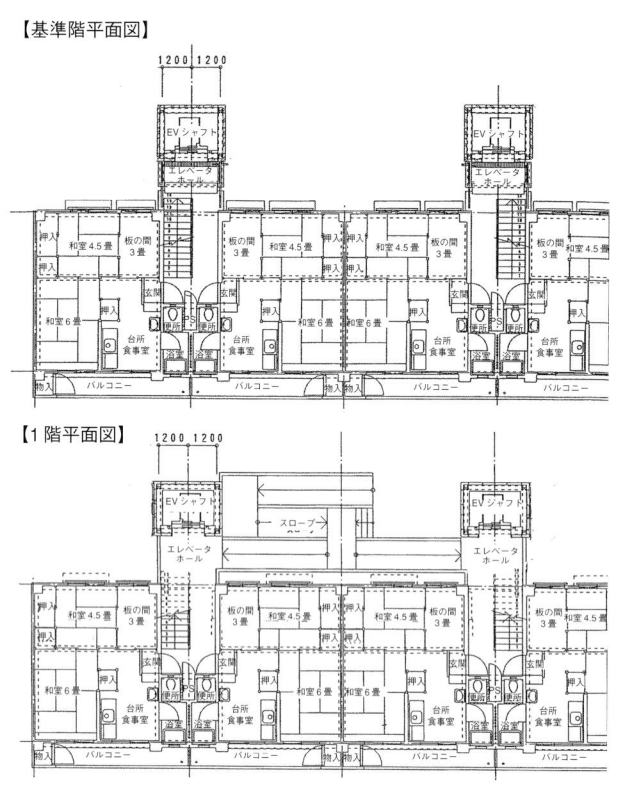

【1階平面図】

【断面図】

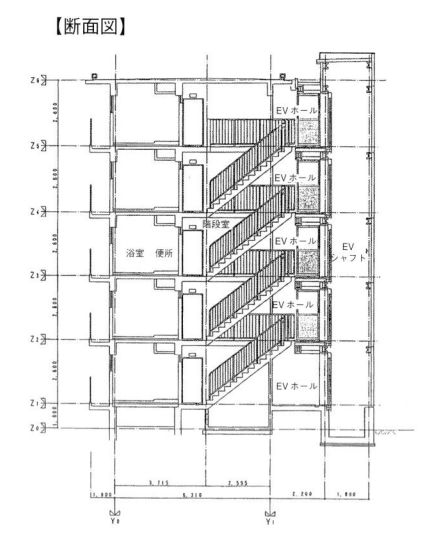

- 既存階段，踊り場のスラブ撤去の後，階段およびスラブを新設して，エレベータを接続する

図-1.2.11　EV各階床接続方式

【基準階平面図】

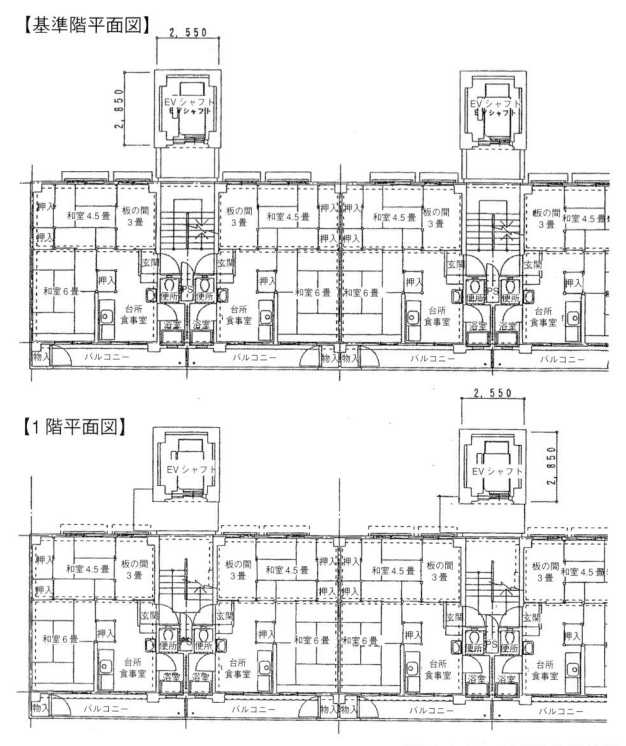

【1階平面図】

【断面図】

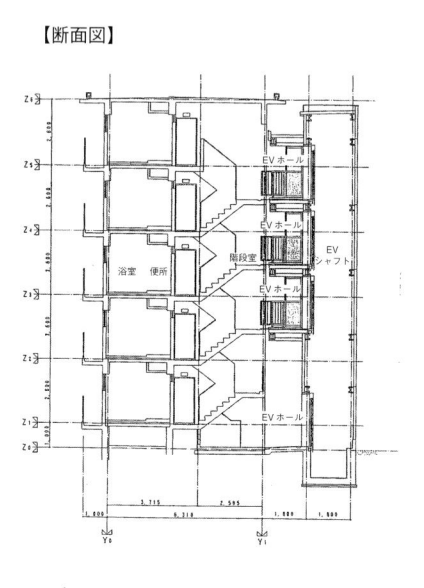

- 既存踊り場の手すりを撤去し，エレベータを接続する

図-1.2.12　EV踊り場接続方式

し型階段室の場合は一度壊して直登型に改築しないと接続できない。階段室を直登型に改造してエレベータを設置した場合，工事費は1階段当たり1300万円程度以上で踊場接続方式の1.5倍程度かかるが，実施には費用よりも居住者の工事中の仮移転の方が大きな問題点となる。

c．エレベータ新設に伴う法規上の問題

エレベータ新設は増築であり，建築基準法によるエレベータ設置確認申請と建築物増築確認申請が必要になる。その際の問題点や留意点は次のとおりである。

- 建ぺい率，容積率，日影規制等所定の法規定に適合すること。
- 団地の場合は確認申請に先立ち，基準法86条の一団地認定の変更手続きが必要となる。
- 既存不適格部分の遡及や是正措置の有無，程度については，当該公官署との密な事前協議が必要。

1.2.5　耐震診断と耐震補強

1981年の新耐震基準適合以前のマンションは，基本的に耐震診断を行う必要がある。中低層の壁式鉄筋コンクリート造のものは，耐力に余力があり，阪神大震災でも上部構造の被害は皆無に近かったので一般的には除外してよいと考えられるが，ピロティー型式のものについては，新耐震基準以降のものでも崩壊したものがあり注意を要する。具体的な耐震改修には次のようなものがある。

- ピロティー柱を鉄板巻またはカーボンファイバシート巻きによりじん性補強する。
- ピロティー柱を鉄筋コンクリートでひと廻り大きくし，強度補強する。
- ピロティー部分に耐震壁新設または，鉄骨ブレース新設によって強度補強や偏心是正を行う。
- 建物両妻に耐震バットレスを設け，桁行方

【改修前】

中層階段室型住棟の妻側が，通り抜けピロティとなっていた（東京都下）

【改修中】

阪神・淡路大震災前に耐震診断が行われ，震災後速やかに耐震改修が実施された

図-1.2.12

向の水平補強を行う。
- 腰壁にスリットを入れて極短柱を解消する。
- 渡り廊下，EXP・J，玄関ドア，サッシュ，外装材，内装材等の建築二次部材や設備機器，配管類についても耐震改修する。
- 地盤改良を行い液状化を防止する。また，必要に応じ杭補強を行うなども考えられる。

1.2.6　これからのグレードアップ

グレードアップの目標は，最新のマンションの居住性能水準である。上述のもの以外に，遮音性能（とくに上下階床遮音），避難安全性能，

室内空気環境性能等のほか，集会所等コミュニティー施設，屋外環境施設等の充実も求められる。リノベーションに際して，階高を上げる，梁下高を高くする，床スラブ厚さを厚くする等は現実的には無理であるが，賃貸住宅にみられるように，2戸1改善，増築，減築等により，建物を一新することは不可能ではない。

マンションを長持ちさせるには，若い世代が，住み続けたい，あるいは，移り住みたいと思うようなマンションへのグレードアップが必要であろう。

第1章　マンションのリノベーション

[事例-1] 築25年　外壁，排水管，電気幹線等の総合改修

(1) 改修概要

築25年の高層廊下型マンションである。戸数は1棟で500戸以上，住戸タイプは2種類で，1階はピロティ（通路，自転車置場），管理集会所，ポンプ室・電気室等で住戸はない。長大棟のためエレベータタワーが4箇所あり，タワーごとに赤・黄・緑・青と塗り分けられたエレベータ扉の色でタワーの位置を識別している。改修工事のメインは外壁改修であるが，建築との取り合いなどで同時に行うのがよいと判断された設備改修も行っている。

主なグレードアップ工事は次のとおりである。

- 建築：バルコニーおよび廊下のウレタン塗膜防水/1階エレベータホールに防風スクリーン新設，床・壁・天井仕上げ材更新，集合郵便箱大型化，メールコーナー新設，エントランス外壁特殊塗装/避難ハッチステンレス化/外壁色彩デザイン一新でイメージチェンジ/集会室改造
- 排水：バルコニー設置の台所排水たて管更新

【改修前】

1階エレベータホールへの出入口

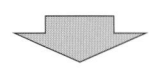

【改修前】

エントランスホール内のメールコーナー。天井は給水管，排水管，電線管がむき出し

【改修後】

中央出入口部に防風スクリーン新設。外壁は石目調塗装，床タイル貼替え。階段に手すりを設置

図-1

【改修後】

スタンド型集合郵便受けも新設。天井はステンレスネット天井とした。床タイル，壁塗装一新

図-2

第１編　マンション再生

- 電気：電気幹線各戸 60 A に改修/廊下等照度アップ・省電力型器具・照明器具デザインアップ

(2) １階エレベータホール(エントランスホール)のグレードアップ
- 扉がなく，風が吹き抜けて冬は寒く雨も吹き込むので，防風スクリーンを新設。
- 床タイル貼替え。壁塗装を吹付けタイルから石目調塗装へ。天井はフレキシブル板 EP から岩綿吸音板張りへ。天井照明器具は直付け型から埋込み型へ。
- メールコーナーを新設。集合郵便箱は横長大型のものへ。天井は露出配管が見える裸天井だったが，ステンレスネット天井新設（照明埋込）。
- 4 箇所のエレベータタワーは色分けし，エントランス庇・壁は石目調塗装。アプローチ床はモルタルとタイル混在仕上げであったが，すべてタイル貼りとした。斜路はスロープタイル貼り。

(3) バルコニーの台所系排水たて管更新
- 既存配管は，亜鉛めっき鋼管ドレねじ継手。バルコニーに面した台所流しの横引き枝管は，台所床下からサッシ下枠下の幅木部分を貫通してたて管に接続。その部分は床モルタルに埋め込まれている。外壁改修で床防水を行うので合わせて工事することにした。
- たて管は排水用内面硬質塩ビ鋼管で継手はメカニカルジョイント。枝管は専有部分なので，たて管との接続替えのみを本工事とした(枝管取替えはオプション工事)。枝管接続部は床モルタル内に埋め込まれているが，将来の枝管更新時に接続しやすいよう，ステンレス製のジョイントボックスを新設した。
- 2 階住戸台所排水枝管は上階と同じくたて

【改修前】

バルコニーに立った台所系排水たて管。専有枝管との接続部をはつり出したところ

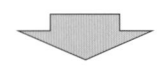

【改修後】

新設された共用たて管と専有枝管のジョイントボックス。ステンレス製で，ふたを外したところ

図-3

管に接続されていたが，下部ピロティ天井部の排水横引き主管に床スラブを貫通して接続替えして流れをよくした。

(4) 電気幹線容量アップ
- 入居当時は，住戸の契約アンペア数は 20 A だった。アンケートの結果，現状は，20 A 25 %，30 A 70 %，不明 5 %，現状で満足は 37 %，我慢するが 29 %，容量アップ希望が 30 %で，40 A 以上希望は 20 %強であった。過去毎年のように検討，論議してきて決まらなかったが，外壁工事と合

第 1 章　マンションのリノベーション

わせて行えば合理的であり，割安にもなるということで，各戸 60 A まで可能なように幹線改修を行うことにした。

- 1 階電気室からの配管・配線はピロティ天井に露出されていたが，ケーブルラック方式に変更，各住戸竪幹線ケーブルは，一タイプは既存スチールパネル製 EPS 内でカバーを外して床スラブにコア抜き貫通孔を新設し布設替えした。もう一タイプは廊下に新規に穴をあけ竪ケーブルを布設し，鉄板化粧カバーで囲った。
- 東電借室内での受変電設備の増設，電気室内での引込開閉器盤や各種分電盤の更新を行った。各戸の分電盤の取替え，住戸内配線の回路分けはオプション工事とし，既存各戸分電盤への接続までを共用部工事とした。

(5) 集会所の内装リフォーム

- 既存仕上げは床が P タイル市松模様張り，壁は化粧合板張り，天井は吸音ボードで，押し入れのような物入れが付いていた。照明器具は逆富士直付型。
- 改修仕上げは，床タイルカーペット，壁クロス貼り，天井岩綿吸収音板張り，照明は埋込型。物入れは撤去し，間口の長い天井までの壁面収納家具を造り付けた。出入口サッシも更新した。
- 管理事務所と一体になっていて，はきかえなしのバリアフリーとはならなかったが，使いやすく快適な集会所になった。

【改修前】

廊下に新設された竪幹線ケーブル。電気メーターボックスは，未だ既存のまま

【改修前】

30 年前の標準的な集会室内部

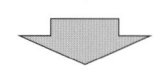

【改修後】

竪幹線ケーブルを鉄板カバーで隠し，電気メーターボックス（深夜電力用共）も取替えた

図-4

【改修後】

内部は新築と同じようになった

図-5

1.3 団地型マンションでの屋外環境改善

　複数住棟で構成される団地型マンションは，住宅の日照や通風，プライバシーを確保するために住棟間の距離（隣棟間隔）を適切に保持して配置する。団地の空地には「植栽・緑地」，「道路や歩道」，「広場やプレイロット」，「駐車場・駐輪場」，「集会所・管理事務所」，「ゴミ置場や防火水槽」，「屋外灯・防犯灯などの夜間照明」，「掲示板・案内板などのサイン」が配置される。

　これらの団地共用施設は，居住者の使い勝手やライフスタイルの変化，経年劣化や樹木の生長などにより部分的な改良，改善が繰り返され，または総合的な屋外環境整備・改善事業が実施される。

1.3.1 樹木の成長障害と環境整備事業

　樹木や植栽には次のような役割がある。
　① 光合成により空気を清浄化し，日照や通風をコントロールする。
　② 視線をコントロールし，空間領域を区画し，団地景観と環境の快適性を向上させる。
　③ 大地の保水力を高めて土壌を涵養し，土砂の流出を防止し，のり面を保護する。
　④ 果樹などの提供と，昆虫や野鳥との共生。
　建築物は経年劣化するが，新築時には幼木だった樹木は2～30年で大木になり，素晴らしい団地環境を形成するようになる。

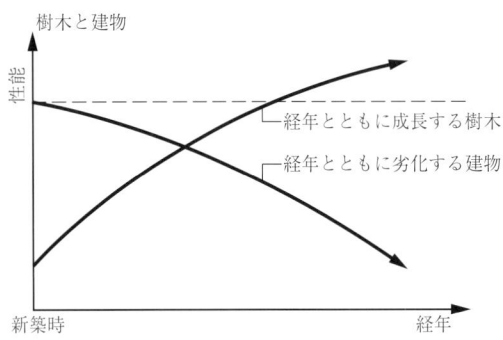

図-1.3.1　経年劣化する建物と経年生長する樹木

　一方，樹木が成長し過密化すると住宅内への日当たりや通風が阻害され，樹木の競合で樹形が変形したり，毛虫やスズメバチなどを発生させる場合もある。
　そこで次のような植栽の再配置・整備事業を実施し，団地の緑化環境を整備する。
　① 日照・通風障害となる樹木を間伐，剪定し，または移植・再配置する。
　② ケヤキ，トチなどは百年以上，成長し続けて巨木となる。団地の記憶を永くとどめる象徴的な高木を保存，育成する。
　③ 樹下の芝生は日射を奪われて裸地化する。これを日陰に強いヘデラ，タマリュウ，ササ等に植え替え，高木の足元を安定させる。
　④ 樹木と競合し，機能低下した架空電線や外灯の配置を見直す。
　⑤ 樹根の成長で破壊された路盤，縁石などの工作物を整備し，毛根の侵入で詰りやすくなった地中埋設排水管を移設する。
　⑥ 屋外空間の領域を区分し，人の視線をコントロールする生垣も，屋外空間の用途変更などにあわせて樹種の変更や整備，再配置計画が必要となる。

図-1.3.2　団地の保存樹に指定されたケヤキ

1.3.2　駐車場・駐輪場の増設・改善事業

　駐車場不足のマンションでは道路や空地などに駐車違反が後を絶たない。違反車の氾濫はマンションのイメージを悪化させるだけでなく、消防車の進入を阻害し、歩道やプレイロットなどの侵入・駐車禁止区域の安全性が脅かされる。そこで次のような対策がなされる。

(1)　機械式駐車装置により増設する方法

　入居時は571戸に285台分の駐車場で違反駐車が溢れた。10年後に地中にピットを掘り、3段式の駐車装置に改修して463台収容可能になった。その後10年、駐車場収入は年間約7 000万円で、毎年約5 000万円ずつ増設借入金を返済し、機械のメンテナンス費が年500万円、鉄部塗装は1回当たり4 000万円を要した。機械は適切にメンテナンスしても25年で更新が必要になる。現在、ミニバンなど大型車両が増えたために中・下段に空くようになり、また、車庫入れに時間を要し、つい路上駐車してしまい違反駐車は減少しない。あと数年で更新時期を迎えるが、現状と同一の装置では車両の大型化や車庫入れの不便さが解決できない。

　大型車両に対応し車庫入れ時間を短縮する改良策が迫られている。

(2)　駐車場の立体化により増設する方法

　7棟178戸の団地には106台分の駐車場があった。不足分は隣接駐車場を管理組合が一括して借上げていたが、入居後15年位経過したころ、隣地の開発計画がもちあがった。団地は丘陵地に位置し、敷地や道路の段差を活用すれば既存の平面駐車場を立体化できる。そこで既存の48台分の駐車場を上下2段の自走式立体駐車場に改造し、39台分の駐車場の他、バイク置場や駐輪場などを増設することになった。住棟進入路と同一平面の既存駐車場の屋上が新たな駐車場となる。ほかに駐輪場や歩道、外灯な

図-1.3.3　車庫入れに時間を要する3段式駐車装置

図-1.3.4　463台に増設された機械式駐車場

図-1.3.5　改修前の平面駐車場

図-1.3.6　改修後の自走式立体駐車場

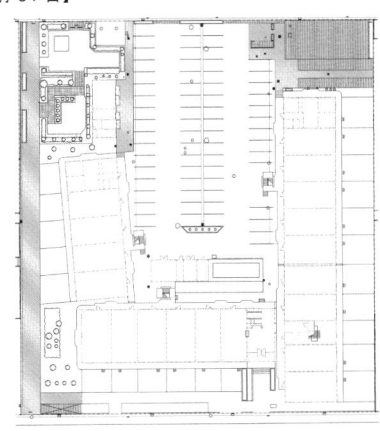

【改修前64台】　　　　　　　　　　　　　【改修後64＋32台の駐車場】

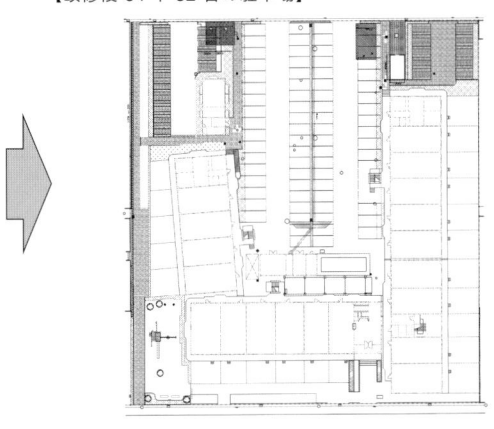

図-1.3.7　駐車場の改修

(3) 屋外環境を見直し，平面式駐車場を増設する

164戸に対して64台しか駐車場がなく，入居後20年近く駐車場を既得権のように使い続けている人もいれば，いつまでも使えない人もいた。共有地には駐車場，駐輪場や専用庭などがあり，入居時には周辺は人家もまばらで駐車場に不便することもなかった。が，周辺の開発が進み駐車料金も高騰するようになって共有地の使用権や使用料，管理システムについて議論が活発になった。敷地内の球戯場，公園や空地，駐車場，駐輪場や専用庭などを総合的に再配置し，32台分の駐車場の増設，6棟の駐輪場の増改築，プレイロットやゴミ置場などの再配置などを行った。増設した駐車場はレンガ舗装とし，車室下にタマリュウを混植し「緑の駐車場」として敷地の緑化率を高めた。

図-1.3.8　レンガ舗装にタマリュウを混植した「緑の駐車場」

一般に，駐車場を増設する場合，増設台数，増設用地の確保，駐車方式や財源などを検討する。駐車場の整備計画の目標は「駐車違反をなくし，安全性を高める」，「車上荒らしや悪戯，盗難を防止し，セキュリティーを高める」，「駐車場利用者と非利用者の不公平感をなくす」，「メンテナンスコストの低減と駐車場管理・修繕費の安定的確保」などである。駐車場の増設方式は表-1.3.1のようにまとめられる。

駐車場整備の目標

表-1.3.1

増設方式	改修内容
平面式駐車場	平面的に駐車する一般的な形式。工事費やメンテナンス費が最も安価であり，車庫入れもしやすいが，1台当りの敷地面積を必要とし，土地の有効利用は低い。耐久性は半永久的で，工事に当り建築確認申請も不要。
自走式立体駐車場	立体式の駐車場で自ら走路を運転して駐車する方式。機械式よりも工事費やメンテナンス費が安価であるが，平面駐車場よりは高価。運転には注意を要する。耐久性は躯体（RC造，またはS造）に規定される。工事に当り建築確認申請が必要
機械式多段駐車装置	パレットに車を載せ動力でこれを上下させて立体的に駐車させる装置。工事費やメンテナンス費（月額1万円程度）が高くつき，機械の耐久性も20～25年程度と短いが，1台当りの土地の有効活用が最も高い。車庫入れに時間を要する。

1.3.3 コミュニティー施設の増改築改修

入居時にはお互い他人だった人々が管理組合，自治会や子供会等の活動を通して親しくなる。活動が活発になれば集会所や広場などのコミュニティー施設を拡充する機運が高まる。

一方，汚水処理施設，ボイラ設備，ゴミ処理・焼却施設や管理員用の居住施設などが使われなくなり用途変更される場合もある。例えば，住込みの管理員が「通い勤務」に変わり管理員用住居を集会室に転用したり，下水道が完備し不要になった汚水処施設を堆肥置場や不要自転車の仮置場，倉庫などに転用する場合もある。

(1) 管理事務所・集会所周りを整備する

団地祭り，餅つき大会，盆踊り，除草や植栽剪定，防災訓練などの行事は，コミュニティーを充実させた。そして集会所の周囲には園芸や植栽管理用具や肥料，リヤカーや梯子，防災倉庫，お祭り神輿や餅つき用具などが鋼板製の物置に入れられ，雑然と置かれるようになった。第二回目の大規模修繕工事の際，これらの管理事務所からはみ出た物置類を使いやすく再配置し，整備することになった。大規模修繕工事では集会所の内外の整備，屋上の整備のほか，住棟の屋根や外壁等の修繕工事や，団地内のペデストリアンウエイや広場・プレイロットの整備，駐輪場・バイク置場の建替えなどを行った。集会所の周りの倉庫群やゲート，パーゴラを鉄骨フレームに組み込み再配置し，整備した。

(2) 葬式にも使える集会所に改造

マンションのバルコニーからワイヤロープに滑車をつけて棺桶を運び出す場合もある。葬式や通夜は集会所で行われるが，団地の集会施設は葬儀に使いやすく設計されていない。

10棟246戸の団地集会所は，大集会室に縁側付和室8帖，管理事務所に作業員休憩室，倉庫などがあった。自治活動が活発になり管理組合の理事会，各種委員会，自治会，子供会，老人サークル，植木の会など多様なグループが形成され，同時にいくつもの会合が行われるようになった。

人の死は予告なくやってくる。突然，集会所の使用予約に葬儀が割込む。葬儀では焼香の参列者や出棺の動線確保，通夜の宿泊スペースなどが必要となり，1箇所しかない入口が葬儀の動線と重なり，管理事務所の窓口や他の集会室は使えなくなる。

そこで大集会室の腰壁と窓を除去し，広場から直接出入りできる30 m² 程のサンルームを増設し湯沸し室を家庭の台所程度の広さに改造した。これにより，直接葬儀会場に出入りできる順路を確保でき，管理事務所の窓口業務や打合わせなどは阻害されなくなった。

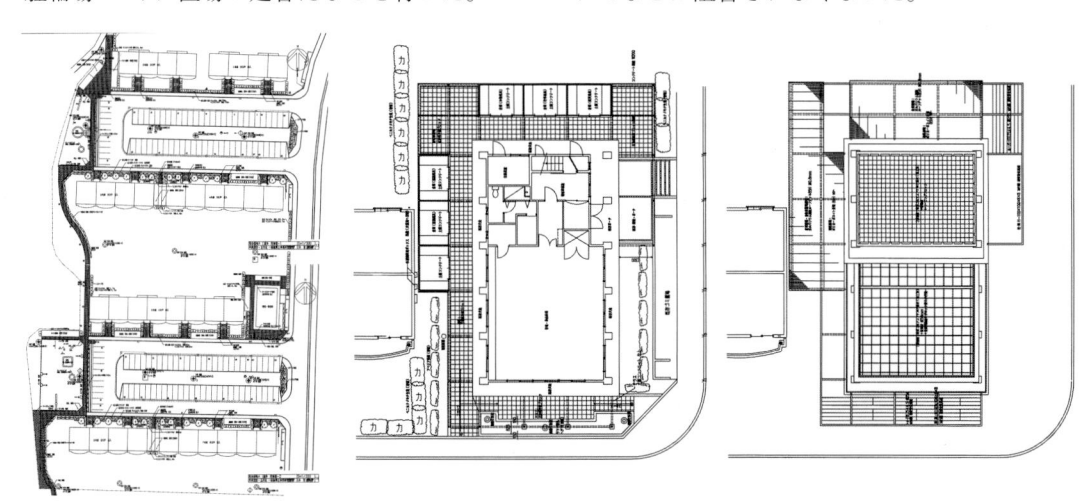

図-1.3.9　ペテストリアンウェイを整備　　図-1.3.10　集会所周りを整備する　　図-1.3.11　屋上をルーフテラスに改造する

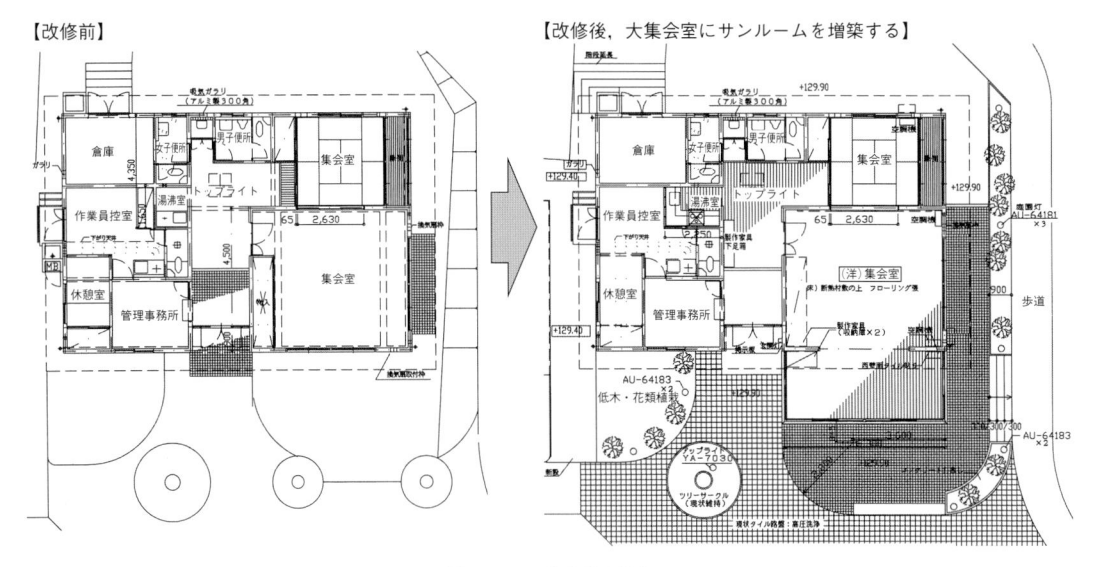

【改修前】　　　　　　　　　　　　　　　【改修後，大集会室にサンルームを増築する】

図-1.3.12　集会所の改修

　この事業は自治体がマンション管理組合に助成する集会所等の増改築資金を活用して実施した。増築面積は30 m²程であったが，助成を得るために連担建物設計制度や確認申請が必要であった。

(3) 3DKで得られない空間を確保する

　ポンプ圧送工法が導入され，水過多のコンクリートが打設されたころ，スラブ沈下，バルコニー脱落，漏水事故の多発など「欠陥マンション問題」が社会的にクローズアップされた。そのころ分譲されたある団地では第二集会所を分譲会社の負担で建設することで欠陥問題を解決させた。欠陥問題を契機に形成された区分所有者たちの団結力は強固になり，活発な住民運動が多様に展開されていた。住民の運動はコミュニティー活動の拠点であると同時に，3DKの住戸内空間で得られない以下のような共用のスペースを求めた。

① 誰もが気楽に立ち寄れる集会所にする。広場と一体的なラウンジをつくる。
② 団地サイズではない15帖2間続きの座敷。縁側付の和室空間
③ パーティー，忘年会，新年会，会食や料理教室などのための調理・配膳空間の確保
④ 大きな音で演奏できる防音の会議室
⑤ 議事録や図面・書類などの保管庫の充実，管理事務所の拡充。
⑥ 自動販売機，タバコなどの販売機を置き，組合収入を上げる。

1.3.4　団地屋外環境の総合的整備事業

(1) 連担建築物設計制度の適用と竣工図書

　集会所や立体駐車場などの新築・増築には確認申請が必要である。建築基準法第86条の一団地の総合設計制度（一団地認定）が適用される団地の場合，増改築・新築後の建物を一団地認定の認定基準に適合させる必要がある（建築基準法第86条の2　連担建築物設計制度の適用）。

　団地全体の竣工図や一団地認定の竣工図書がないと，団地全体を測量調査する必要が生じ，多額の経費が必要となる。敷地境界や建物・工作物などの位置，高低差関係などが明示された竣工図書の保管と活用が重要である。これらの竣工図書は分譲会社から必ず受取っておく必要がある。

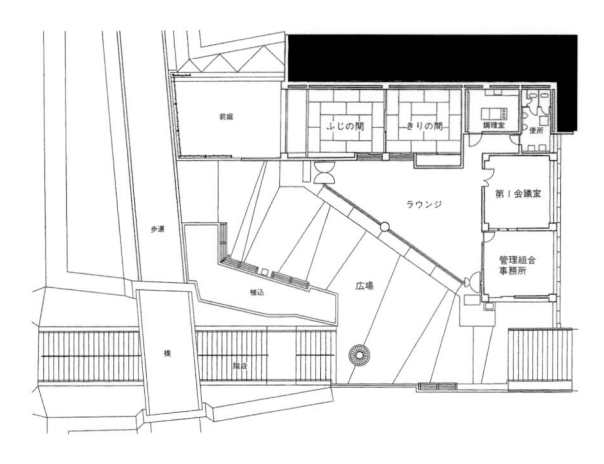

図-1.3.13　欠陥マンション運動で建設された第2集会所

(2) 助成事業を活用し，まちづくりと連携する

　空地が広く，緑が豊かな団地の屋外空間は公共性が高く，近隣の子供達の恰好の遊び場となり，大災害時には団地周辺木造密集地の避難場所や，周辺住宅地の火災延焼防火帯に位置付けられる。地方自治体が行う「保存樹の指定」，「花と緑・生垣助成」，「街路灯・防犯灯助成」，「集会施設助成」，「ゴミ処理施設助成」，「バリアフリー化助成」，「団地内道路・公園・集会所など固定資産税・減免措置」などは団地空間の公共性を重視した措置である。団地屋外環境の整備，改善の事業費に対して，多面的に補助する地方自治体が多い。全額，区分所有者の修繕積立金を財源として実施する場合もあるが，居住者の負担を軽減し，助成金などを有効に活用し，団地共用施設や屋外環境の整備事業を進めることが得策であり，この事業を積極的に推進する鍵を握る場合もある。

　この計画には以下の事項が検討される。
① 団地全体の樹種と植栽の問題点の洗い出しと，再配置計画
② 団地内共用諸施設（広場，歩行者道路・車道，駐車・駐輪場，プレイロット，管理・集会所，ゴミ処理施設・ゴミ置場，街路灯，サインなど）の全体的な配置と性格付けの変更，見直し。
③ 居住者の変化に対応する共用施設や屋外空間の変更，改良。ファミリー型マンションから老若男女，いろいろな年齢階層が混在居住するコミュニティーへ
④ 地中埋設配管設備，屋外灯および配管配線設備などの見直し，再配置計画

(3) 保存登記と総会決議

　新築された管理・集会施設，立体駐車場などは区分所有者全員の共用の財産となる。通常，住宅を新築すると建物の保存登記を行うが，数百戸の区分所有者が共有する敷地内に建物を新築する場合には保存登記をせず，管理組合の総会で，新築した建物を「全員の共有物」として議決する場合が多い。全戸の区分所有登記をすると莫大な登記手数料を要するからである。

図-1.3.14　カラスや猫に荒らされないようにステンレスメッシュで囲われたゴミ置場の建替え

第1編 マンション再生

[事例-2] 駐車場と自治会館新築 総合的な改修の事例

(1) 川越市笠幡住宅 屋外環境整備事業

川越市笠幡にある，鉄筋コンクリート造，階段室型住棟4階建て2棟，5階建て11棟の計13棟，400戸の分譲団地で，管理集会所，受水槽・ポンプ・発電機室，汚水処理場と管理棟，自転車置場61基などの付属棟で構成される。13棟の中層階段室型住棟が隣棟間隔を保って平行配置されている。団地の外周に川越市に移管した公道が回り，団地中央を南北に貫いてペデストリアンウェイと園地が配置されている。

【改修前】

【改修後】

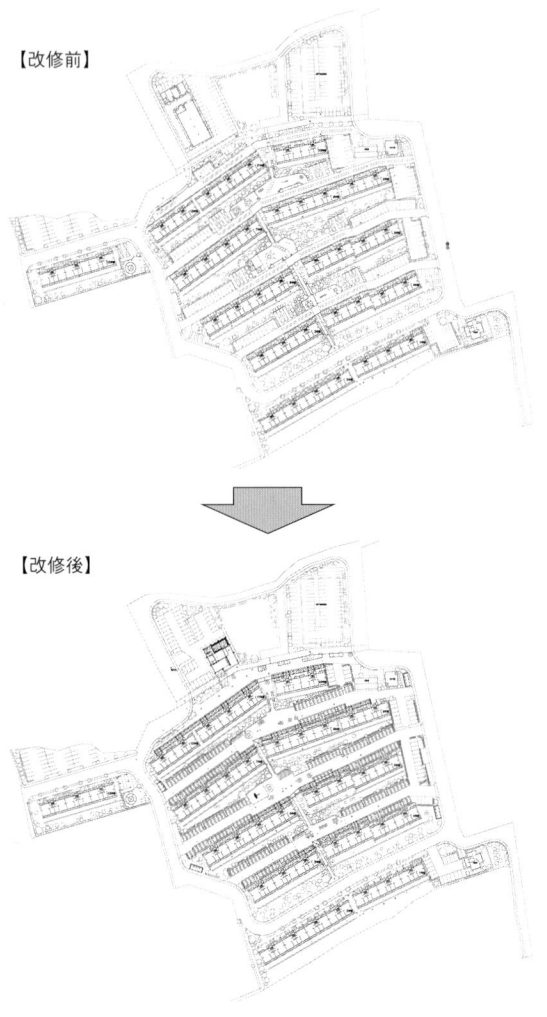

図-1 全体配置図

(2) 問題点

この計画の端を発したのは，ボヤ。大事には至らなかったが，その現場への道路には違反駐車が連なり，消火活動の妨げになった(図-2)。敷地内に十分な駐車場がないため，違反駐車があった場合も，管理組合側が違反者に対して強く注意することができなかった。このボヤをきっかけに，違反駐車をなくしたい，駐車場を増設していきたいということになり，計画が動き始めた。

その中で，団地内をよく観察すると，木々が生長し，日照障害・通風障害を起こし，無残な樹形に剪定されていたり(図-3)，根が路盤を押し上げ歩行の障害になっていたり(図-4)，コンクリート平板が風化していたり(図-5)，アスファルト舗装が陥没して水溜りになっている場所が随所にみられ，歩行の妨げになる状況がみられた。これらから，駐車場増設だけでなく，団地全体の屋外環境を見直すことになった。

また，団地居住者の世帯主の平均年齢は51歳，入れ替わりの少ないこの団地の特性から，10年後は6割以上が高齢者になり，高齢化は急激に進むものと予測された。職場で生活時間の多くを過ごし，昼間の団地人口が減少する現

図-2 消化活動をさまたげた違反駐車

図-3　剪定しすぎた樹木

図-4　根で押し上げられた路盤

図-5　表面が劣化した平板

図-6　手狭になった集会所

在のスタイルから団地内で多くの人が生活するようになる。道路の路盤が荒れ，夜間照明も暗く，歩きにくい団地の現状から，高齢者が安心して生活できる屋外空間へのリニューアルが求められた。とりわけ集会所，広場などのコミュニティー施設の充実が必要である。川越市による自治会館建設に対する助成，老人いこいの家設立に対する助成が後押しし，手狭になった集会所(図-6)からの脱却を目指し，自治会館の新築もあわせて検討することになった。

(3)　事業に向けて
以下の目標を掲げ，検討を開始した。
①　園地，園路，駐車場，自転車置場などの団地屋外施設を再配置することにより，駐車台数を増やし，1住戸に1台の駐車場を確保する。
②　笠幡住宅内の共有地を段差解消など屋外環境のバリアフリー化を含めて整備することにより，団地環境を向上させる。
③　樹木の成長障害，日影障害，虫害，剪定不良による樹形不良等の樹木を整備，再配置する。
④　特殊緑化路盤や生垣などを工夫し，敷地内の緑地を保全し，緑化率を高める。
⑤　自転車置場やバイク置場を再配置することにより，使いやすい駐輪施設に再生する。
⑥　屋外灯を再配置することにより夜間の屋外環境を修景・整備し，盗難防止等安全性を高める。
⑦　自治会館を建設することにより，住民，区分所有者のコミュニティー形成を図る。

(4)　駐車場の計画
駐車違反の実態を調査したところ，自分の住んでいる住棟の近くに駐車場があれば，駐車違

表-1

	平面式駐車場	自走式駐車場	機械式多段駐車場
工事費用	安価	中程度	高価
維持管理費	安価	中程度	高価
耐久性	半永久的	躯体の耐久性による 鉄骨造 30～50 年 RC 造 50～100 年	15～20 年で更新
安全性	とくに問題ない	とくに問題ない	子供が近づくと危険
土地の有効利用	低利用	中程度	高密度利用
申請手続き	申請不要	一団地変更申請，建築確認申請が必要	工作物の申請が必要な場合あり，比較的簡便

反は起こらない。

となると，団地外に駐車場用地を用意するのではなく，団地内の空地・緑地・自転車置場を再配置し，駐車場を増設することが，駐車違反をなくすのには有効であると判断した。

駐車場には，表-1のように平面駐車場，自走式立体駐車場，機械式多段駐車場などがある。機械式多段駐車場はパレットに車を載せ，動力でこれを上下させて立体的に駐車させる装置で2～3段式などがある。この方式は敷地を有効活用できるが，工事費やメンテナンス費が高額になり，機械の耐久性は15～25年程度で短い。駐車料金を1万円以上に値上げしないと採算に乗らない。もともとの駐車料金が3 500円であるこの団地では，1万円以上に値上げすることは考えられない。敷地に余裕があること，駐車料金の値上げが考えられないことから，平面駐車場を採用した。

駐車場増設に当たって，棟間に駐車場を配すことにより（図-10 参照），居住者の目が届きやすくなり，安全性・防犯性を向上させた。

駐車場増設の工事費用を管理組合の修繕積立金でまかなってよいかが問われた。区分所有者が，全員一家に一台の車を所有し，駐車場を利用しているのなら修繕積立金を財源にしても問題はないが，車を所有していない区分所有者もいる。車を所有していない人の修繕積立金を駐車場増設工事費に流用するわけにいかない。そこで今回，管理組合の修繕積立金から一時借用し，駐車場使用料で返済し，返済し終えた後は駐車場使用料を修繕積立金に繰り越すこととした。今迄は団地外の民間駐車場に流れていた駐車場の使用料を団地内に還元し，プールすることにより，長期的に管理組合収入を安定的に確保できるのである。

(5) 緑について

駐車場を増設するには，棟間の緑地を駐車場に転用しなければならない。「駐車場を増設し，駐車違反をなくそう」との方針には異論がないが，緑地が減少することに対して異議が多く出された。樹木が大きく成長し，居住者の植栽に関する感じ方や意見の違いが顕在化する。すなわち，上層階居住者は上から緑を見下ろす高さに居住し，下層階居住者にとっては緑を見上げるようになる。この違いが間伐すべきかどうかの意見の違いとなって現れた。下層階では「生長しすぎた樹木の除却」を希望し，上層階では「緑を守り育てよ」との主張になる。問題点とし

図-7 新設住棟間駐車場

図-8　改修後のプレイロット

図-9　夜間照明

て，生長した樹木による日照・通風障害（洗濯物が乾かない），成長不良・樹形の変形（本来の樹形ではなく変形して成長している，樹形を無視して剪定されている），電線との競合（架線の障害になるため，樹形を無視して剪定されている），屋外灯照明機能の低下（照明器具が生長した樹木に隠れ，光が足元まで届かない），照明機能低下による防犯機能の低下，日照が遮られ地被が枯れ土壌が流れる（裸地化），虫害（樹木を伝って大量の毛虫がバルコニーに入り込む），樹根の成長によるバリア形成などがあった。

なるべく多くの樹木をその樹木の適した形で残すために，間引きをしつつ，緑の再配置を手掛けた。車室はタマリュウを植えたレンガ舗装とし，その前面はアスファルト舗装の進入路，車室の後部は，レンガの車止め，その後側にはタマリュウを植え込み，ベニカナメモチの生垣を配置した。また，車がズラッと並ぶような景観にならないように，十数台ずつ車室をキンモクセイの植栽帯で区画した。樹木に囲まれた駐車場は夏期には緑陰が直射日光を遮り車室内の温度上昇を防止できるが，落ち葉や樹液が車を汚し，洗車の手間が掛かる難点がある。そこで駐車場廻りの樹木は，常緑樹とし，樹液が比較的に少なく，枝が車を傷めない樹種を選定した。

(6) バリアフリー化について

屋外環境整備事業では，団地内通路の段差をすべてなくし，車椅子で通行できるようにバリアフリー化した。通路や駐車場の水捌けを良くし滑りやすい舗装材を，レンガ舗装など滑りにくい路盤に更新した。また，水溜りや路盤の荒れや樹根の成長による段差，階段室・出入口の段差などの障害を除去した。さらに，真っ暗だった団地から，園路や駐輪場や駐車場に屋外灯を配置し，夜間照明を明るくした。敷地北側駐車場，東側駐車場については，照明に加えて，防犯カメラを取りつけ，防犯性を高めている。階段室の出入口廻りや広場，プレイロットなどにレンガベンチを配置し，一休みしたり，荷物を置けるようにし，自治会館には車椅子用駐車場を配置した。

(7) 自治会館の計画

笠幡地区の下水道が完備して汚水処理施設が不要となり，跡地の再利用計画が求められていた。先述の川越市からの助成もあり，検討が進められた。

最初，使わなくなった汚水処理場（図-11）を用途変更して，自治会館にリニューアルすることを考えた。既存施設は深さが地下5mの平屋建て460㎡の汚水処理棟と，112㎡の管理棟からなり，これを改装すれば大きな自治会館になる。だが，既存建物のリニューアルでは助成金は新築の10分の1程度に少なくなる。何よりも「なんとなく汚い感じ」がぬぐえず，積

【改修前】
住棟の向かい側に駐車場，自転車置場を配している。

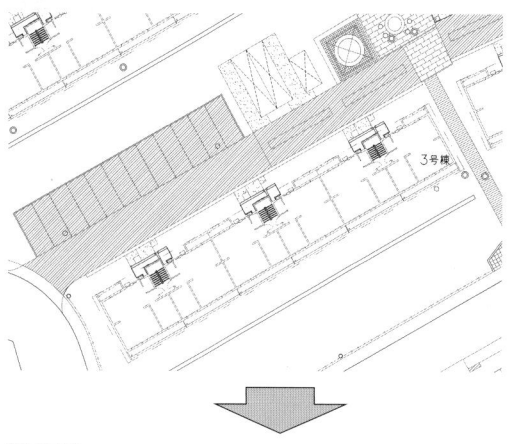

【改修後】
階段室の前には，庇を設け，自転車置場を配した。通路の両側に駐車場を配している。車体の下になる部分は，タマリュウを植えた。

図-10 駐車場の改修

図-11 汚水処理場

極的にリニューアルを押す意見はなかったので，壊して建替えることになった。

団地竣工時，市に移管した公園に建設することも検討したが，換地の手続に時間がかかるとして，汚水処理場に隣接する駐車場を建設地として計画を進めることとした。

(8) 資金計画

敷地は区分所有者の共有地で，工事費の過半は管理組合の修繕積立金を充てる。したがって，この建物の建築主は管理組合であるはずであった。ところが自治会館へ交付する補助金の対象は「自治会」であって「管理組合」ではない。川越市は全区分所有者で組織するクローズド・ショップの「管理組合」は認めず，賃貸借人を含む居住者が各自の意思で加盟し，または脱会できるオープンショップの「自治会」を助成金の交付対象団体として認めるとしたのである。

やむなく，自治会が建築主となり，管理組合が自治会に建設工事費用を寄付し，土地を無償で自治会に貸与する形で事業を実施した。

(9) 自治会館の建築計画上のコンセプト

① 誰もが気軽に立ち寄れるコミュニティー施設

② 既存の集会所の2倍以上の広さにする

既存の集会所は，洋室が10.5 m^2，和室が8畳，それに管理事務室，便所・湯沸室が付属する。自治会館は30 m^{2}強のラウンジ，洋室が55 m^2，和室は10畳が2室に広縁が付き，調理室，身障者対応の便所，管理事務室で構成し，既存集会所の2倍以上の面積を確保する計画とした。

③ 屋外スペースと一体的に使えるようにする

自治会館前の広場や公園などの屋外空間と連続した空間構成とし，盆踊りや祭りの屋台などコミュニティーの拠点として連続的に使えるようにした。

④ 管理組合や自治会の総会に使えること

400世帯の全居住者に参加を呼びかける総会は団地に隣接している小学校の体育館を使

用していた。例年，総会参加者は70名程度である。

自治会館では建具を外し，和室，ラウンジ，会議室などを一体的空間として使用できるようにし，100人規模の集会に対応できるようにした。

⑤ 葬式，通夜に使えること

マンションや団地が一般化する前は，冠婚葬祭は家で行うものであった。3DKで得られないスペースを自治会館に確保したい。葬式や通夜が行えるように計画した。

上記のコンセプトをまとめ上げたものが，図-12のプランとなった。

人々のコミュニティーは渦を巻くようにあって欲しい。団地を南北に貫くペデストリアンウェイが西山公園に至る軸線から西寄りに建物の位置が振れたため，人々のコミュニティーを導きこむように渦巻き型の卍プランを取っている。建物の中心にトップライトで開放されたラウンジ空間を据付け，この中心に導くアプローチを公園側に吹さらし空間としている。

さらに，渦の中心から放射状に，「和室10畳2間，広縁」と「会議室」と「調理室，便所，サービス部門」，「アプローチ」が配置されている。また，外縁に広縁のサービス動線を巡らせている。

図-13 自治会館 西側

図-14 自治会館 南側

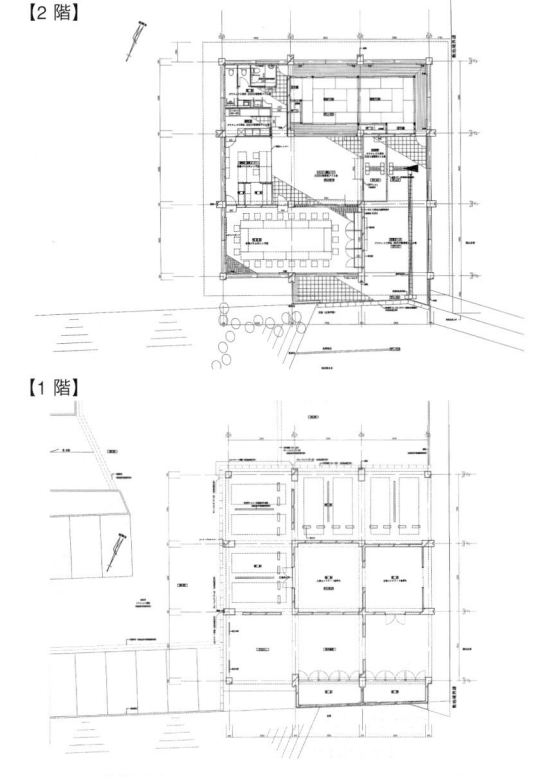

図-12 自治会館 平面図 下が1階，上が2階のプラン。自治会館のスペースは，2階にあり，団地側との敷地の段差を利用し，階段やスロープなしで，直接2階にアプローチする形をとっている。下階は，駐車場や倉庫。

(10) 一団地認定の変更申請

一団地認定の変更申請に必要な図面，書類は表-2のとおりであった。

建設当初の一団地認定通知書の頭書きはあったが，図面や詳細な書類は残っておらず，現況図は竣工図よりCADデータ化した。改修図については，建築確認申請と重なるものがほとんどである。竣工図，一団地認定など申請時の図面

表-2 一団地認定の変更申請

―団地認定変更申請に必要だった図面―

現況			改修		
01	現況図		17	改修図	
02	住棟図面-1	1,3,8,11号棟	18	仮想敷地図	
03	住棟図面-2	2,6,7号棟	19	住棟間駐車場	基本図
04	住棟図面-3	4,5号棟	20	集会所	平面図
05	住棟図面-4	9,10号棟	21	集会所	面積表
06	住棟図面-5	12号棟	22	集会所	立面図
07	住棟図面-6	13号棟	23	集会所	立面図・断面図
08	住棟面積表-1	建築面積	24	日影図	配置図
09	住棟面積表-2	床面積	25	日影図	
10	集会所		26	日影時間図	
11	受水槽・ポンプ室		27	自転車置場	棟間アーチ
12	汚水処理場		28	4,5号棟自転車置場詳細図	
13	工作物		29	6,7号棟自転車置場詳細図	
14	日影図 配置図		30	3,8,10,11号棟自転車置場詳細図	
15	日影図		31	自転車置場 面積表	
16	日影時間図				

―団地認定変更申請に必要だった書類―

01	認定概要書	第六十四号様式	建築計画概要書と同じような内容
02	認定申請書	第六十一号様式	確認申請書と同じような内容
03	面積 増減表		面積は現状法規にあわせて計算しなおし,今回の工事にかかる面積を出す。
04	説明等に関する報告書 建築基準法施工規則第10条の16第2項第2号の規定による		説明した方法,日時,説明した相手の名簿
05	説明会資料		居住者説明会の資料居住者説明会出席簿
06	一団地認定変更に関する説明について関係地権者への説明受領書		道路維持課 公園整備課 河川課 武州ガス
07	一団地認定の建築物認定通知書		昭和56年当時の変更通知書

は,竣工時に管理組合の手に渡っているべきであろう。

これらの変更申請は,川越市では初の事例であった。今回の屋外環境整備事業および,自治会館の新築は,以下の要因があったからこそ,できた事例であろう。

① 郊外で車がなくては,動きが取れない土地柄
② 居住者の強い要望
③ 管理組合,自治会の結び付きが強固で,リーダーシップを余すことなく発揮できた。
④ 土地に余裕があったこと
⑤ 一時金なしで工事が可能だったこと。十分な修繕積立金
⑥ 市の協力があったこと,市からの助成があったこと

(11) 一団地認定の変更(連担建築物設計法86条の2),確認申請の流れ

① 一団地認定通知書および図書・図面

通知書はあるが,図書・図面についてはなかった。市にも,通知したという記録はある

表-3

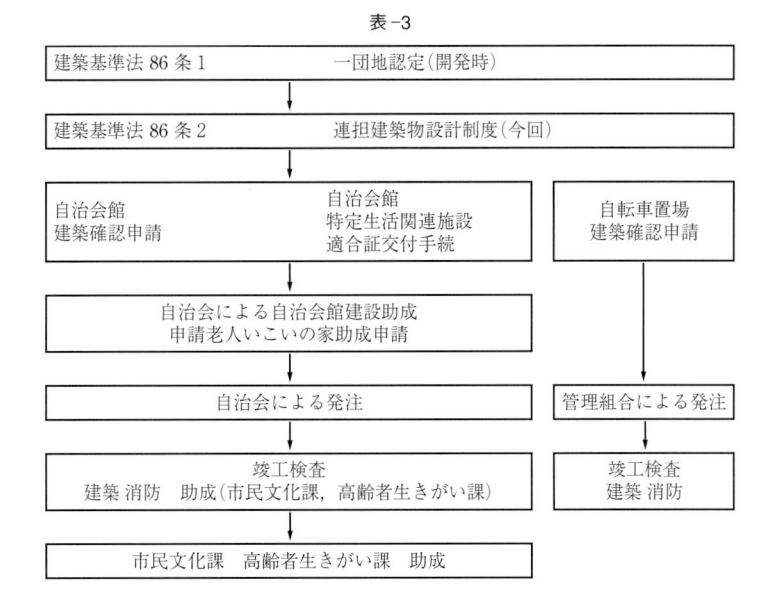

```
建築基準法86条1 → 一団地認定(開発時)
        ↓
建築基準法86条2 → 連担建築物設計制度(今回)
        ↓
┌─────────────┬─────────────────┐         ┌─────────────┐
│自治会館      │自治会館          │         │自転車置場    │
│建築確認申請  │特定生活関連施設  │         │建築確認申請  │
│              │適合証交付手続    │         │              │
└─────────────┴─────────────────┘         └─────────────┘
        ↓                                         ↓
┌─────────────────────────────┐
│自治会による自治会館建設助成    │
│申請老人いこいの家助成申請      │
└─────────────────────────────┘
        ↓                                         ↓
┌─────────────────┐                    ┌─────────────────┐
│自治会による発注  │                    │管理組合による発注│
└─────────────────┘                    └─────────────────┘
        ↓                                         ↓
┌─────────────────────────────┐      ┌─────────────┐
│竣工検査                       │      │竣工検査      │
│建築 消防 助成(市民文化課,     │      │建築 消防     │
│高齢者生きがい課)              │      │              │
└─────────────────────────────┘      └─────────────┘
        ↓
┌─────────────────────────────┐
│市民文化課 高齢者生きがい課 助成│
└─────────────────────────────┘
```

が,図書・図面共に残っていない。一団地認定通知書などの申請書類および図面は,竣工図書に含め,引き渡す必要がある。

② 既存団地敷地図配置図をCADデータ化

公図と求積図をあたり,敷地の範囲を確認する。今回は,市と公団との覚書等があり,移管先を確認した。公園,外周道路,防火水槽,暗渠(河川)は,市に移管。ガスガバナー用地は,ガス供給会社に移管している。求積図,配置図があったとしても,高低差など,図面と違っている場合がある。高低差を含め,測量が必要となる。

③ 図面作成 図書作成

鉄骨造の自転車置場を4棟と自治会館1棟からなる計画を図面化。

14棟の住棟は,築後20年以上経過し,既存不適格な部分もある。自転車置場を住棟の増築として設計すると,既存遡及することになるので,切り離して計画した。

面積関係は,通知を受けた当時の面積ではなく,新たに現行法規に沿って計算した。

④ 地権者の説明

必要となるもののひとつに地権者への説明がある。今回の地権者の大多数は,区分所有者400世帯にあたり,小さな集会所で,号棟別に3日間に渡って,説明会を行っている。また,市の道路環境整備課,公園整備課,河川課,消防組合とガス供給会社に対しても,説明を行った。

⑤ 一団地認定変更の通知(連担建築物設計制度による認定)

⑥ 確認申請へ

通知を受けたところで,自治会館,自転車置場(4棟),それぞれ確認申請を提出。通常であれば,敷地ごとの確認申請ということで,1本化するところだが,助成の関係で,自治会館の発注者が自治会でなくてはならないため,自治会館と自転車置場の確認申請を分けて提出した。自転車置場は,どう考えても管理組合に属するため,管理組合理事長名で提出,自治会館は,自治会長名で提出を行った。

自治会館については,埼玉県福祉のまちづくり条例により,確認申請とあわせて,適合証交付の手続を行った。

第1編　マンション再生

1.4　小規模マンションの大規模修繕への取り組み

マンションの中でその存在が大きな位置を占める小規模マンション（戸数の少ないマンション）においては，大規模修繕を進めるに際して多くの問題がある。ここではその問題点を明らかにして大規模修繕を適切に実施し，加えてグレードアップを進めるための方策を考えてみる。

1.4.1　管理体制上の問題点

小規模マンションでは大規模修繕の取り組みを考える前提として，その管理体制の実態をみておくことが必要である。管理体制が確立できていないと大規模修繕を適切に進めることができないからである。

(1)　マンションの中で大きな部分を占める小規模マンション

小規模マンションとは50戸以下のマンションと定義する。さらにより小規模なマンションにおける問題点を浮き彫りにするために，20戸以下のマンションを極小規模マンションと呼ぶこととする。

大都市のマンションの住戸規模の分布をみると約6～7割が小規模マンションである。また1割を超える極小規模マンションがある[*2]。

(2)　小規模マンションの実態

小規模マンションは大都市に多く，市街地中心部や沿線鉄道駅前に多く立地している[*3]。

小規模ゆえに共同施設を保有しているマンションが少ない。とくに集会室を保有しているマンションが2割程度である。8割に集会室がない。また管理事務所をもたないマンションも半数弱存在する[*4]。このため管理活動が各種の制約を受ける，理事会などの開催が制約を受ける，管理員の窓口・作業場所が確保できない，各種の管理上の資料の保管ができない，建物維持管理上も図面・仕様書・内訳書・修繕記録などが保管できない，紛失してしまう，などの問題点があると考えられる。一方で市街地立地のために店舗や事務所を併設しているマンションも多い。

小規模マンションの管理組織体制をみると，多くの問題点がある。小規模のため理事会役員のなり手が少ない。そもそも区分所有者が少なく，その上都心にあるため賃貸化されており外

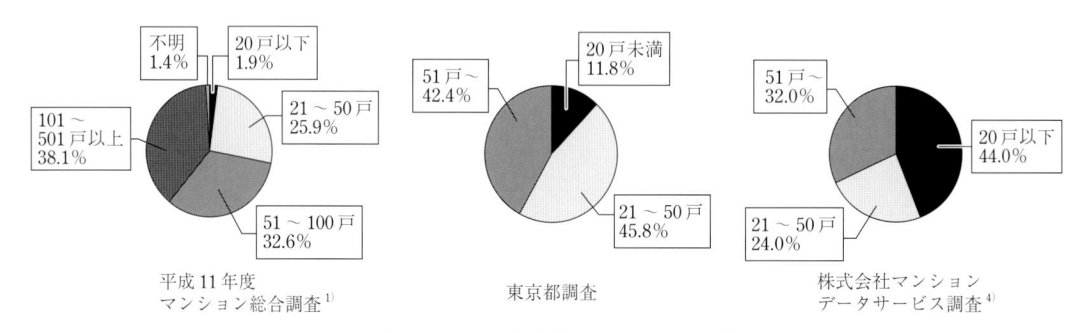

図 -1.4.1　戸数規模分布マンション総合調査

[*2]　平成11年度マンション総合調査[1]では50戸以下のマンションは28%
　　1998年東京都の調査では20戸未満がマンション全体の11.8%，20～50戸未満が45.8%の計57.6%が小規模マンションとなっている。
[*3]　1999年横浜市の調査[2]小規模マンションの立地は「都心型」が最も多く38%，「中間型（鉄道沿線の駅前地区）」が32%，「郊外型」が25%
[*4]　1999年横浜市の調査[2]集会室を保有するマンションは50戸以下小規模マンションでは19%に留まる。そのうち20戸以下の極小マンションでは11%。管理事務所を持たないマンションは46%。内20戸以下では68%で持っていない。

第1章　マンションのリノベーション

部居住が多い。理事会についてはその開催頻度が少ない。開催しても管理会社に任せきりの管理組合も多い。修繕のための特別委員会が設けられない。これは理事が少なく，多くの日常の管理組合業務をこなさなければならない上に，別に委員会を設けることはかなり難しいからである。こんな状況は中規模マンションにおいてもみられるが，まして小規模マンションの場合，大規模修繕も検討が進まず遅れがちとなる。

管理委託の状況についてもいくつかの問題がある。小規模マンションには小規模で場合によっては業務遂行能力が問題になるような管理会社による管理が，大規模マンションと比べれば多くみられる。さらには小規模マンションにお

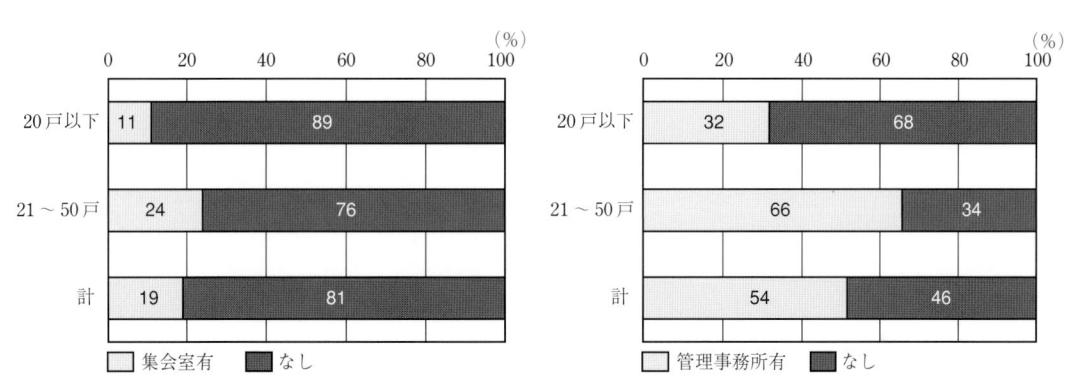

横浜市：老朽・小規模分譲マンションの維持管理等に関する実態調査，1999[2]

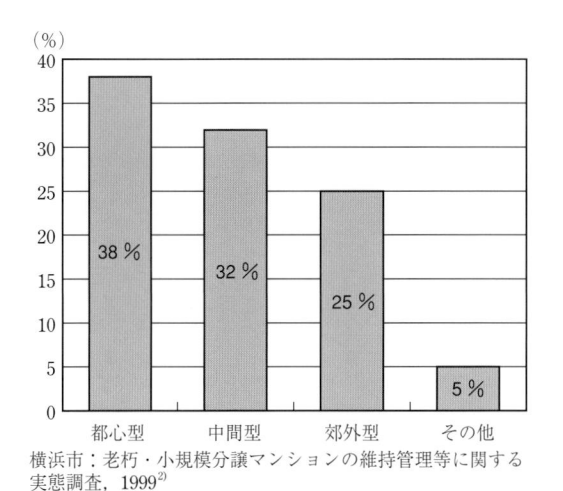

図-1.4.2　小規模分譲マンションの立地場所

横浜市：老朽・小規模分譲マンションの維持管理等に関する実態調査，(1999)[2]

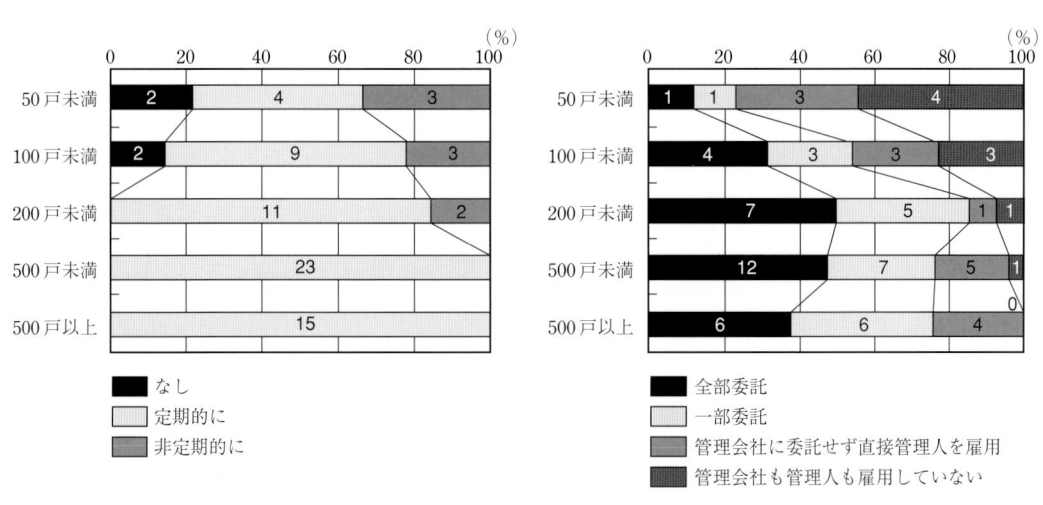

図-1.4.3　規模別施設の有無

齋藤広子：マンション規模による物的特性と管理水準の相違，2002[7]

図-1.4.4　管理体制

いては管理会社のいない自主管理が多い。この中には積極的に自主管理をしている場合よりは、小規模ゆえに管理会社に委託できない場合が多くあると考えられる。管理会社に委託できる額の管理費を集めることが難しいとも言えよう。したがって管理員が常駐できるような状況にはない。

小規模マンションでは賃貸化が進んでいる。市街地中心部や駅前に立地することから賃貸化が進行する。区分所有者が居住していない場合が多く、理事会役員のなり手が少ない。

都心等利便性の高い場所での立地が多く、店舗、事務所が併存している率が高い。このため大規模修繕について住居部分と併存施設部分の意見が一致しない場合も起きる。

小規模マンションでは大規模と比べて、居住者内に建築等の専門家のいる確率が低く、大規模修繕を進めるための知恵が得にくい。

1.4.2 建物維持管理上の問題点

(1) 建物形態の問題

小規模マンションにおいては戸当たりの維持修繕コストが割高になってしまうという不利を抱えている。とくに極小規模のマンションで割高となっている[*5]。

これは外壁や屋根屋上の戸当たり負担面積が大きいことが原因であろう。共通仮設費や足場等の直接仮設費の負担も大きい。そのため戸当たりの修繕費負担が大きくなる。エレベータ、給水ポンプ等の棟単位に必要な設備は小規模マンションでも一式揃っており、戸当たり維持費、修繕費の負担が大きくなる。

(2) スケールメリットをもてない

小規模マンションにおける工事はスケールメリットをもち得ず、工事総額が少ないために専門家への委託が難しく、また工事会社の選択に苦労する。長期修繕計画作成のための費用は、標準管理規約によれば、一般管理費または修繕積立金から充当することとなっているが、これらが十分ではないために、長期修繕計画の立案費用が確保しにくい。したがって納得のいく長期修繕計画が作成できず、修繕積立金も改定しにくい。

小規模マンションの大規模修繕工事では総工事額が小さく、工事請負会社のメリットが少ない。工事請負会社として十分な経費を生み出せない。管理組合の資金の余裕が少なく設計変更などの柔軟性ももてない。信頼できる工事請負会社を選択できない場合も起きかねない。修繕工事現場では常駐の工事管理責任者（現場代理人）を確保できないことが多く、工事の質に影響する恐れもある。

大規模修繕工事では専門家への診断・設計・監理委託費を確保しにくい。修繕工事費の捻出が精一杯で第三者専門家へのコンサルタント委託費用を確保できない。このため工事仕様の適切性のチェックができない、グレードアップなどの提案が出にくい、工事現場のチェックができないなどの質に係わる不利が発生しかねない。

(3) 敷地が小さく、建ぺい率・容積率が高い

小規模マンションでは一般的に活用できる空地が少ない。敷地が小規模でかつ建ぺい率も高いために利用できる空地が少ない。パーキングや共同施設の増設・新設、緑化の推進などの提案ができにくい。

小規模マンションでは一般的に容積率が高く、増築や建替が困難である。容積率が高く、古い小規模マンションでは容積率が法定容積率の規制を超えており、既存不適格となっている場合も多くみられる。このため増築は不可能であり、本来建替におけるメリットであるべき増

[*5] 30戸未満の小規模マンションの戸当たり修繕コストは平均 21 492 円/戸・月であり全体平均のコストに比べて 30 ％程度大きくなっている[3]。

第1章　マンションのリノベーション

大規模修繕工事の方式

1. 設計監理方式の仕組み（概念図）

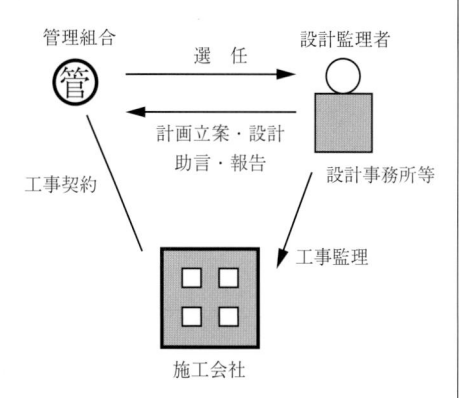

管理組合　―選任→　設計監理者
　　　　　←計画立案・設計　設計事務所等
　　　　　　助言・報告
工事契約　　　　　工事監理
　　　施工会社

2. 責任施工方式の仕組み（概念図）

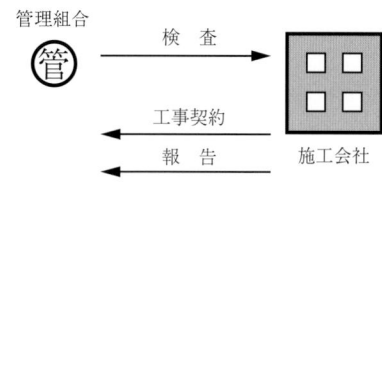

管理組合　―検査→　施工会社
　　　　　←工事契約
　　　　　←報　告

3. 小規模マンション等に対する監修方式の仕組み（概念図）

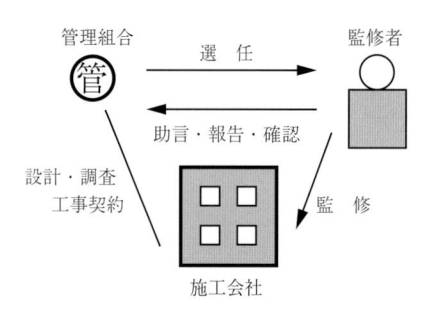

管理組合　―選任→　監修者
　　　　　←助言・報告・確認
設計・調査　　　　監修
工事契約
　　　施工会社

図-1.4.5　大規模修繕工事の方式[8]

床などが行えない。逆に規模縮小までしなければならないこともある。現実的には建替えがかなり難しいということになろう。

1.4.3　小規模マンション改善のための方策

前項で小規模マンションの管理体制、建物維持管理上の問題点をあげたが、これに対していかに大規模修繕を適切に進めていったらよいか、いくつかの提案を述べてみる。

(1) 大規模修繕における専門家による監修方式

大規模修繕を進める方式としての設計監理方式に代わる監修方式が考えられる。

設計事務所等のコンサルタントの協力を得たいが、小規模マンション故に設計監理方式に対応できる資金が十分ではない場合に監修方式が考えられる。工事の受注形態は原則として責任施工方式であるが、これにコンサルタントが参加・協力することで工事費の適正価格と工事の質の確保を図ろうとするものである。設計、仕様書作成、積算書作成作業を施工業者が行い、その内容をコンサルタントがチェックする。工事期間中は節目の時点で工事のポイント監理を行い、工事の質を確保する[*6]。

[*6] 大規模修繕工事の進め方として、設計監理方式または責任施工方式があるが、小規模マンションではこれらの併用方式を文献5)で提案されており、ここではこれを監修方式とした。

第1編　マンション再生

各地区のネットワーク化を
協議会等から働きかける

協議会

ネットワークへの働きかけ
（マンションアドバイザー）

小規模マンション　　　　　　　　　　　　　　　小規模マンション
地区のネットワーク　　　　　　　　　　　　　　地区のネットワーク

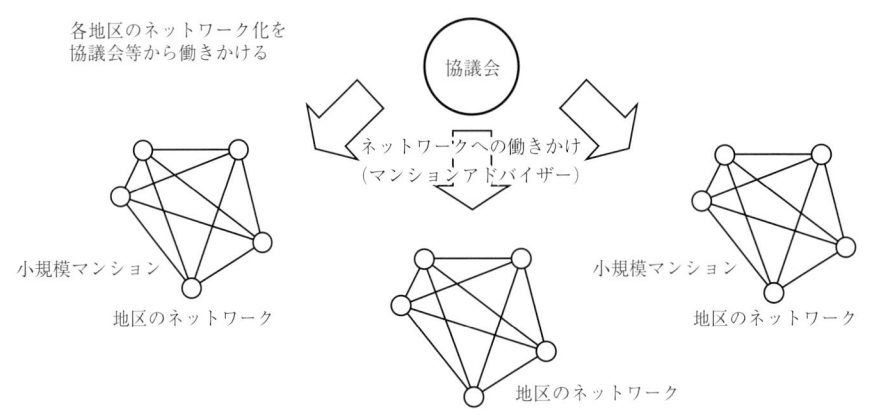

地区のネットワーク

図-1.4.6　ネットワークのイメージ

(2) 近隣マンションとのネットワーク形成

　条件の似通った小規模マンション管理組合のネットワーク形成で情報交換を進めることも一つの方法である。

　市街地中心部や鉄道沿線駅前地区に小規模マンションは集中立地しており，近隣同志の関係にある。周辺環境，建物形態，管理状況，居住者属性はかなり近似したものと考えられる。したがって抱えている問題点も共通してくる。管理組合相互に情報交流を進めて問題解決に当れるようなきっかけづくりが必要であろう。管理組合協議会による呼びかけもその一つとなり得よう。

(3) 建物維持管理の共同化

　近隣マンションとのネットワーク形成を踏まえて，次の段階として建物維持管理の共同化を進める可能性が考えられる。日常の維持保全として，一般的には清掃・点検・修理・検査等が管理会社経由で行われている。近隣小規模マンション同志で共同維持管理体制を構築できれば，維持管理費用や労力が低減できるのではないだろうか。大規模修繕工事も同様のことが考えられる。同時期に同一会社への発注とすることで技術者，工事職人の作業効率向上，資材調達コストの低減が図れよう。異なる建物や設備形態・仕様や異なる管理体制を克服しなければならない前提を踏えて。

(4) マンション・アドバイザーによる協力体制の構築

　小規模マンションのネットワーク形成，建物

小規模マンションの共同化

〈日常の維持管理〉　　　　　　　　　　　　　　　　　　　　　　　　〈大規模修繕〉

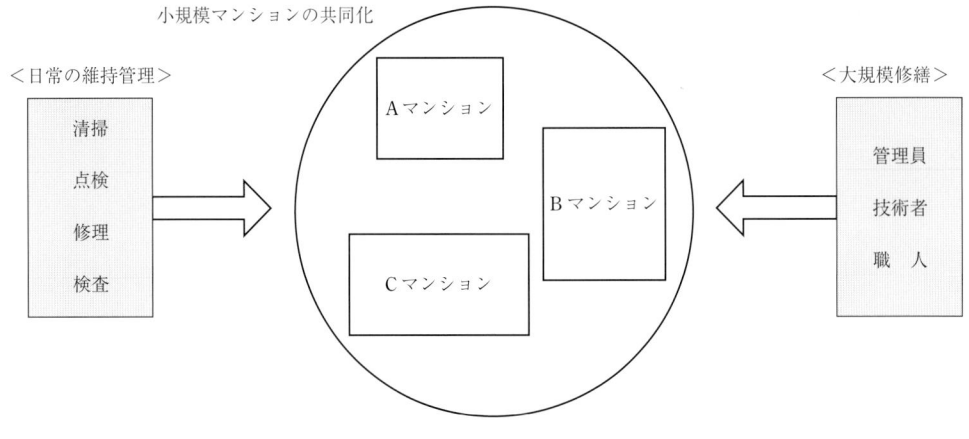

清掃　　　　　　　　　Aマンション　　　　　　　　　　　管理員
点検　　　　　　　　　　　　　　　　　　　　　　　　　技術者
修理　　　　　　　　　Bマンション　　　　　　　　　　　職　人
検査
　　　　　　　　　　Cマンション

図-1.4.7　共同化のイメージ

維持管理の共同化の推進には最近地方自治体が設置しつつあるマンション・アドバイザー[*7]制度が有効であろう。個々のマンションの問題解決に当たるだけではなく，小規模マンション相互のソフト・ハード面における協力体制の構築について，将来はマンション・アドバイザーの役割として期待される。

(5) 共同施設の共同確保

小規模ゆえに確保できない共同施設を，複数のマンションが協力すれば確保できる可能性が考えられる。空き店舗，空き事務所，空き家等を借り受ける，買い受ける等の方法で管理事務所や集会室を共同使用することも一つの方法であろう。このためには管理組合の法人化が必要だが，区分所有法の改正で，2戸以上のマンションから法人化が可能となっている。

(6) 小規模マンションにおけるグレードアップ

容積充足率の高い小規模マンションでのグレードアップは，増床以外の方法で考えなければならない。用途転換，機能・性能の向上，近隣との共同化などが今後新たな手法として試行されていくことを期待したい。

(7) 共同建替え

現状ではほとんど個別の建替えは不可能であろう。市街地に数多くある小規模マンションは日常の維持管理，大規模修繕の不利を抱えつつ，建替えも不可能であり将来居住者および市街地における重大な問題に発展しよう。今からの共同建替えに向けての研究が求められる。

◎参考文献

1) マンション総合調査 平成11(1999)年度，マンション管理センター，1999.
2) 横浜市：老朽・小規模分譲マンションの維持管理等に関する実態調査，横浜マンション管理組合ネットワーク，1999.3.
3) 住宅金融公庫　松村収，冨田路易：マンションの個別特性による必要修繕コストの相違に関する調査研究，マンション学第15号，日本マンション学会，2003.
4) 住宅金融公庫：小規模マンションの維持管理実態および住宅金融公庫の取組について，住宅総合調査室，2001.2.
5) 村井忠夫，田辺邦男：マンション管理ガイドブック，かながわ住まい・まちづくり協会，2002.4.
6) 横浜市建築局：マンション管理規約の手引き，管理運営ルールづくりの支援〜特に小規模マンションでの課題に対応するために〜，NPO横浜マンション管理組合ネットワーク，2002.10.
7) 齋藤広子：マンション規模による物的特性と管理水準の相違，日本建築学会計画系論文集第553号，2002.3.
8) 田辺邦男：マンション管理ガイドブック，かながわ住まい・まちづくり，2002.

[*7] マンション・アドバイザー制度は東京都や横浜市で制定されている。横浜市の場合は約200名の専門家が市長名で認定され，2003年7月より管理組合に派遣され，現地での相談を受けている。派遣の費用を自治体が補助している。

第2章 マンション専有部分の増築

2.1 事例からみた増築への取り組み方とその効果

2.1.1 増築の実態整理

(1) わが国の事例にみる増築の背景

わが国で本格的にマンション供給が始まったのは，1960年後半からである。しかも，初期のころ供給されたものは，それ以前に賃貸アパートメントとして供給されていたものと専有面積があまり変わらず，とくに日本住宅公団（当時の名称，以下公団という）が大量に開発供給したものは郊外団地型の，専有面積50 m²以下であった。その後，経済の高度成長とともに，新規供給の持ち家や分譲住宅は年々専有面積が増大し，マンションも新しく供給されるものは面積増が図られた。とくに1980年代に入って，郊外団地型マンションでは専有面積80 m²以上のものも供給されるようになった。その結果，1970年頃の分譲マンションの専有面積50 m²以下の既存住宅（ストック）では新しいマンションと著しい面積格差が生ずることとなった。1965年から国の住宅政策として始まった住宅建設5カ年計画で，年々住宅供給面積目標の増加が図られ，1985年の第5期5カ年計画で，面積50 m²未満のストックの解消が住宅政策の中に取り入れられた。そのころ，急激な経済成長と物価の急上昇，とくに土地価格の高騰が始まり，後からいわゆるバブル期といわれた時代に突入することになる。

1970年前後に開発分譲された郊外団地型マンションの中には，入居後の家族構成の変化，とくに子供の成長に伴う個室のニーズが高まり，より大きな住宅を求める動きが始まった。これらが郊外団地型マンションで専有面積の増築運動に繋がった背景である。

(2) 増築に至る条件

マンション専有部分の増築が成立するには，いくつかの条件が必要である。これまでの事例からそれらをみると，下記の条件が満たされている。

a. 郊外団地型で適度な余剰床があること

これまで増築が実現したマンションはすべて，1970年前後に供給された郊外団地型マンションであり，その後制定された容積率制度以前に大都市近郊で公的機関が分譲主となって供給されたものであった。隣棟間隔（住棟と住棟の間隔）が大きく，現状の容積（延べ床面積）がその後設定された法定容積率に対して若干の余裕があり，1住戸当たりの面積増がある程度可能であったことである。ただし，立地条件として法定容積率が現状の2倍にもなるような高容積率ではなかったことも，当時建替え運動に至らなかった要因でもある。

b. 専有面積が狭小で，家族のライフサイクル上最も膨らんだ時期であること

1970年前後に公的機関が大量に供給したマンションは50 m²以下で，1980年代に供給された80 m²前後のものと比較すると，著しい格差が生じていた。しかも第一次入居後10年以上経過していて，平均的な4人の家族構成でみても，子供の成長に伴って就寝分離の最終期に入り個室が要求されるのに対し，50 m²以下の3DK間取りでは，ままならない状況であった。

c．自主管理型で管理運営に積極的な管理組合であること

筆者らの調査によれば，増築に成功した管理組合は何れも自主管理（管理会社に管理委託せず，理事会が中心の運営で，管理組合内部で事務局長や事務局員を雇用し，法定上必要な最小限の施設保守契約だけを第三者に委託する管理方式）で，しかも組合運営はもとより，共用部分の施設増設・改良等，日ごろから積極的な管理を手がけている。新たな課題に対する取り組みの体制がすでにできていることが大きい。

d．分譲主の多大な支援・協力があること

建設省（当時）が1965年から打ち出した住宅建設5カ年計画は，その後第二次，第三次と進むに従い，目標とする面積を増やしていった。その成果は，住宅金融公庫の融資条件を初め，わが国の新規供給の住宅水準を面積の点で向上させた。1985年の第五次5カ年計画で，都市部の標準面積を4人家族で91 m^2 とすると同時に50 m^2 未満の狭小面積のストックの是正を目標の一つに加えることとなった。

公団が供給した郊外の団地型マンションで増築運動が始まったのが丁度その前後であり，公団はこれに対して積極的な支援活動を展開している。当初から組織的な対応だったか否か明らかではないが，少なくとも公団の積極的な支援，取りようによっては一部に誘導があったとも考えられる協力ぶりである。具体的には，増築プランの設定，日照時間確保のためのアイデアとコンクリートパネル工法の開発，延べ払い方式の提供等，公団がコンサルタントと分譲主の両面から支援しており，民間の分譲主ではなかなかできない公的機関ならではの取り組みである。

e．当該自治体の対応が協力的であること

さらに，増築の申請手続きに際して最寄りの自治体がどう対応したかが，増築の成功の可否に大きく係わってくる。自治体との係わり要因としては，一つは当時の大規模開発に際してほとんどが一団地認定（建蔽率その他建設条件を小さなエリアごとに規制せず，開発団地全体で設定する方式）であったことから，同一団地内での個別の棟の増築申請を許可しにくいこと，二つは建築申請に伴って多くの自治体では周辺住宅の了解を条件としていたことなど，がある。調査でみる限り，いくつかの棟の増築が成立したところでの背景に，当該自治体は，管理組合としての合法の手続きがなされていれば，基本的に増築をしやすくする手立てを講じていた。逆に自治体によっては，増築を実施した他の管理組合と同じ手続きを踏んでいながら，周辺住民（この場合，同じ管理組合内隣接住棟住民全員）の承諾書を条件としたため，1棟のみ増築に漕ぎ着けただけで，その後の増築に繋がらなかった事例もある。専有面積50 m^2 以下のストックの改善という，住宅水準向上の視点から見たとき，残念な結果というべきであろう。

2.1.2 増築を行う際の仕組み・手順

(1) 増築の平面型と技術的手法

これまで増築が成立したマンションは，公団の標準設計タイプで，既存専有面積50 m^2 以下，5階建て階段室型の中層である。住戸の平面型は3DKで，DK，続き間の6畳和室，他に独立した個室1室が南側に面しており，多くはDKと独立個室の前に幅1.1 m程度のバルコニーが付いている。狭小ではあるがいわゆる南面3室の，居室環境が優れた平面型である（図-2.1.1（左））。

構造は，RC造現場打ち柱・梁によるラーメン構法と，RC造現場打ち壁構法，コンクリートパネルの壁・床によるPC構法の3種類がある。

増築は，その南面のバルコニーの先におおむね6畳2室分を接続させ，かつバルコニーを屋内に取り込むことでこれを中廊下にし，増築部分と既存各室との接続に使用しており，DK部分が公室の広間になることで個室群の通り抜けを避け，続き間の開口部からの採光を採るこ

【既存平面型】　　　　　　　　　　　　【南面増築平面型】

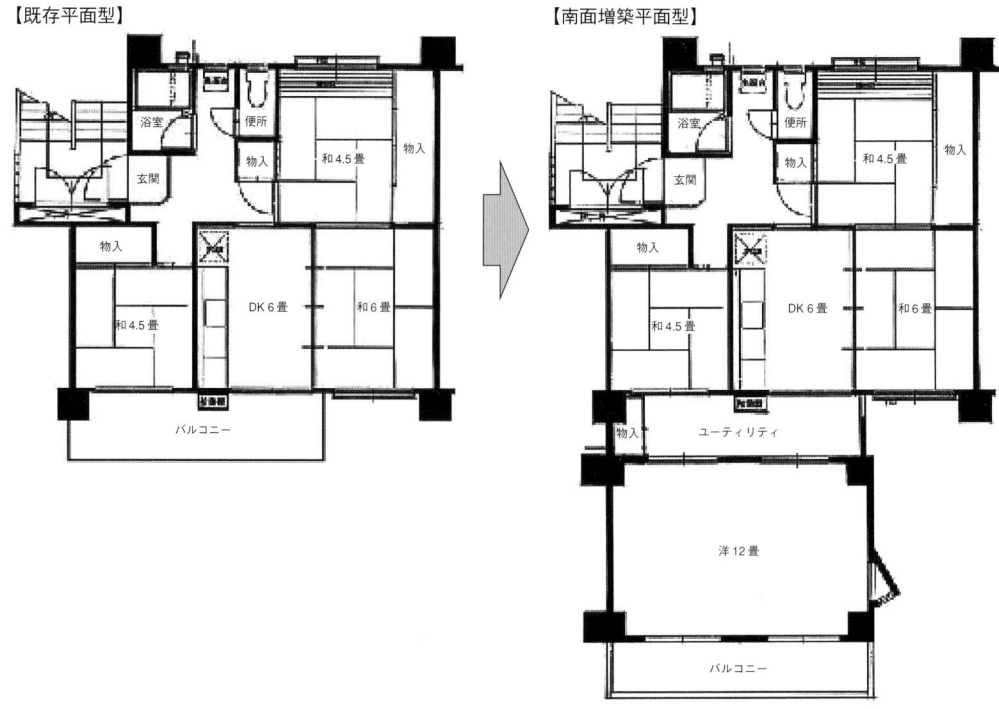

注）増築部分の平面型は，その他に2室取り，洋室・和室等の選択あり。

図-2.1.1　Fu 専有部分の既存平面型(左)と南面増築平面型(右)

とでDKの採光を賄っている。中廊下の端部は洗濯機置き場や給湯装置を置くことで広めの中廊下をユーティリティとしても使用している（図-2.1.1(右)）。

構法は，既存部分の構法に合わせ，ラーメン，PC構法の2種類が採用されている。増築面積は，新たに増設した居室部分が約 $20\ m^2$（12畳分），バルコニー部分の面積は構法によって若干異なるが，屋内化を含めると増築面積約 $25 \sim 28\ m^2$ となる。増築後の総専有面積は約 $74 \sim 75.5\ m^2$，広いもので $80\ m^2$ 近い。これまでが $48\ m^2$ 程度であるから増築によって1.5倍以上の面積を確保したことになる。これらは，公団が増築に向けて技術開発した手法である。

間取りは，増築部分を12畳1室のリビングや6畳大個室2室，既存部分のDK・続き間の間仕切り変更も含めると，さまざまな選択肢がある。

(2) 住民の取り組み方と実施への過程

筆者らが2002年度に行った首都圏の3事例調査結果から見た増築への取り組み方を整理して主な手法を提言しておく。

a. 余剰床の確認とその使い方

専有部分の増築に当たってまず第一に行うべきことは，対象となるマンションで指定建蔽率や指定容積率に増築をするだけの余裕（余剰床）があるか否かの確認である。これまで増築に取り組み，実施した事例はいずれも，いうまでもなく増築に必要な余剰床を持っていた。ただし，筆者らが調べた範囲でみる限り，それらの団地型マンションでは，若干の余剰床はあるが，等価交換による建替え計画に取り組むほどの大きな余剰床を保有していた訳ではない。どうやらこの辺りが増築への取り組みか，建替え計画へ進むか，選択のわかれ目のようである。

b. 増築へのフロー

初動期から実施への長い道程と，その中で節

目になるいくつかのポイントを増築取り組みのフローとして下記に列記しておく。

第1段階：初動期

　増築運動の芽生えから増築機運への誘導期で，前述の物理的な可能性，実施団地の見学，推進組織の立ち上げ，住民アンケートによるニーズの把握，広報活動の展開，増築イメージの浸透等が主要な活動である。

第2段階：合意形成期

　具体的な増築内容の検討から増築を可能とする各種規程承認などの手続き整備までで，コンサルタントとの連携による具体的なプラン，工事概算，日照・緑地・互いの棟への影響などの検討，当該自治体を初め金融条件他，関連機関との調整，総会での合意，各種協定の成立など，管理組合としての決定までの期間である。

第3段階：実施期

　棟ごとの全員合意への活動に始まり，漸次増築工事に取り掛かる時期で，実施に漕ぎ着けるためのさまざまな展開がある。この時期に理事会や組合員がどういうスタンスで，どのような行動をするかで，実施に至るか否かの動向が決まる。先に合意に達した棟から増築工事が始まり，一段落するまで数年を要する場合が多い。

第4段階：安定期

　増築の活動が一段落して，団地管理組合として次の活動に取組む段階で，増築を成功した団地では，その後さまざまな活動が展開されているが，今のところ，30年経過マンションでもさらなる増築や建替えの機運はみられない。むしろ高齢者対応，環境整備などに力点がおかれる。

　　c．初動期の取り組み（任意組織から管理組合へ）

　増築運動に限らず，既存マンションで大きな改善計画に着手する時，組合員である居住者の中に目標とする改善への住民運動が顕在化することが多い。とくに増築に際してその経過をたどる場合が一般的である。管理組合の理事は，単年度や比較的短期間で交代すること，その時々の日常業務に追われ特定のプロジェクトに取り組みにくいこと，増築への助走期間が長いことなどから，初動期では管理組合理事会の下に，「増築研究会」，「増築検討会」などの任意組織をつくり，熱心な組合員のグループが中心になって，基本的な事項の調査，住民ニーズの集約・分析，増築への道程などの準備に当たる。ただし，調査費の発生，住民アンケートなどの実施，対外的な活動，最終的には管理組合としての手続きなどがあり，管理組合としての理事会との連携を前提にすることが肝要である。その上で，実施へ進む段階では，「管理組合名」で公式活動をし，理事会の下の「増築準備会」がその具体的な任に当たる手法をとる。

　　d．双方向の広報活動

　増築活動は，居住者である組合員と推進する理事会や委員会との双方向の情報活動が成否の重要な決め手になる。建替え取り組みに準ずるエネルギーである。どこの管理組合でも，準備期間に相当量の広報活動による情報提供，何度かの住民アンケートとその結果のさらなる広報活動などを積み重ねている。その中で，増築への道程に沿って主要なポイントを列記すると以下のとおりである。

- 増築のための環境条件の提示，増築実施マンション見学会の報告
- 住戸増築に関する住民アンケートの実施呼びかけ・結果の報告
- 増築検討のための委員会立ち上げの呼びかけ・発足の報告
- 具体的な増築概要を基にさらにアンケート実施の呼びかけ・結果の報告
- 増築説明会の呼びかけ，工法・融資・増築への手続き他概要の解説
- 合意のための総会の呼びかけ，総会公示
- 増築申し込み方法・決定した棟への解説
- 増築公示実施に伴う各種説明

これまでの事例でみると，増築への取り組み

は，初動期から最後の工事の終了まで長いところで 11 年，後から取組んだ結果，比較的短期間で増築に至ったところでも 7 年間を有している。そのうち，初めての工事実施に至るまでの準備期間だけでも，2 年から 4 年を要しており，その間に精力的な検討と広報活動が展開されている。

e. 規約の改正・運用

i 合意の条件

当時の管理規約上の制約から，増築を実現するためには，いくつかクリアすべき手続き上の条件があり，それらの課題を合意するためには，議決権と組合員の両方で 4 分の 3 以上の合意が必要である。主な条件を列記すると，

- 管理組合として，管理規約の変更や増築議案として 4 分の 3 以上の合意を得る
- 棟ごとに実施するためには当該棟を構成する組合員の全員の合意を得る
- 具体的な事項に関する点に対しての建築協定の改正
- 自治体によっては，隣接棟住戸全員の同意書の提出

等である。

ii 法的な手続きと運用

現行の登記法によれば，土地と建物が一体として登記され，一人一人の土地の持分は専有面積比による。これまでの増築事例にみる団地型マンションでは，ほとんど専有面積が同じであり，したがって持分比率もまた同じである。これを，専有部分の増築によってどう変わるかを仮定すると，仮に全員が増築したとすれば，すべての住戸面積が一定の増築面積を確保することになり，結果は土地の持分比率に変更を生じないことになる。ところが，増築を実現した棟と実現しない棟があると，専有面積に違いが生じ，結果として土地の持分比率に違いが生じることになる。まして増築の合意に時間がかかり，団地全体で何年もかかることになると，極端にいえば 1 棟増築が実施されるごとに土地の持分は全員変動して行くことになり，その都度登記変更をする必要が生じることになる。

さらに増築しない棟の人はなにもしないのに結果として持分比率が減少することになる。しかも登記手続は煩雑であり，費用もかかる。

このような事態を避けるために，増築を実施した団地管理組合では，増築した部分の土地を登記の対象にせず，土地の専用使用扱いにして，その使用料に代わる分として専有面積比（この場合，法的に必ずしも増築部分は専有面積に該当しない）に応じて管理費と徴収修繕費に差をつけ，多めに徴収することで処理をしている。この手法によれば，増築した建築部分は法的に専有か，建築部分の登記がなされていないので専有でないとすれば組合の共用部分か。所有権か使用権かの曖昧さが残るが，民法学者で区分所有法の専門家である丸山英気氏の説によれば，増築部分には登記法の適用と対価支払い方法の 2 つの選択肢があるとの解釈である。具体的に増築活動に係わった人の言によれば，現在も団地全体としてはまだ増築活動は続いており，すべてが完成するまでの経過期間との便法的解釈である。その解釈によれば，当初の専有部分に差があっても，すべての棟が完成するまで「団地としては工事中」であり，完成して初めて正規の登記変更手続きをすればよいことになる。いずれも硬く考えると必ずしもすっきりしないが，むしろ現行の区分所有法や登記法に隘路があり，法的に多少の矛盾があっても現実が先行し，知恵で上手に運用している好例である。

f. 合意の手続き

バブル期に余剰床を多く持っている団地型マンションの建替え運動が盛んに行われたことがあったが，利便性の高い地域で余剰床が高値の等価交換に結びついたところを除いて，頓挫したところが多々あった。その多くは区分所有者が一定の自己負担をせざるをえず，そのことが組合員の合意を得られなかった大きな要因でもあった。まして増築では等価交換の対象となる

ような余剰床はなく、しかも総会議決条件としては全体で4分の3決議という一般の建替え決議に必要な5分の4条項に比べて容易ではあっても、その実施に際しては、区分所有法に増築に必要な多数決議要件がないために民法の所有権に依拠し、増築に関わる区分所有者全員の合意によって初めて可能とならざるを得ないのである。ある意味では、現在の区分所有法のもとでは、増築の実現は建替えよりむしろ難しいともみられる。

それでも、増築に成功した団地管理組合では、合意のためにあらゆる手立てを尽くしている。中には、最初の総会で4分の3に達せず、もう一回仕切り直しをして1年後の総会に再度別の議案で提案し、可決に漕ぎ着けた管理組合もある。

g. 実施率拡大の手法

管理組合として合意に達しても、実施のためにはさらに各棟ごとに構成員の全員の合意手続きが条件となる。増築に係わる共用部分を持つ区分所有者間で合意を要するという点からいえば、理論上は棟全体でなく、階段室単位で階段を共有する上下左右の住戸間の合意でもよいが、隣接する階段の住戸群が合意していない場合は、南面に増築することから増築しない隣接住戸への朝夕の日照の問題、外壁修繕時での費用負担の問題などの面から、どこの管理組合も階段室単位での合意ではなく棟としての合意を条件としている。

その結果、筆者等の調査によれば、階段室数の多い、つまり住戸数の多い棟ほど実現は難しく、1棟4～5階段室、40～50戸の棟での実施率はその団地の平均よりかなり少なく、10%台～25%に留まる。逆に1棟1階段10戸で構成している棟は平均3分の2以上の実施率となる。

さらに、管理組合の合意形成に対する対応の仕方によっても実施の可否は大きく左右される。棟の中で、わずかの非賛成者(反対者とはいわず、まだ合意に達していないという意味で、非賛成者といういい方をしている)がいる場合、賛成者の少ない棟での賛成者との住戸交換を積極的にやった管理組合と、建前として全員が増築可能という立場からこれに否定的な対応をした管理組合間とで、実施の比率は大きく異なる。前者が増築戸数30%強(2団地でそれぞれ増築310戸、470戸)に対し、後者は7%弱(79戸)である。実施率の高い管理組合でも管理組合が正式に住戸交換を提言・推奨した訳ではないが、棟単位で世話人を出し、世話人会で調整をした管理組合と個々の棟からの合意結果による増築申請だけを前提にしたところの違いである。合意形成に対する本音の部分での手法の選択の仕方でもある。

(3) 工事費用と延払い方式、最近の売買価格

増築費用は、1987年当時の価格で最小限、戸当たりに換算して、主体工事費(建築工事、電気工事、機械設備工事費)、特殊基礎工事費、その他(植栽移設復旧費、外構設備切替費)、諸経費などで、合計約450万円であった。ただし実際には、室内のオプション、増築に伴う既存部分の模様替えなどもあり、各団地ともこれより若干上がって、戸当たり500～650万円で実施している。これらの費用を分譲主であった公団が10～20年の延払い方式を提案し採用されている。この辺りにも、当時の公団の増築に対する積極的な取り組み方が読み取れる。

当時の地価の高騰、新築マンションの売買価格、建替え時の自己負担額などと比べれば、増築によって既存部分と合わせ専有面積約75 m^2 前後を確保できたことの意義は特筆に価する。しかも調査によれば、昨年度(2002年度)秋の中古分譲成立価格を平均でみると、これらの団地の場合、非増築住戸が900万円前後であるのに対し、増築住戸では1 600万円台であり、その差額は700万円になる。1 m^2 当たりの価格でも、非増築棟の1.03～1.2倍で推移している。居住水準の向上、対価効果の両面から、

増築のもたらす効能が充分あったとみることができる。

(4) 自治体の対応

先に上げた増築合意条件の中で，議決要件や建築協定の改訂等は，管理組合として準備段階で充分検討し区分所有者間の合意を得ることが可能であるが，隣接住戸すべての同意の条件については当該自治体によってその運用がまちまちである。いくつかの棟の増築が成立した管理組合の場合は，それらが所属する自治体がかなり好意的に対応をし，組織として管理組合内で規程手続き上の合意が得られているのであれば，個々の同意を確認申請の条件にはしなかった。これに対し，筆者が以前ヒアリングしたある団地管理組合では，当該自治体が型通りの「隣接棟住戸すべての同意」を条件としたため，自分の棟が全員合意をしても，増築合意に至らない隣接棟のすべての住戸からの同意が得られなかった結果，団地内最南側に位置する1棟のみ実施した段階で管理組合理事会が疲れてしまい，増築が後に続かなかった事例がある。自治体の確認申請時の条件が余りにも形式的過ぎるため成立しなかった事例である。「角を矯めて牛を殺す」の例えをみる思いがする。

2.1.3 増築事例にみる結果と課題

(1) 増築棟と非増築棟との比較

これまで述べた「仕組み・手順」を現実に実施し増築した団地型マンションの3事例で，増築棟と非増築棟を比較し，これを整理すると以下の特徴がある。

① 増築実施に至るための棟内住戸の全員合意を得る時の成功率は，当該棟を構成する住戸数が少ないほど大きい。

② 増築棟と非増築棟とでは，増築に要した工事費以上にその後の売買価格に差があり，一定の専有面積を有することで，中古市場で相対的に有利に展開できる。

③ 調査では，増築後の住民移動を集計すると，増築棟の住戸が売りに出ると同一団地内の非増築棟からの住替えが多く行われており，団地内でも人気の高いことが裏付けられる。

これらの結果からみて，専有部分の増築は，できるだけ住戸数の少ない棟が多いほど増築実施率を高め，そのことが当初の均一的な住戸構成に変化をもたらし，異なる面積の住戸が混在することで団地内移動を伴いながら定住性を高める効果が期待できる。

(2) 今後への期待と課題

増築に至った団地型マンションで増築運動が始まった時は，何れも築10年強で，家族構成の上で最もピークに至る時期である。その後増築への合意が整い，増築工事が数年間にわたって続いたが，ある程度実施した段階で一段落し，その後それまで非増築棟であった棟が増築実施に至った事実はない。最後に増築工事が実施されてから，3団地ともすでに10年ないしそれ以上経過しており，増築活動は止まった感がある。3団地とも第1次入居が1970～73年で，今はいわゆる経過30年マンションである。その割には，比較的時間の取れる初老の高齢者達で仲間を募り，団地内のさまざまな環境整備を手がけ，緑の多い落ち着いた団地で，しかも活発な活動を行っている。増築を実施した時のメンバーも健在であり，彼等は増築の経験が自信に繋がっている。その意味では，管理組合運営を初めまちづくりに大いに期待できる。中には，高齢者対応への改善の動きもみられる。一方，それらに共通することは，次世代の巣立ちと入居者のより高齢化である。これにどう対処できるか，増築活動で見せたエネルギーをどう持続できるか，郊外団地型マンションの共通する課題をどのように乗り切れるかがこれからの課題である。

2.2 首都圏での事例
——Fu団地型マンションの取り組み

2.2.1 調査の概要と増築の背景
(1) 調査の目的と概要

首都圏で2002年度に郊外団地型マンション3例について専有部分の増築事例調査を行った。本節では，それらの中から東京都内の郊外市部に位置するFu団地管理組合の調査結果を基に，できるだけ増築運動の実態を記述する。合わせて他の2例の調査結果との比較も部分的にみることにする。

調査は，当管理組合理事長経験者で増築当時の増築委員会役員を務めた当事者を初め，数人の役員へのヒアリング，増築当時の広報誌，増築準備委員会の「増築の栞」他，増築関連資料の収集によった。研究目的は，「マンションの長命化・再生」を目途とした一連の研究の一環であり，マンションストックや住宅政策としてのマンション施策のあり方への求明である。

Fu団地の基本データは表-2.2.1のとおり。1970年（昭和45年）分譲された53棟・1 199戸，中層（5階建て）・階段室型・南面3室の，公団が分譲した大規模な郊外団地型マンションである。隣接に2 236戸の賃貸集合住宅を併設しており，これらを含めた一団地認定による開発である。

(2) 増築にいたる背景

ヒアリングによれば，増築の最大の理由は，狭小住宅からの脱却にある。専有面積は50 m^{2}以下であり，開発後10年を経た1980年代初頭，新たに供給されるマンションは70 m^2～80 m^{2}が多くなっていた。4人家族でライフサイクルのピークを迎えるには，新しいマンションと比べても狭く，中には転売して団地を出て行く者もあった。

増築の話が出始めたのはこのころで，多くの仲間が同団地に住み続けるために専有部分の増築を考えようと有志が集まった。

しかし，他にも同じ状況を抱えているマンションの団地が多々ある中で，具体的に活動が始まった背景には，管理組合の運営が自主管理で，理事会とその下に建築や植栽などを管理するための専門委員会があり，これらに携わる居住者が日ごろから積極的に活動していたことがあげられる。

関西の団地型マンションでの増築事例に端を発し，首都圏でも半歩先に取り組み始めたTa団地に触発されたことも否めない。

当時，いくつかの団地型マンションで建替え運動が始まっていたが，この団地では，建替えの道を選ばず，増築を目途に展開した。この団地でも管理開始後約10年経過の1980年頃，一度建替えの話が出たことがあるが，その後今に至るも建替えの動きがみられない。その背景として，一つには，指定容積率50％であり，利用容積率（30％強）との間にさほど大きな開きはなく，後の検討結果による全住戸増築（約

表-2.2.1 Fu団地管理組合の概要と住戸増築戸数

住　　所	東京都
分　　譲	住宅・都市整備公団
入居年度	1970年（昭和45年）
棟　　数	53棟
住戸数(A)	1 199戸
増築戸数(B)　(B/A %)	79戸（6.6 %）
戸当り専有面積	48.85 m^2（950戸） 48.65 m^2（249戸）
増築棟専有面積	7 386 m^2
敷地面積	101 961.86 m^2 460 442 m^2（一公団認定後）
住戸タイプ	3DK
構　　造	PC造・一部RC造
用途変更	第2種住居専用地域
指定建蔽率	20 %
指定容積率	50 %
組合費	4 300円
組合費（増築棟）	6 900円
修繕費	11 000円
修繕費（増築棟）	17 000円
管理体制	自主管理

28 m² 増）したとしても，賃貸を含めた一団地認定によって指定容積率を上まわらないことがあげられる。つまり，他の立地条件に恵まれた団地が指定容積率 100 ～ 150 ％で等価交換によって建替えられるのに対し，ここではそれほどの余剰床を有していないことが大きい。同時期に増築を実施した首都圏の他の 2 事例にも同様のことがいえる。建替えを実施した他の一つは，彼等居住者の中に現在の緑に恵まれた屋外環境を自分たちの手で保全・発展させたいという積極的な意思が働いていたことがあげられる。彼等は，増築運動の前から，駐車場の増設，花壇・植栽の整備を手がけ，土留めやぶどう棚などは専門家顔負けの技能を発揮し自分たちで工事をやっていた経緯がある。

2.2.2　管理組合の取り組み

(1)　主な経緯

増築への同団地の取り組みについて，広報誌「Fu 速報」から主な項目を下記に列記しておく。

① 1983 年 7 月，理事会の下に「建築委員会」を設置した。関西で増築を実施した Si 団地マンションを 5 名の建築委員が見学し，その結果を広報誌「Fu 速報 83 年度第 14 号」で報告する。

② 一方，1984 年 5 月，分譲主である公団に対し，増築に関する法的問題を質問する。

③ 同年 11 月，公団による増築プランを基に，居住者アンケートを実施（回収率 69.8 ％）し，その結果をもとに建築委員会・理事会が相次いで今後の進め方を検討し，1. 全団地的に「増築小委員会（仮称，後に「増築委員会」に決定）」を設置，2. 建築確認申請に必要な日影図作成を設計事務所に依頼，3. 現行組合規約および建築協定の改訂を次回通常総会に，の 3 点を決定する。

④ 翌 1985 年初頭，公募による 24 名を以って「増築委員会」を結成し，下に，構造，資金，規約（後に法規）の分科会を構成する。

⑤ 同年 5 月の通常総会で，Fu 住宅管理組合建築協定一部改訂を可決。

⑥ 各分科会の下で検討された，増築基本型と各種平面計画，公的・私的資金融資とその返済計画をもとに，第 2 回アンケート実施。

⑦ 1986 年春，住民説明会実施。法規分科会で総会議案書の検討。

⑧ 同年 5 月の通常総会に，「共有地に建物を増築すること，ならびに増築を実施するため本件の手続き上の代表者を Fu 住宅管理組合理事長とし，その業務を理事会に委任する件」賛成 891 で，全議決権の 4 分の 3（900 票）に及ばず，廃案となる。

⑨ 賛成票の数を重視し，増築委員会として検討を継続する。「増築委員会」を「増築推進委員会」に名称変更。

⑩ 同年秋，居住者の移動による増築棟の見直しを必要とし，再度アンケートを実施（回収率 66 ％）。

⑪ 1987 年初頭，公団が増築に対し資金援助し，公団資金による建設・各戸への譲渡・延払い方式を提案。

⑫ 同年 1 月末，増築に関する住民説明会実施。

⑬ 日影図確認会，増築説明会，公団賃貸住宅増築見学会等を相次いで開催。

⑭ 同年 5 月，通常総会で，①「規約ならびに建築協定の一部改訂」賛成 955 票，② 住宅所有者全員の合意を得た棟の増築を承認する件」賛成 926 票，でともに可決する。

⑮ 「増築推進委員会」を「増築準備委員会」に変更すると同時に，その下に「小委員会」を設け，実施段階の活動に入る。

⑯ 委員会による日曜日の「相談コーナー」を設置。

このように，1983 年総会直後から 1987 年総会後まで約 4 年間かかっており，一度は総会で廃案になりながらこれを乗り越え実施に漕ぎ着けた相当のエネルギーが読み取れる。この間，

第 2 章 マンション専有部分の増築

図- 2.2.1 Fu 団地の増築部分

発行した広報が「速報」延べ約 150 回，住民アンケートが計 3 回，直接の説明会数回，その他，公団，当該自治体，他の実施団地見学会等，各数回など，精力的な活動が展開されている（図- 2.2.1）。

(2) 公団の対応

増築に際して，分譲主である公団の役割がきわめて大きい。増築運動の当初から公団の支援が公式・非公式に行われたことが明らかである。Ta 団地調査のヒアリングによれば，団地の増築初動期の段階で，居住者の中に公団職員が居て公団に増築への橋渡しをした経緯もみられた。

Fu 団地の資料だけでも，1．平面計画の作製，2．工事費の立替え，3．増築の技術上の検討等が公団によって行われ，さらに，当該自治体にも働き掛けをしている。また，Fu 団地の場合，分譲の街区だけでは，所定の増築面積を確保するには指定容積率に若干不足が生じたのに対し，隣接の賃貸団地と一団地認定になっていることから，公団では，その余剰床と合わせて実現できるよう図っている。建設省（当時）の 1985 年出された第 5 期 5 か年計画の中の「50 m² 未満の住宅ストックの解消」がこのように公の機関でもある公団が増築を支援した背景であろう。国が住宅政策として目標を立てれば，実現に向けてさまざまなベクトルが働く所以である（なお，現実には全戸増築に至らなかったこ

と，その後建築基準法が改定されたことなどから分譲の街区内で指定容積率以下に納まっている）。

(3) 自治体の対応

当該自治体の対応も，実現に大きく左右する。Fu 団地の立地する当該市では，1．狭小面積の住宅を改善することにより永住が可能になること，2．開発に当たっての一団地認定の枠を生かしながら余剰床を有効に使うことを許容していること，3．日照規制に若干触れるところもみられないことはないが，団地全体として当事者の居住水準の向上の観点から，何とか整合性の取れるよう好意的に解釈したこと，等が指摘できる。

2.2.3 増築の成立要件と影響

(1) 増築実施率

Fu 団地では，全体で 1 199 戸中 79 戸が増築を実施した。総計では 6.6 ％の実施率である。他の 2 団地が 30 ％強であったのに比べると極端に実施率が少ない。これは，他の団地では棟のなかで賛成または反対（管理組合では，これをまだ賛成に至っていないとの解釈で，「非賛成」という）の住戸が少ない場合，棟別増築世話人の間で情報交換し，他の棟と住戸を交換する手法が取られたのに対し，Fu 団地では全住戸が対象になっていることから管理組合として住戸交換を原則認めていなかったこと，反対者が非増築棟に移転することによってその棟がますます実施しにくくなる，の 2 点がこのような結果になったものと思われる。

増築を実施した棟とまだ実施していない棟の棟別住戸数を比較したのが，表- 2.2.2 である。

表- 2.2.2 Fu 団地階段室数別増築実施棟数とその比率

階段室数	全棟数	増築棟数	実施率
1 階段室	7	4	57 %
2 階段室	26	2	8 %
3 階段室	14	0	0 %
4 階段室	5	0	0 %

1階段室のみの1棟10戸で構成している棟では，7棟中4棟で増築を実施しているのに対し，2階段室20戸の棟は26棟中わずかに2棟，3,4階段室30戸，40戸の棟では皆無である。この傾向は，他の2団地でも多い住戸を抱える棟で皆無ではないが類似の傾向があり，全員合意を条件とする時，戸数の大小がどれほど大きく影響するかを物語る。

(2) 売買価格

増築の有無によって，中古物件の売買価格がどう異なるかを，2000～2002年の3年間に成立物件で売買価格を比較した（表-2.2.3）。

表-2.2.3 Fu団地既存棟住戸と増築棟住戸の中古平均売買価格（2000～2002年成立分）

		既存棟	増築棟	全体
転出	1階	17	0	17
	2階	23	1	24
	3階	23	3	26
	4階	20	1	21
	5階	24	2	26
転入	1階	18	1	19
	2階	20	1	21
	3階	22	3	26
	4階	29	2	31
	5階	32	2	34

注）転出入の間に空き家の状態もあり，それぞれの総数は必ずしも一致しない。

増築住戸（計6件の平均）と非増築住戸（表中既存棟，計85件の平均）との間で中古住戸の売買成立件数（いずれも約7.6％）自体に大きな差はみられない。一方，増築住戸の面積が約74 m^2 で，非増築住戸の約49 m^2 に比べ，1.5倍以上の専有面積となる（表-2.2.1）が，成立売買価格は2倍近くになり，単位面積当たりでも1.2倍になる。しかもその差は実額で工事費を大きく上回る。増築による交換付加価値が得られたということになる。

(3) 最近の転出入

1999年から3年間に得られた全住戸に対する転出入戸数（売買住戸と不在化・賃貸化の各合計）を管理組合広報から集計した（表-2.2.4）。

表-2.2.4 Fu団地の最近3年間の転出入戸数
（1999～2001年）

	既存棟	増築棟
売買成立戸数（成立％）	85戸（7.6％）	6戸（7.6％）
1 m^2 当り平均価格	183 923	221 351
販売格差	1.20倍	
平均価格	8 929 000	16 367 000
平均価格の差額	7 440 000	
投資額	590～690万円	

表-2.2.5 Fu団地同一管理組合内の転居
（1999～2001年）

	団地内転居			
転居前	既存棟5階	既存棟3階	既存棟3階	既存棟1階
転居後	既存棟2階	既存棟5階	*既存棟3階	*既存棟1階

注）＊は既存棟から増築棟への転居

転出入を数字でみる限り，3年間で増築棟，非増築棟（表中既存棟）の転出入とも9～11％前後である。このうち，Fu団地内での住戸間異動を表-2.2.5でみると，非増築棟から増築棟への移動が4例中2例でみられる。他のTa団地では，これがもっと顕著に表れ，3年間に団地内移動計12例中9例が非増築棟から増築棟への移動であった。同団地内でより大きな住戸への移動が求められていることになる。

2.2.4 最近の状況

Fu団地で最後に増築が成立したのが1990年である。他の団地が1994年まで続いたのに対し，Fu団地では近隣に広い専有面積のマンションが出現したこと，先に上げた全員合意がし難い状態であったことなどが原因で，実施率がまだ低いまま増築が止まってしまった。現在，増築の話はまったく出ていない。他の2団地でもその傾向はまったく同様で，増築も建替えの話も団地内では皆無である。その後，Fu団

地ではむしろ団地内での屋外環境の整備の活動が前にも増して活発になっている。環境整備の同好会が理事会と協同し，休日ごとに低廉な費用で半ばボランティア活動の整備工事を手がけ，そのわずかな手間賃を積み立てしてグループで海外旅行などを楽しんでいる。最近では，それらのグループが高齢者対策に取組もうとしている。

2.2.5 まとめ

マンションの増築は，いくつかの公団分譲の団地で1980年代半ばから始まり，公団の支援を得てひとしきり実施されたが，10年後の1990年代半ば前に一段落し，その後はまったく影を潜めた状態である。また，増築に成功した団地は，等価交換による建替え以上にわずかであり，大多数の公団分譲の団地型マンションは増築さえもままならず今日に至っている。これらの団地に今共通しているのは，むしろ居住者の高齢化であり，とくに郊外団地では不在家主化も進行している。このような状況の中で，これからしばらくの間の課題は高齢化に伴う部分的バリアフリーへの取り組みであり，さらに今後団地全体の抜本的再生への取り組みであろう。

ただし，今回の調査で明らかになった団地型マンションの専有部分の増築は，1. 管理組合・住民組織のエネルギッシュな取り組み，2. 分譲主である公団の支援，3. そのきっかけになる国の政策，4. 当該自治体の理解と協力，などが相まって初めて成立したもので，今後どんな再生活動が展開されるにしても，上記の協同が一つの参考になることになろう。

(本章は，著者指導の下，関東学院大学2002年度の新谷典谷（現 日本ハウジング）修士論文，川崎聡（現 大京管理）卒業研究をもとにまとめたものである。)

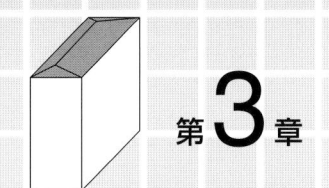

第3章
コンバージョンによる集合住宅への再生

3.1 集合住宅へのコンバージョン

3.1.1 はじめに——コンバージョンとは何か?

首都圏都心部では，超高層マンションの建設が急増する一方で，オフィスビルの住宅へのコンバージョンが注目されている。コンバージョンは，首都圏で2003年問題と呼ばれる既存ビルの空室率の増加(2003年1月現在で都心5区の空室率7.8%)やこれを受けたオフィスと住宅の賃料単価の逆転という事態から，不動産市場がつくりだした動きともいえる。近年になって，こうした不動産市場から多様なコンバージョンが注目されているものの，この現象は新しいものではなく，かつ決して一過性のものでもない。

そもそもコンバージョンとは何であろうか。コンバージョンを狭義にとらえる方法もあるが，まずは建築物の「用途」または「所有形態」の変更と広義にとらえたい。なぜならば，コンバージョンとは，建築物の用途と所有形態の変更の可逆的な組み合わせによる建築物ストックの維持・循環手法であり，現実にはこれらの連携により，第一に空間として目的に応じた快適な利用環境を創出すること，第二に不動産経営的にみて事業性を維持・向上させること，第三に社会的にみて都市環境・都市経営の改善に寄与すること，以上3つの目的を実現することが可能となるからである。

つまり，本稿でとらえるコンバージョンとは，建物の用途や所有形態の変更を伴いながら，建物を長持ちさせる方法である。

3.1.2 集合住宅のリノベーションと建物のコンバージョン

なぜ建物のコンバージョンに注目するのか。

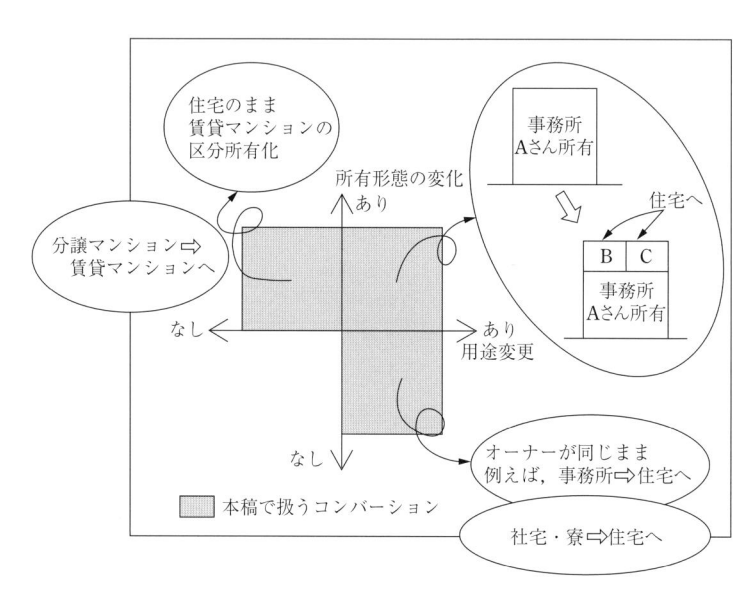

図-3.1.1 コンバージョンの種類

第3章 コンバージョンによる集合住宅への再生

コンバージョンはわが国だけの現象ではない。イギリスのロンドン，アメリカのニューヨークやシカゴ，イタリアのミラノ，オーストラリアのシドニー，スイスのチューリッヒ，フランスのパリ，デンマークのコペンハーゲンでもみられる。

例えば，イギリスのオフィスビルから住宅へのコンバージョンが進んだ背景は，わが国の不動産事情と似ている。きっかけは，オフィスビルと住宅の賃料単価の逆転現象が直接的な原因であった。しかし，潜在的にある都心部の住宅不足，また登録建築物保存の必要性などがコンバージョンの広がりを支えることになる。ロンドンでは，コンバージョンエリアは郊外にまでひろがりつつあり，1995～2001年の間に民間会社によって供給された住宅の約1/5がコンバージョンによるものである。そして，ロンドンの都心部に限ると，なんと約8割がコンバージョンにより住宅が供給されている。

ちなみに，ロンドンのオフィスの約1/4がもとは住宅であった。こうして基本的に建物は固定した用途に縛らず，社会変化の中で適切な用途に利用されているのである。

建物のコンバージョンは，国や都市により事情は異なるものの，衰退した中心市街地の活性化対策，都心居住の推進，建物保存による景観や環境問題への配慮などとして，政策的にも支援されている。

こうした背景のもとで，本章では，主に建物の用途変更による集合住宅へのコンバージョンに注目する。コンバージョンに注目する理由は，第一に，コンバージョンはリノベーションとともに，建物を長持ちさせるという共通の価値をもつからである。コンバージョンとは，建物が固定した用途に縛られず，社会変化の中で適切な用途に利用されることを実現する方法である。こうした可逆的な用途の変更が，建物の長寿命化と，それによる環境問題への対応となる。また，建物のコンバージョンは，既存建築物の解体工事と新規建築物の新築工事を回避する点で省資源型となる。

第二の理由は，コンバージョンにはリノベーション工事を伴うことが多い。つまり，用途をするには，それなりの工事が必要となる。集合住宅のリノベーションにはみられない工事が実施されている可能性がある。こうした点から，多様なリノベーション事例を把握することができる。

第三の理由は，コンバージョンはリノベーションとともに，経営的判断が重要になる。マンションのリノベーションでも，公営住宅のリノベーションでも，建替えとリノベーション工事の費用の比較で，方針が決定されることが多い。とくに，コンバージョンは，リノベーションよりも費用対効果をシビアに判断することが求められる。それは，多くの場合に経営の改善手法に使われるからである。リノベーションの推進には，こうした経営的判断が今後ますます重要になる。経営的判断を行うためにどのような体制がとられているのか。コンバージョンを推進

図-3.1.2 イギリス・ロンドンにおけるコンバージョン事例
■ The Panoramic Building から Rivermill House へ
1971年にできたビルを1998年にコンバージョンして完成。英国ガス会社のビルだったものが，その後売りに出され，コンバージョンされ，90ユニットのリースホールドのマンションに

しているものは何であるのか。阻害しているものは何であるのか。その推進や阻害する要因はリノベーションにも通じることになるからである。

第四の理由は，コンバージョンは新しい居住形態やこれからのストック型社会に対応した建築・不動産法制度の課題を示している。こうした点は，これからのストック型社会の住宅を考える上で，示唆に富んでいる。

コンバージョンを通じて，多様なリノベーション工事を把握する。また，コンバージョンはどのような経緯で行われているのか。コンバージョンが行われるようになった経緯，推進体制にも注目し，コンバージョンが示唆する居住や建築・不動産法制度の課題を提示する。

3.1.3 建物の用途コンバージョンパターンとその背景

現在，コンバージョンは，市場に委ねられ，わが国でもいくつかの事例がすでに登場している。用途のコンバージョン，所有形態のコンバージョン，それぞれみられる。集合住宅へのコンバージョンについてまとめると表-3.1.1のようになる[*1]。

パターン1：事務所ビルを部分的に家族居住用の住宅に

小規模事務所ビルの最上階等に所有者が居住するケースで，所有者居住階の下階等を改修し，子供世帯用住宅にコンバージョンする事例がみられる。都心部では居住人口の減少が深刻な課題である。千代田区ではコンバージョンによる都心居住を支援する形で「千代田区住宅転用助成制度」を設けているが，実質的にはこのパターンに利用されている[1]。

パターン2：事務所ビルを部分的に単身者向けの居住施設に

バブル経済時代に建設した賃貸用事務所ビル等で立地のミスマッチから空き家化が進行し，事業性が大きく低下する。売却しても借金が残り，追加投資も容易でない。そのため大規模な改修工事ができない。また大規模建物に建替えるだけの間口や道路接道に恵まれた敷地形状ではない。さらに相続問題がある，借家人が存在する等の理由で，建替えへと進めない。そこで，

表-3.1.1　わが国で行われている集合住宅へのコンバージョン

パターン	1	2	3	4	5	6	7	8
対象空間	部分			全体				
用途 従前→従後	非居住用→居住用						居住用→居住用	
	事務所→住宅				研修施設→高齢者施設・マンスリーマンション等	ホテル・旅館→住宅	分譲マンション→マンスリーマンション	社宅→分譲マンション
所有者の変更	なし	なし	(なし/)あり	あり	なし/あり	なし	なし	あり
所有形態変更	なし	なし	なし	あり (区分所有化)	なし	なし	あり 区分所有→単独所有	あり (区分所有化)
コンバージョン物件経営者	所有者	管理者	管理者	購入者 (管理組合)	管理者	管理者	管理者	購入者 (管理組合)
事例	千代田区・港区等の賃貸用所有者居住ビルの1フロア ケース1	賃貸事務所ビル ケース2	主に単身者用賃貸マンション ケース3	都心部で1フロア1住戸の分譲マンション ケース4.5	多数事例 ケース6.7	ケース8	ケース9	多数事例

[*1] 国内での事例は，日本住宅建設産業協会，日本賃貸住宅管理協会，全日本不動産協会，住宅金融公庫，不動産情報誌等で事例を把握し，部分コンバージョン7事例，全体コンバージョン8事例について担当者に聞取り調査および現地調査を行った。海外調査は2003年9月に，イギリス・ドイツ・デンマークで実施した。

事業性を改善しようと空きスペースの部分コンバージョンを行う。おおむねは，単身用住宅である。

パターン3：事務所ビル等1棟を全体的に単身用住宅に

都心部の事務所ビルを購入した新所有者（不動産業者）が単身用賃貸マンションにコンバージョンし，投資家に転売する。あるいは，企業が社宅・単身寮を手放し，それを購入した新所有者が単身用マンション（ウィークリーやマンスリーマンションを含む）にコンバージョンし，経営するなどである。所有者の変更に伴い用途コンバージョンされ，主に単身者居住用の投資用不動産となる。

パターン4：事務所ビル1棟を全体的に分譲マンションに

都心部の事務所ビルを購入した新所有者が，ビルとしては借り手がつかず，住宅にコンバージョンする，あるいは最初から住宅にコンバージョンすることを意図し購入する。都心に立地する1フロア1住戸型の高級マンションとして生まれ変わっている。

パターン5：会社の研修施設・寮を全体的に高齢者施設・集合住宅に

バブル経済時代の無理な投資による不動産の不良資産化や企業の経営悪化により，企業が社宅や研修所を手放す。その際，共用部分の豊かさをいかしたコレクティブハウス的利用の居住空間に転用される。

上記が集合住宅へのコンバージョンの主なパターンである。そのほかに，ホテル・旅館を住宅，分譲マンションの所有権を一本化しマンスリーマンションへ，社宅を分譲マンションにする事例がある。

3.1.4 コンバージョンの実態

(1) 部分コンバージョンの内容とそれを規定する要因

現在のわが国の不動産市場や経済事情が生み出しているコンバージョンとは，部分コンバージョンの中でも，とくにパターン2である。パターン2の賃貸用不動産では，事務所からワンルームマンション，ウィークリー・マンスリーマンション，ホテル，トランクルームなどへの転用が多く，なかなかファミリー居住の住宅にはならない。その理由は，所有者の意向として，「賃料単価を下げたくない」，「工事を最少費用で行いたい」ことが強く，不動産需要がある（例えば，都心のワンルームマンションやウィークリーマンション等は競合物件が少ない）ものを，法的規制（建築基準法：耐震性・採光等，消防法，条例：東京都の建築安全条例の窓先空地等，指導要綱：中高層建築物の指導要綱等，宅地建物取引業法，旅館業法等）に違反しない範囲で，空間形態からの規制（天井高が高く取れない，間口がせまい，バリアフリーにならない等）を踏まえて行うためである。また，他のフロアーは利用された状態での改修工事であり，大規模な改修工事ができない。

その結果，居住性の高いものにはなりにくい。住戸内の段差の解消はできない，しにくい，すると採算が合わない。設備の質は低い。採光・避難等の問題，近隣間の音の伝搬等もあり，さらには生活上必要な施設である自転車置き場やゴミ置き場などの共用施設が整っていない。調査物件すべてで建築確認申請は行われていなかった。

居住面では，住宅と事務所等の用途混在利用の問題がある。管理面では建物全体をフロアで区切り利用することや，さらにフロアを区切って使用することが考えられていなかったため，共用部分と専用部分の分離が困難となり，とくに区分所有にした場合に共用部分と専有部分の設定が難しくなる。

経営面では，改修工事は小規模な工事でも多様な職能が求められ，工事費用が高くなる。そして，その資金確保は難しい。実際にはサブリース会社が改修工事費用を負担する，家賃と相

殺する，クレジット会社を紹介する，地方自治体の融資を紹介するなどがある。

さらに，コンバージョン実施には，融資面も含めた不動産の市場分析およびコンサルティング等専門家の支援がみられる。とくに，所有者が追加投資を行うために，そのリスクを補完する意味でサブリース方式が採用されている。

(2) 全体コンバージョンの内容とそれを規定する要因

全体コンバージョンを，現実には，所有者自身が行う事例はほとんどみられず，① 新所有者が行い，区分所有の形態で分譲する，② 新所有者が行い，賃貸用不動産として分譲する（所有者変更あり），③ 管理業者（サブリース会社等：所有者変更なし）が行う。

賃貸用不動産ではできるだけ少額の改修工事費でコンバージョンを実施したいため（パターン3，5など），従前建物形態がコンバージョン後の利用形態を大きく規定する。

分譲用不動産では，不動産経営上の判断が大きい。つまり，経営面から賃貸住宅ではなかなか採算があわないために，分譲方式が採択される（パターン4）。そのため，ファミリー用住宅は分譲形式で供給されることが多い。こうしたコンバージョンによる分譲マンションは，購入者からみると，新築マンション並みの融資条件が得にくい，税優遇措置が少ないなどの問題がある。新築マンションと同様の制度が適用されず，買主にとっても売主にとっても魅力の低いものとなりやすい。そのため，新築と競合しない，よりグレードの高いものが提供される傾向にある。経営面からは，例えばコンバージョンであることをいかし完全フリープラン分譲にしたいが，そのための体制が整っていない。また，購入希望者も理解が十分できない。そのためモデルルームが必要になり，予定外の経費がかかる結果となっている。避難通路の幅やスロープ設置については地域の条例などにあわない。売主に瑕疵担保責任があるので，徹底して修繕を

行う必要がある，あるいは徹底した情報開示による契約が必要となる。また税法上の取扱いが新築住宅か中古住宅か明確でなく，こうした交渉に時間がかかることがある。実施には，部分コンバージョンよりも市場性，事業性，建物の条件（物理的劣化や新利用用途に照らした快適性など）等の総合的な不動産評価が必要になる。

3.1.5 コンバージョンでみられた多様なリノベーション工事

非居住用から居住用に建物の用途を変更するために，多様なリノベーション工事が行われている。

ほぼスケルトン状態から，フロアを仕切り，あらたに共用部分と専用部分に区分し，戸境壁をもうけるものから，壁などはすべてそのまま利用し，専用部分内のみを変更するケースがある。住戸内については，建具の設置や変更（開き戸→引き戸など），間仕切壁の設置・変更，内装の変更，水廻りの移動や新設，バス・トイレ・キッチンなどの設備の設置，インターネット用ブロードバンドの引き込み，スプリンクラーの設置，エアコンの設置などがある。

共用部分についても，改修工事が多様にみられる。エントランスまわりでは，エントランスドアの改修（オートロックのドアに），メーターボックスの設置，宅配ボックスの設置，マンション名看板の設置がある。2方向避難を確保するための通行スペースを広くするために，1階の外壁の位置の変更，ベランダの新設などがある。居住用として，保健性や快適性を高めるために，日照や通風，採光を考えての窓の拡大，上下階の音によるトラブルを回避するために梁を補強の上，二重床にする。居住用として必要な共用施設，自転車置き場，駐車場，ゴミ置き場，管理人室の新設や場所の移動，CATVの設置。フロアごとの水供給場所を増設するための横引き管や排水管の増設，そのために二重床にする。ガスをやめてオール電化方式にする，変

表-3.1.2　コンバージョンで見られたリノベーション工事

	部分コンバージョン	全体コンバージョン
専用部分	電気の子メーターの設置 給水の位置の変更・増設 排水のための工事 内装，間仕切り，建具の設置 キッチン(流し)，洗面台，便器の設置 壁，ドアの設置　など	電気の子メーターの設置 給水の位置の変更・増設 排水のための工事 内装，間仕切り壁の設置，建具の設置 水廻りの位置の移動，キッチン(流し)，洗面台，便器の設置 壁，ドアの設置，開き戸から引き戸に変更 インターネット用ブロードバンド回線の引き込み スプリンクラー・エアコンの設置 二重床にして梁の補強　など
共用部分	廊下の新設(複数棟をブリッジでつなぐ) ドアの横にインターホンの設置　など	エントランスドアの改修(オートロックのドアに)，メーターボックスの設置，宅配ボックスの設置，マンション名看板の設置 1階の外壁の位置の変更，ベランダの新設 窓の拡大，避難はしごの設置 自転車置き場，駐車場，ゴミ置き場，管理人室の新設や場所の移動 CATVの設置 フロアーの水供給場所増設の横引き管や排水管の増設，そのために二重床にする ガスをやめてオール電化方式にする 変電方法の変更 設備稼動の独立性を高める，給水方法の変更 エレベータの設置，エレベータ台数を減らす 外壁の仕上げ材の変更 隣地境界に植樹　など

電方法の変更，設備稼動の独立性を高める，給水方法の変更などがある。

また，居住用であることからエレベータの設置を行ったもの，一方では管理費の経済性を考慮してエレベータ台数を減らしたものや，外観のイメージアップをはかっての外壁の変更などが行われている。

全体コンバージョンの場合は，スケルトン状態から行い，建物が利用された状態で行う必要がないことから，大規模なものが行われやすくなっている。

3.1.6　コンバージョンを円滑に行うための促進要因・阻害要因

(1)　従前建物形態から受ける制約

コンバージョン工事は，従前建物形態から大きく制約を受ける。住戸内のプランでも，梁・柱・壁の位置や水廻りの影響を受けるとともに，共用部分にも影響を与える。さらに，部分コンバージョンは，他のスペースを利用しながらの工事になるために，工事内容の制約も受ける。共用部分のコンバージョン工事も，従前建物形態から制約を受けるが，工事費用との関係で工事内容が決まっている。大規模な工事を行うほど，改修工事費用が大きくなるため，できるだけ既設部分を生かす方法が取られている。さらに，使わないものでも撤去費用がかかるためにそのまま残し，隠す方法がとられている。

(2)　コンバージョン推進体制

コンバージョンを適切に行うには，不動産のマーケティング，建物の適正な調査・診断，工事費の見積り，収益評価，事業資金調達・斡旋，工事の設計・施工・監理，コンバージョン物件の販売・賃貸，コンバージョン後の建物設備管理や経営など，総合的な対応が必要となる。つまり，これらは従来個別に行われていたものであるが，コンバージョンにおいては総合的な対応，全体をプロデュースする体制が必要となる。コンバージョンプロデュースは不動産業者が行っている。1社の中にこれらの機能をすべて持つものから，系列会社で行うものなどがある。賃貸不動産では，所有者に代わって管理者がコンバージョン物件を経営する(サブリース方式)。分譲不動産では，一度不動産業者が物件を買い取り，コンバージョンした上で販売する。コンバージョンを含めた空間のマネジメントを総合的に行う専門家の役割が大きい。

(3) コンバージョンの阻害要因と適正な推進のために

現制度の中でコンバージョンの数はそれほど多くなく，かつコンバージョンにより供給されている住宅が必ずしも保健性・快適性・経済性が高いとはいえない。コンバージョンを阻害している要因は何か。住宅がフローからストック重視への移行に伴い，建物を維持管理する，大規模改修を行う必要性がますます高くなる。コンバージョンを阻害している要因を把握し，コンバージョンあるいはリノベーションを含めて，建物を良好に維持管理し，長持ちさせるための課題をのべる。

＜リノベーション技術の向上と推進体制＞

第一に，建物の大規模修繕・改修技術・推進体制の問題がある。

コンバージョンで必要な改修工事は，新築建築とは異なる技術とその実行のための推進体制が必要となる。技術の進歩とともに，それらが効率的・経済的に提供されなければ意味がない。なぜならば，建物をコンバージョンして利用しつづけるには，新しく建物を建替える場合と費用を比較して実施されるからである。そのため，現在のように，新築対応の建築技術体制では，どうしても修繕費用が割高になる。既存住宅のリノベーション工事が安価で安定した形で提供されつづける技術と社会体制が必要である。

第二に，建物の履歴情報が社会的に整備されていない問題がある。

コンバージョン工事には，新築時に建築確認を受け，完了検査を受けていることが大前提となり，かつ新築時の設計図書およびその後の修繕・改善履歴がストックされていることが必要である。しかし，現実には，完了検査を行わず，また設計図書すらない事例もある。そのため，コンバージョンや大規模改修の適正な判断がしにくい，あるいは手間や費用がかかる。そこで，建物の履歴情報を社会的に整備し，ストックすることが必要である。

＜ストック型社会に対応した不動産評価・取引体制＞

第三に，個別不動産の事業性や建物固有の価値を積極的に評価する，あるいは修繕や改修を反映する不動産評価システムが確立されていない問題がある。

土地の含み益に重きを置いてきたわが国では，収益還元をベースにする，あるいは建物の修繕実績を評価する不動産評価システムが確立していない。とくに，建物の適正な改修が不動産評価に反映できる仕組みが整っていない。これらを改善し，所有者のリノベーション実施のモチベーションが高まるようにする必要がある。

第四に，住宅を「新築」，「中古」で2分類にし，新築住宅に有利な税や融資制度がとられている問題がある。

コンバージョン物件は新築住宅でも中古住宅でもない。大規模なリノベーション工事をした住宅も，単なる中古住宅ではない。しかし，現在は，新築・中古の分類しかなく，かつ新築住宅購入者には有利な融資や税政策がとられている。これでは，コンバージョン事業者やコンバージョン住宅購入者のモチベーションが高まらない。そこで，上記の不動産評価に基づいた住宅の品質による融資・税制度が必要である。つまり，建物の修繕履歴を踏まえた実質築年数や利用価値で融資や税を考えることである。

第五に，消費者側に立った十分な情報開示による不動産取引が行われていない問題がある。

わが国では不動産取引制度として，購入希望者が購入判断に必要な情報を十分に契約時までに把握でき，適正に判断できる体制が整備されていない。例えば，建物検査制度の未整備，不動産専門情報を収集する専門家[*2]が存在していないことなどがある。さらに，売主側らす

---

*2 アメリカのエスクロー，イギリスのソリシターなどをさす。

れば，瑕疵担保の売主責任のもとで，既存建物を購入し，大規模なリノベーションやコンバージョン物件を販売する上での瑕疵担保責任は大きい。ゆえに，売主のモチベーションが高まらない。そこで，買主責任体制を強化することが必要になるが，そのためには取引時の適正な情報開示の推進が必要である。

＜ストック型社会に対応した建築行政・法制度＞

第六に，利用用途により建築基準法や消防法上の規定に相違があることの問題がある。

現状では，採光など住宅と事務所の規定の相違がコンバージョンのネックとなっているが，建物利用者の安全や健康を考慮すると，こうした規定の相違自体が問題である。時代や社会の変化に応じ，建物の用途や形態を変えるためには，むしろこうした差を取り除くことが必要である。

第七に，建物の修繕・建替えが所有者の自由な経済活動の一環として行われる問題がある。

わが国では使える建物でも所有者の意志により自由に建替えが行われる。その一方では適正な維持管理が行われていないケースもある。地域に与える影響や地球環境問題を考えると，これからは建物の社会性を強化し，建物修繕勧告の実施など，建物の適正な維持管理への公的介入が必要である。

第八に，地区レベルで単体の建物が位置付けられていない問題がある。

建物が長く生きつづけるなかで建物を取り巻く環境が変化する。その変化を個別建物単位で解決するのが困難なケースがある。例えば，集合住宅の共用施設の整備規定などである。駐車場の設置義務をはじめとし，単体建物内でそれらを付置することが難しい事例も多い。これらは地区レベルで問題が解決できるように，建物の個別解決から地区レベルで対応する体制づくりが必要である。

3.1.7 コンバージョンが示唆する新しい居住形態と建築・不動産法制度の課題

上記の阻害要因がありながらもコンバージョンは行われている。それはなぜか。そこには，新しい居住への課題と，建築・不動産制度への課題が示されている。

(1) コンバージョンが示す居住への課題

コンバージョン住宅は，新しい居住形態，居住形態の多様化に対応している。

第一に，住戸プランの多様化・個性化への対応である。

コンバージョン住宅は，階高の高い空間のスケルトンからの住戸プランづくりとなる。そこでは，人々にプランづくりへの参加を促す。従来みられなかった個性あるプランが可能となる。また，新規の建設よりも短期で工事が行える。そのため，賃貸住宅においても可能な仕組みを提示できる。しかし，現在いくつかの壁がある。

一つは，住み手自身がはたして空間をデザインできる能力を持っているのか。自己内に眠る・潜在する住要求を，形におきかえる作業は簡単ではない。そこには，専門家の支援が必要となる。二つめには，建物の当初のつくり方が，将来変更を考慮したものとなっていない。スケルトンとインフィルの分離が行われていない問題がある。三つめにはそれを支援するだけの法・制度が整っていない。この場合には，建築確認や工事完了検査制度がスケルトン部分とインフィル部分の分離によるスケルトンの社会化とインフィルの可変性に対応できるように2段階に必要となるが，現行制度はこれに対応できない。

第二は，多様な共用施設への対応である。

コンバージョン住宅の共用部分には大きな特徴がある。それは，廊下や階段といったスペースはできるだけおさえられながらも，各専用スペースに取られない空間の共同化(洗濯スペースなど)や，特徴ある共用空間(アトリエなど)

を持ち，他とは違う，あつまることのメリットを生かそうという意向がみられる。

第三は，多様な利用形態への対応である。

コンバージョン住宅は，1家族で1住宅を長期で利用する「普通の住まい」は少ない。単身用，事務所兼住宅，短期利用，複数住宅利用といったものに対応している。つまり，コンバージョンは，固定化できない利用形態，多様な利用形態に対応するフレキシビリティの高い空間を提供している。

(2) 建築技術・不動産法制度への課題

コンバージョンが示唆しているのは，建物が長く生きつづけるための課題ともいえる。利用者や利用形態，社会状況の変化のなかで生きつづける建物になるにはどのような課題があるのか。

第一は建物の当初のつくり方や改修技術の向上である。

スケルトン・インフィルにわけての建物建設の必要性はすでに指摘されていることである。さらに，改修技術の向上が求められる。諸外国でみたコンバージョンには，多様な改修技術がみられた。例えば，イギリスでは増築や減築による建物デザインの変更，ドイツでは古いものを覆いこんだ新建築である。古いものを活かしながらの新しい建築，そこには従来の建物維持概念をはるかに超えたメンテナンス・デザインが求められている。

第二は建物の共同利用のルールの確立である。

建物の共同利用ルールがより一層必要となる。コンバージョンが，建物の部分的に行われることが今後はますます増えるであろう。わが国では用途利用規制が緩やかであるために，その時々の不動産の収益性に委ねられて事務所と住居などの用途が混在することになる。そのことにより居住上・利用上の問題が生じる。とくに賃貸不動産の場合には近隣居住者の承諾も必要としないために，所有者の経営方針で部分コ

図-3.1.3 ドイツ・ベルリンの分譲マンション
100年以上前のホテルが戦争で破壊されたために，そのホテルの4階までの部分を残し，それを上から覆う形にし，吊り構造した新しい建物は11階建てとなっている。

図-3.1.4 イギリス・ロンドンのコンバージョンマンション
築40年の時点でコンバージョン。上部を増築し，建物のデザインも変化させている。

ンバージョンが行える。一方では，わが国では借家人の権利保護が強い。そのため，建物の空室部分が多い場合でも，建物全体のコンバージョンには結びつきにくい。そこで，建物全体が適正な利用を図られるためには，建物の利用者間の共同利用ルールが必要となる。つまり，建物の共同利用の場合には個別利用権と全体利用権の調整のルールをつくることである。賃貸用不動産の場合には，所有者(賃貸人)対賃借人と

いう1対多対応の関係があるが，利用者間の調整，および利用者で全体の方向を決定するルールがない。区分所有では，共同の利益と個人の利益のバランスが決められ，多数決で建替えを決議でき，所有権すら奪われる仕組みが存在する。しかし，区分利用では，存在していない。ゆえに，個人の利用権が全体の利益を阻害するケースも出ている。不動産の視点が「所有」から「利用」に移行する上では，利用者が主体となった管理・利用の共同化のルールが必要である。

第三は建物の新しい所有形態，経営形態の創設である。

集合住宅のあらたな所有制度が必要である。コンバージョン住宅では，所有者が工事費用を捻出するために，建物を部分的に売却するという区分所有化の進行がみられるが，単一所有から区分所有化といった細分化方向のみが行われ，所有形態に可逆性がない。

安定した居住のための，長期利用権の検討等，可逆性をもつ所有形態の検討が必要である。

その一方で，多くのコンバージョンは所有者の変更，または経営者の変更を伴っている。つまり，わが国では，所有者が経営者となり，管理を行うことが前提となっている。そのため，経営能力のない所有者は所有権を手放すことになる。所有と経営の分離，所有，経営，利用の関係のあらたな関係が求められている。

第四は新たな専門家・専門家集団の育成である。

コンバージョンでは，新たな専門家・専門家集団の活躍がみられる。建物のトータルマネージャーである。コンバージョンには，不動産の総合的なマネジメント能力が問われる。こうした建築と不動産を総合的にマネジメントできる専門家の育成が必要である。

そして，最後に必要なものは，私たちの価値の共有である。

一つめの価値は，物理的に存在する建物は社会的資産である。イギリスやドイツなど，建物保存登録制度が存在し，建替えが勝手にできない建物も多い。こうした建物は景観を考慮した上で，改修をすることになる。ここに建物の維持管理に一定の公的関与がみられる。わが国でも，この数年の傾向として，例えば，私有財産であるはずのマンション管理・建替えに，マンション管理適正化法やマンション建替え円滑化法が示すように一定の公的関与が位置付けられるようになった。しかし，それは主には「区分所有」という複雑な所有関係の支援であり，建物の社会性が位置付けられ，かつそれに基づく具体的な施策が実践されているとはいいがたい。建物は都市の重要な構成要素の一つであり，その適切な維持は，それだけで十分に意味があることの価値の共有や実現体制が未整備である。

二つめの価値は，建物の利用・管理行為は個人的行為ではなく，社会的な行為である。日本のマンションの管理問題で用途混在による問題がある。あるマンションのなかで，住戸がオフィスに転用される。居住用と非居住用のミックスによる問題がある。この点については，ドイツでは，もともとBプランで用途混在の可能性が決まっているが，さらに住戸の用途転用でも新たな「建築許可」が必要である。実質的には，近隣住民の意見を反映する必要があり，法的に可能な場合でも，実態では難しくなっている。イギリスでも用途変更についての計画許可は，近隣等への情報公開および意見を聴取し，都市計画や居住空間としてのアメニティを十分に検討した上で行政が決定する。そして，イギリス・ドイツともに「許可」が必要となる。大規模改修工事もイギリス・ドイツでは「許可」対象となり，その情報がストックされる。つまり，用途転用，改修・修繕ともに行政が関与しているのである。コンバージョン等の行為が，良好な居住環境の提供，都市環境改善に寄与するには，それを住宅・居住政策・都市計画の中で位置付けられなければならない。

以上のように，住宅の「都市」での位置付けの強化，そのなかで，建物の所有と経営，利用，管理の新たな関係をつくりあげたマネジメントシステムが，ストック型社会では必要である。

3.2 オフィスビルから集合住宅へ

表-3.1.1の分類に従い，集合住宅へのコンバージョンの事例を紹介する。

3.2.1 部分コンバージョンの事例

ケース1：貸事務所から家族用住居へ（パターン1）

東京都都心部の千代田区や港区では居住人口の減少は深刻である。その中で，自社ビルの最上階に所有者自らが居住する例は少なくない。本事例も，所有者が6階建ての1階を店舗に，6階を自宅にし（鉄骨鉄筋コンクリート造地下1階地上6階建），2～5階を貸事務所として利用していた。築15年経ったころ，3階の貸事務所が空きになった。そのとき，子供に結婚予定があったため，しばらく3階を空室にしておき，結婚の日程が確定した時点で3階のみを子世帯用の住宅にコンバージョンした。

コンバージョン前は，1フロア1室の賃貸事務所で，1フロアごとに水廻りとして湯沸室とトイレがあった。コンバージョン後の間取りは2LDK相当である（図-3.2.1）。床仕上げをスラブから15 cm持ち上げた二重床とし，防音性能を確保し，設備配管スペースとした。天井高は257 cmあるが，梁型が露出している。そのため，梁を避けてキッチンの吊り戸棚を配置する必要があり，キッチン位置に制約を受けることとなった（図-3.2.2）。ユニットバスはもとの水廻りをいかし，その位置に配置したが，梁下に位置するため，ユニットバスを現場で一部切り欠いて設置した。空調屋外機は冷媒管を延ばして屋上に設置し，天井隠蔽型屋内機のドレインは間仕切壁内で床に下ろして床下でパイプスペースまで排水した。2方向避難は屋外避難階段と避難用バルコニーにより確保している。

1フロア1事務所から1フロア1住居へのコンバージョンであるため，避難経路や共用部分と専用部分の取り合いをどのようにするかといった問題は生じなかった。しかし，主寝室には大きな開口部があり，明るさは確保されているものの，建築基準法に規定する採光基準は満たしていないという問題がある。

ケース2：貸事務所からマンスリーマンションへ（パターン2）

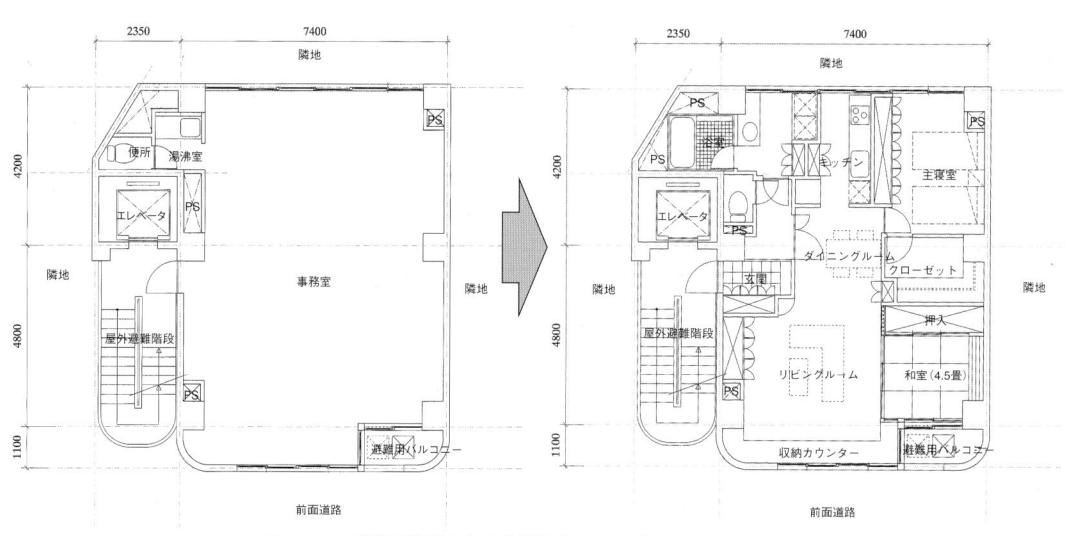

図-3.2.1 賃貸事務所から家族用住宅へコンバージョンした事例

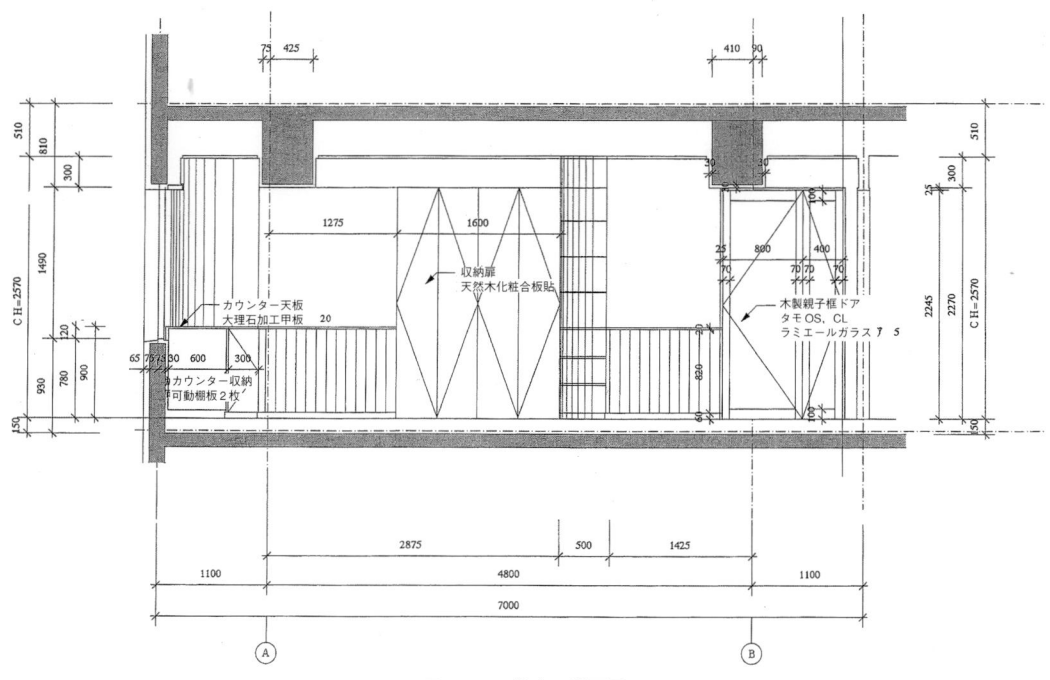

第 3 章　コンバージョンによる集合住宅への再生

図-3.2.2　住宅の断面図

　東京都の東村山市にある築10年の4階建て鉄骨造の事務所ビルである。所有者は1階を店舗、4階を住居として使い、2階と3階を貸事務所としていた。2階は塾として貸していたが、塾が出て行ってからは、借り手がなかった。そこで所有者が賃貸仲介不動産会社に、住宅へのコンバージョンを相談した。しかし、住宅とするには多様な法規制との関係から難しく、そのためマンスリーマンションとした。

　コンバージョン改修工事は、既存の内装、設備を撤去して、3室のマンスリーマンションの専用室に区切り、各室にミニキッチン、ユニットバス、洗濯機パンを設けた。設備配管は、1室についてはもとの共用部分のものを利用し、2室については増設した。排水は室内で勾配を取ることが困難なため、おのおのの設置場所近くで屋外に出し、外壁沿いに排水管をまわして勾配をとりながら排水枡までのばした。内部の間仕切りは利用可能なものをできるだけ利用し、必要に応じて増設する。フロア貸しであったものを3室に分割したため、新たな共用部分（第2共用部分）ができる結果となった（図-3.2.3）。

　こうしてできたマンスリーマンションは、所有者から管理会社が一括借上げし、賃貸経営をしている。工事費は内装に関しては所有者が負担し、その他の部分は管理会社が負担した。さらに、所有者に家賃の1年分を前払いしている。それは所有者の投資リスクを管理会社が補完するためである。

　できあがった居室は、安全面では必要最低限の水準である。居住面では十分な採光がとれない部屋がある。管理面では、建物全体をフロアで区切って利用することが考えられていなかったため、共用部分と専用部分の分離が困難となっている。例えば、増設した第2共用部分の電気代が当初は特定の専用部分に含まれていた。しかし、メーターを利用者ごとに設置するのは困難なため、水道光熱費は定額料金とすることにした。また、居住施設として必要な自転車置き場やゴミ置き場といった基本的な施設が整備されていない等問題がある。

【コンバージョン前】　　　　　　　　　　　【コンバージョン後】

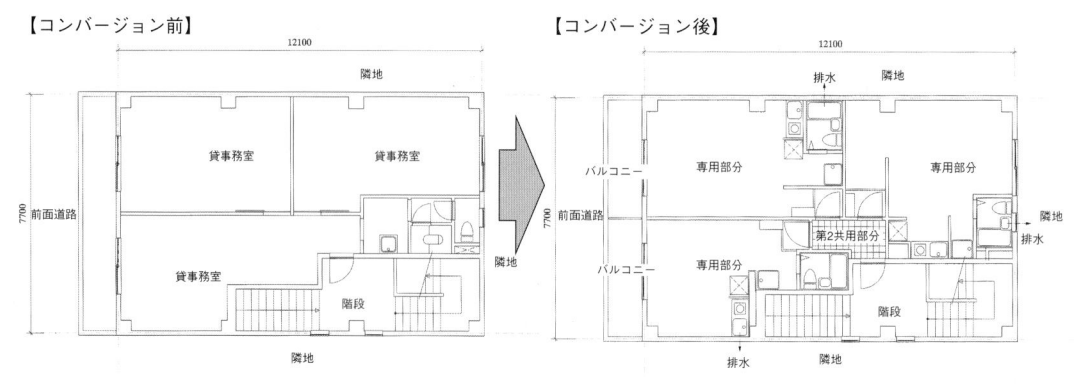

図-3.2.3　貸事務所からマンスリーマンションへコンバージョンした事例

3.2.2　全体コンバージョンの事例

ケース3：事務所ビルから単身者用住宅へ（パターン3）

　港区の新橋にある鉄筋コンクリート造6階建ての築21年の事務所ビルである。もともと事務所ビルであったものを，所有者が部分的に工事をし，1家族で1棟を使って住んでいた。その後，債権回収のために売却されることになった。これを購入した不動産業者がコンバージョンし，賃貸住宅のテナントをつけて転売する，投資家向き賃貸用集合住宅とした。コンバージョン事業者は，非居住用から居住用にする際のネックとなりやすい採光規定・窓先空地，2方向避難確保などの建築基準法や消防法の規定に適合することを確認した上で，コンバージョン用物件として購入している。

　コンバージョン後は，1階は車庫，2階から5階までは1フロア2住戸の賃貸マンションとなった。コンバージョン改修工事は，1階エントランスに銘板，自動ドア，集合郵便受けを新設し，エントランスの奥に自転車置き場を新設した。共用部分の内装は基本的に仕上げ・下地を撤去して，新設した。賃貸用物件であることから外観を重視する一方コストを考慮し，外装はコンクリート打ち放しを模したシート貼りとした。住戸内も天井や壁・床は，既存仕上げ・下地とも撤去のうえ，新設している。住戸内には洗面台・トイレ・キッチンを新設したが，美観や空間の拡がりを重視して器具を選定している。工事全体は使えるものは使い，改修工事をできるだけ抑え，費用のかからない方法を採用している。そのため，外部サッシなどはそのまま利用しており，都心部の居住用としての遮音性はかならずしも十分ではない。また，事務所では3.1 mあった天井高は，住宅では2.4 mとなっている。そして，居住用にコンバージョンしたものの，現実には現入居者はすべて事務所として利用している。

ケース4：事務所ビルから分譲マンションへ（パターン4）

　東京都文京区の後楽園駅から徒歩9分に立地する事務所ビル（鉄骨鉄筋コンクリート造8階建て）。自社ビルで最上階とその下は所有者の自宅であったが，その後，当物件は競売になり，新所有者によって購入され，1棟ごと事務所として利用されていた。築10年の時点で，再度売りに出され，それを購入した業者（不動産業者）がコンバージョンし，分譲マンションとして販売した。コンバージョン事業主は，非居住用から居住用にする際のネックとなりやすい採光規定・窓先空地，2方向避難確保などの建築基準法や消防法の規定に対応可能であることを確認した上で，コンバージョン用物件として購入している。1フロア1住戸（住戸専有面積139〜182 m²）のフリープランの分譲マンシ

ョンとして販売を開始した。

　コンバージョン改修工事は，設備は位置を変更するなど全面的に取替えている。床は，梁を補強して二重床にし，遮音性能をあげる。キュービクルを取り替え，オール電化にしてガスは使用しないようにする。各住戸は間取りを決めず，フリープランとする。共用部分の改修工事は1階に駐車場を増設，エントランスドアの変更，メーターボックスの移動，ゴミ置き場の新設等。同一グレードの新築マンションに対して約80％の分譲価格となるように，解体・改修工事コストを見積もって工事内容を決めている。2方向避難を考え，1フロア1住戸とした。

　コンバージョンであることをいかし，住戸は完全フリープランで分譲することを考えていた。しかし，購入希望者はがらんとしたスペースをみせられても住戸プランを想像するだけの力はなく，そのため販売を促進するためにモデルルームが必要になり，予定外の経費がかかる結果となった。区の福祉のためのまちづくり規定に適合するために，避難通路の幅やスロープ設置が問題となった。さらに売主の瑕疵担保責任を考え，徹底して修繕を行う必要があった。また税法上の取扱いが新築住宅か中古住宅か明確でなく，こうした交渉に時間がかかっている。

ケース5：事務所ビルから分譲マンションへ（パターン4）

　ケース4と同じく文京区にあり，最寄駅は駒込駅で，徒歩7分に立地する。鉄筋コンクリート造12階建てで，コンバージョン前は，フロアごとの貸事務所であったが，事務所としての立地が良くないため，12階以外は空室となっていた。それを不動産業者が買い取り，賃貸事務所ビルとして経営しようとした。しかし，3か月たってもやはり事務所としての借り手がつかないことから，コンバージョンしてマンションとして分譲することにした。1フロアの床面積が大きい（住戸専有面積149～276 m^2）が，採光や避難のことを考えると，1フロアを複数住戸に分割することは不合理で，大型の高級マンションを目指した。近隣の中古マンションと価格を比較した上での販売戦略をたてている。当初はフリープラン分譲も考えた。しかし，プレセールスを行ううえで，フリープランでの販売は手間隙がかかる割にはニーズがそれほど多様化していないと判断し，10種類のプランを考え，これを提示して販売を行った。築11年の時点でのコンバージョン改修工事となった。

　具体的な工事の内容として，設備は，動力供給のため変電室を地下に設置した。給排水には既存の受水槽や高架水槽は使わず，ブースターポンプ方式を採用した。しかし，撤去費用がかかるので受水槽や高架水槽はそのまま残してある。排水管はやり直し，CATVの設備は新たに設置した。床や天井は基本的には撤去し，あらたなものとした。事務所用であったためエレベータは2基あったが，入居後の管理費が高くなることを考え，1基とした。結果，管理費は事務所利用のときの46％まで削減できた。ガスは各階まで引いた。そのほか，区分所有とするために，共用部分の点検は，専有部分を通過しなくてよいように工事をしている。なお，集合住宅の指導要綱等による駐車場整備については，敷地内に設置できなかったために，近所の駐車場を借りることで認めてもらった。

　コンバージョンを行い，分譲することに伴う最も大きな課題は，表示登記（区分所有）を行う前に，提携銀行ローンの内定を取ることであった。購入者は銀行ローンがないと購入が難しい。しかし，購入者が決まらないと，分譲し，区分所有の表示登記ができない。そのため，分譲の際に提携の銀行融資をどのように取り付けるのかが大きな課題であった。また，売主の瑕疵担保責任を明確にするために，改修工事に関して徹底した情報開示による契約とした。購入者の融資や税に関しては，中古マンション扱いとな

ケース6：社員研修施設から高齢者施設(老人ホーム)へ(パターン5)

東京都板橋区上板橋で，社員研修施設を有料老人ホーム(居室50室)にした例がある。

流通業の宿泊研修施設として建設・利用されていた建物であったが，1棟ごと借りていた借主が経営上の理由から解約することになった。築約30年であることから，再度，同用途で一括借上げる賃借人があらわれる可能性が低く，建物の古さがあまり問題とならず，空間構成がいかせる有料老人ホームとし，サブリース会社が借上げ，管理・運営することとした。

コンバージョン改修工事は，研修者の宿泊室を高齢者の専用居室に，研修施設の共用部分を高齢者施設の共用部分として再利用する工事が行われた。具体的には，専用居室は区画はほぼそのまま利用し，ドアを開き戸から引き戸に変更し，ナースコール，スプリンクラー，エアコンを設置した。共用部分については，食堂，厨房，浴室，便所は継続利用のための最低限の工事を実施している。浴室には手すり，スロープ，リフト等を設置して高齢者対応とし，便所は車椅子対応とした。研修室は機能訓練室，小研修室はラウンジに転用し，エレベータがなかったため，建築物の外側にエレベータ1基分の昇降路を増設した。

改修工事費は類似施設を新築する場合の約1/3程度である。工事費用は，エレベータ新設工事費が全体の8％，スプリンクラー新設工事費が全体の24％である。

改修工事は利用可能な部分には極力手を加えない方針が採用された。そのため，専用部分入口は開き戸から引き戸にしたが，躯体部分に手を加えなかったため，開口幅が70cmであり，車椅子の通過，とくに電動式の車椅子の通過には不十分な状態である。またエレベータを1基設置したが，1基では搬送能力が低く，現実には待ち時間が長くなっている。避難階段に，痴呆症老人のための転落防止用の移動家具が設置されているため，災害時には防火扉が自動閉鎖できない。またスロープの設置が困難で，階段の上がり降りを強いられる部分がある。必要最低限の工事であるにもかかわらず，工事実施には多額の資金が必要となるため，サブリース会社が事業費を負担している。

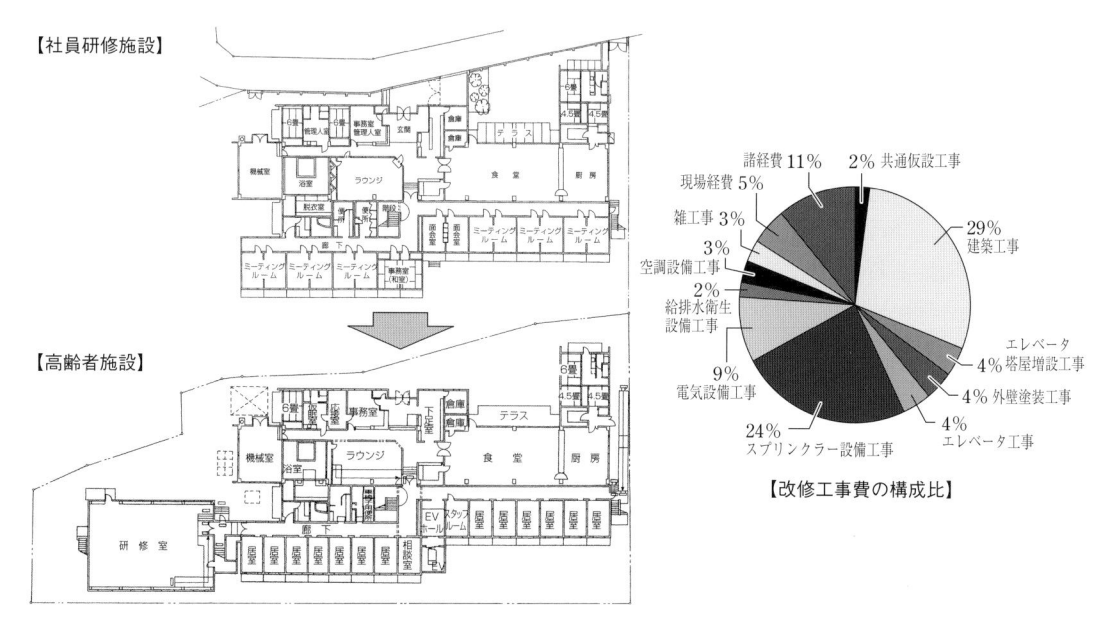

図-3.2.4 社員研修施設から高齢者施設へコンバージョンした事例

3.3 社員寮から集合住宅への
コンバージョン

3.3.1 はじめに

　オフィスビルの空室率の上昇から、空きオフィスビルを住宅にコンバージョンしようという動きが盛んになってきている。たしかに、地球環境の側面からみれば、コンバージョンにより建物の有効活用を図ることができれば、それに越したことはない。しかし、事業面からみれば、コンバージョンを施した建物の商品価値が、コンバージョンにかけるコストに見合ったものであることが重要である。もちろん、条件を満たした成功例は数多いのであるが、除却して新築した方が投資効率が高いために、コンバージョンをあきらめざるを得ない場合も少なくない。

　それでは、コンバージョンにかけるコストをもっと切り詰め、本格的コンバージョンではなく、古い設備の多くをそのまま流用するレベルの簡易なコンバージョンを目指したらどうであろうか。この場合は、ハードウェアだけとってみれば、新築建物には大きく見劣りすることにならざるを得ない。ただし、投下コストが小さいことから、家賃の割には広いスペースを提供することができる可能性がある。ここでは、こうしたコンバージョンを、「プチ・コンバージョン」と呼んでみたい。プチ・コンバージョンの実現可能性は、これを市場がどのように評価するかによるであろう。以下では、コンバージョンにより、他用途の建物を賃貸アパートとして再生した事例をみてみたい。

3.3.2 プチ・コンバージョンの事例

ケース7：社員寮の活用事例（東京都立川市）[*10]

　社員寮は、かつては新入社員採用のための武器のひとつであったが、近年では若年層の個室指向の高まりなどにより、その稼働率は低下傾向にある。企業にとっては、社員寮を維持するよりも、社員に対して家賃補助を行う方が、経費の負担を軽減できるケースも多いだろう。しかし、だからといって、不動産価格が低迷する現在、社員寮を売却処分するという決断はしにくい状況にある。当面の間は建物を保有したまま、有効活用して収益を得ることができれば好都合である。

　本物件は、精密機械メーカーの社員寮・研修所として1980年頃に建てられたもので、なかなか魅力的な特徴を備えている。東京・立川駅から歩いて20分ほどの広大な敷地に、4階建32室の本館、1階に大食堂と賄場、管理人室、2階に研修室を備えた別館、更衣室のある別棟が点在し、スポーツを楽しめる中庭もある。道路に面した緑も美しい（図-3.3.1）。

　社員寮を2002年に閉鎖した精密機械メーカーは、とりあえず4年という期限を区切って、その運営を不動産会社に委ねることとなった。4年目以降については現時点では白紙であるため、改修に多くのコストをかけることはできない。そのため、不動産会社は、新たに「アーティスト村」というコンセプトをたて、極力現状をとどめながら、本物件を賃貸アパートとして運営することとした。それにあたっては、充実した共用スペースをどのように活用して付加価値をつけるか、なおかつ、家賃を適正水準に設定するためには改修コストをどの程度に抑えるか、ということがポイントになる。

　本館の各室は、8畳に板の間が付設された和室で、かつては一部屋に社員4名が入居していた。これを個室にするとともに、各室にエアコンを装備し、さらにインターネット用ブロードバンド回線を引き込んだ（図-3.3.2）。しかも、ワンフロアは女性専用フロアとした。また、別館2階の広大な研修室については、パーテ

[*10] イチイ産業（東京都新宿区）から調査に関するご協力を得た。

ィションによって数区画に区切り，女性専用のドミトリーに改装した（図-3.3.3）。本館の個室は月額賃料が5万円（光熱費込）であるのに対し，ドミトリーは3万円に設定し，木賃アパートにも十分対抗可能な水準にしている。

本物件のコンセプトの中核となっているアトリエは，別棟の更衣室を転用して設けられた（図-3.3.4）。アトリエは，芸術家の入居を促し，文化的な雰囲気づくりを目指した試みであり，本館の個室よりひと回り広いフローリングの部屋が5室用意されている。入居者のうちの希望者は，これを月1万円の追加出費で借りることができる。通常の新築アパートでは，採算ベースからみてまず実現不可能な施設であろう。

個室にバス・トイレ・台所などの専用設備がない代わりに，社員寮時代の風呂場・大食堂・賄場等が，共用施設としてフルに活用されている。ただし，風呂場はシャワーだけの使用に限定するとともに，賄婦を廃止し，賄場に備え付けられている業務用の冷蔵庫，ガスレンジを，そのまま活用して自炊することを原則とした（図-3.3.5）。このため，大食堂の一角には，入居者各自が食材，調味料を保管するスペースが設けられている（図-3.3.6）。賄場での自炊，大食堂での食事は，入居者同士が顔を合わせ，相互理解を深める貴重な機会になっている（図-3.3.7，図-3.3.8）。

相互理解をさらに促進させる触媒の役割を果たすのが，管理室に常駐する管理人である。管理人は外国人が務めているが，入居者の入退居，家賃収受等の管理を行うだけでなく，中庭や大

図-3.3.1　本館と別館

図-3.3.2　個室

図-3.3.3　ドミトリー

図-3.3.4　アトリエ

第3章 コンバージョンによる集合住宅への再生

図-3.3.5 厨房

図-3.3.6 調味料等の保管スペース

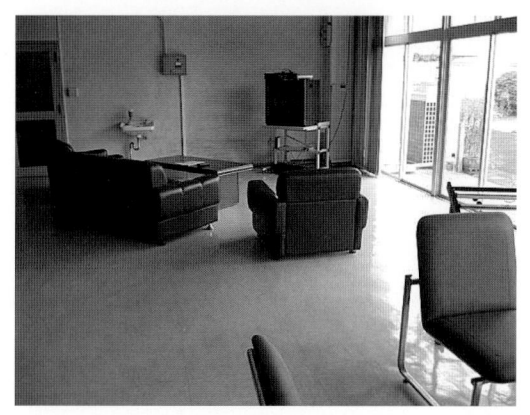

図-3.3.7 ロビー

図-3.3.8 大食堂

食堂において，バーベキューパーティーや誕生パーティーを企画・実施している。

4年という期限が設定されているため，賃貸借契約は定期借家方式によっている。契約期間は，2週間から1年までの間で，入居者の希望に応じて定めている。2003年4月に入居者の募集を開始したところ，広さ，共用施設等の付加価値の割には，家賃に割安感があるため，5月にはほぼ満室になった。アトリエも，目論見通りに画家をはじめとした芸術家が利用しており，全室が絵や彫刻で埋め尽くされている。インターネットを経由して入居者を募っているのも特徴であり，入居者のうち8割は日本人であるが，2割を外国人が占めている。

ケース8：ビジネスホテルの活用事例
　　　　　（東京都新宿区）[*10]

ホテルでは，建物を建ててから取り壊すまでの間に，建設費の数倍に上る改修費用を投下するといわれている。ホテルが高い稼働率を確保していくためには，このほかにインターネットによる予約サービスの充実など，さまざまな投資が必要になってきている。このような情勢から，小規模ホテルの経営環境は，たとえ立地が優れていても，しだいに厳しくなってきている。

本物件は，東京・新宿三丁目駅にほど近い至便な場所に立地するホテルでありながら，抜本的な改修を行わないままに30年以上が経過していた（図-3.3.9）。バス・トイレ付きのビジネスホテルが主流になる中で，一部の部屋を除

101

いてはバスなしであったことから，ホテルとしての商品価値は低落していた。しかも，室数はわずか11室であり，効率化を図ることは困難であった。

しかし，ホテルとしては小規模で非効率であったとしても，アパートとして運用するには特段の支障はない。幸いにして，国際化が進む新宿周辺においては，外国人を含む居住ニーズは増大している。このため，次のような改修を施し，アパートに業態を転換することとした。

まず，外国人のニーズに合わない共同浴場を廃止し，3ブースのシャワールームに改造した（図-3.3.12）。これに並行して，一部の部屋に設置されていた浴室を廃止した。各室はおおむね6畳大であるが，全室にエアコンを設置し，ブロードバンド回線を引き込むとともに，ふとんも備え付けた（図-3.3.10）。また各室には洗面所設備しかないため，1階のロビースペースにソファ，シンク，ダイニングテーブルを設置し，入居者が自炊および食事ができるようにした（図-3.3.11）。このスペースは，入居者間の相互交流のためにも役立っている。

小規模物件のため，管理人は巡回方式であり，賃貸借契約は定期借家方式である。家賃は周辺相場より割安な月額8万円に設定されており，現在はほぼ満室で稼働している。

3.3.3 本格的コンバージョンの事例
ケース9：分譲マンションの活用事例
（東京都港区）

1980年代後半のバブル経済期には，都心部において地上げが盛んに行われた。分譲マンションもその例外ではなく，古くなり陳腐化したマンションをターゲットにして，不動産会社が住戸の買収を進めた。全住戸の買収に成功し，建物を除却して土地を転売すれば，多額の差益を得ることができるわけだが，不動産会社の目論見通りに地上げに成功したケースはさほど多くない。

図-3.3.9　外観

図-3.3.10　個室

図-3.3.11　ロビー

図-3.3.12　シャワールーム

本物件は，東京・元麻布の閑静な住宅街に位置している築40年の分譲マンションであった。バブル経済期には，すでに建築後25年以上が経過していたため，不動産会社による集中的な買収攻勢に見舞われ，ほとんどの住戸が買収された。しかし，全戸の買収には失敗し，不動産会社が管理を放棄してしまったため，建物はスラム化の一途をたどった。その後，バブル経済の崩壊により，不動産会社が倒産に近い状態に追い込まれたため，10年以上の長期にわたって，廃墟に近い状態のまま放置されていた。

その後，別の不動産会社が全館を買い取り，全面的に改修を行い，家具付きマンスリー賃貸アパートとして再生した（図-3.3.13）。エントランスにはオートロックが装備され，室内にはテレビ，エアコン，洗濯機，電子レンジ等を備え付け，面目は一新された。高経年物件であるにもかかわらず，立地を反映して，10坪のタイプでも月額賃料は24万円（光熱費込）に上る。

3.3.4　不動産開発におけるコンバージョンの位置づけ

プチ・コンバージョンは，わが国の不動産開発における主流，すなわち，法定容積率限度の建物を新築するという手法の対極にあるものである。のみならず，投資額を圧縮して低廉な家賃を実現しているという点において，本格的コンバージョンとも大きな差異がある。分譲マンションが，低金利を追い風として，賃貸アパートの家賃並みの返済額をセールスポイントとしている現在，賃貸アパート市場には逆風が吹いている。それにもかかわらず，プチ・コンバージョン物件がほぼ満室稼働しているということは，市場でプラスの評価を受けていることを示しているといってよい。新築よりもアフォーダブルであり，木賃よりもコンフォータブルな住宅の市場が，新たに創造されたのである。

プチ・コンバージョン物件のもう一つの特徴は，その仮設性にある。賃貸借契約はすべて定期借家方式によっており，物件の永続性は否定されている。プチ・コンバージョンは，あくまでも経過的な方策であり，当面はリスクを冒してまで高額の収入を期待しない代わりに，経営の安全性と将来にわたる資産保全を選択しているわけである。建物所有者は，将来にわたって，本格的コンバージョンや建替えを行う可能性を放棄したわけではない。

借家人にとっては，プチ・コンバージョン物件への定期借家契約の導入は，一見，望ましくない事態であるように映るかもしれない。しか

図-3.3.13　外観

し，定期借家制度がなければ，建物は改修されることなく取り壊されてしまった可能性が高い。今後，プチ・コンバージョン物件が一般化し，賃貸市場に豊富に流通するようになれば，借家人にとっては，アフォーダブルな住宅に入居する機会の増大という，プラスの側面がクローズアップされてくるであろう。

◎参考文献

1) 国土技術研究センター：都市・居住環境整備基本計画策定調査，2002.3.
2) 建物のコンバージョンによる都市空間有効活用技術の開発研究，平成13年度成果報告会資料，2002.6.
3) 建物のコンバージョンによる都市空間有効活用技術の開発研究，法律及び不動産評価方法の問題に関する調査報告，2003.3.
4) 齊藤広子：マンションにおける所有権・管理方法の初期設定が入居後の管理に及ぼす影響，日本建築学会計画系論文集，572号，p.123-129，2003.10.

第2編

公的集合住宅にみる再生アイデア

第4章 公営住宅のストック活用と改善事業の展開

4.1 はじめに

　公営住宅ストックは2003年度現在約218万戸に達し、全住宅ストックの約5％を占めている。これらの既設公営住宅のうち、初期に供給されたものは、現在の住宅水準からみて低水準のものが多く、適切な改善等の実施により、「住宅に困窮する低額所得者が、健康で文化的な生活を営むに足りる住宅」として整備し、良質なストック形成を図ることが必要である。

　公営住宅の改善等については、従来、耐用年数の2分の1を経過したものについては建替による更新、建替えを行うほどの耐用年数の経過をみていないものについては、適宜、規模増や設備改修等の個別改善事業が実施されてきた。しかし今後、大量のストックが一斉に更新時期を迎え、建替えのみによる更新が困難となること、または地球環境制約の増大により住宅ストックの長命化を図ることが社会的に要請されていることなどから、地域の公営住宅ストックの実状を踏まえたストックの効率的かつ総合的な活用による整備が必要となってきている。

　本章では、これまでの公営住宅の改善に係る制度について具体の事例を踏まえつつ概観するとともに、現在新たに展開されている公営住宅のストック活用に係る制度について紹介する。

4.2 既設公営住宅の更新・改善に係る制度

　既設公営住宅の更新・改善を図る制度としては、建替え事業による更新と、個別改善事業による改善とがある。

4.2.1 建替え事業

　公営住宅の建替えには、法定建替え（公営住宅法第2条第15号）と任意建替えがある。法定建替えも任意建替えも老朽し、維持管理が不適切となった住宅を対象とし、耐用年限の2分の1（耐火構造では35年）を経過していること等を要件とする点では同様であるが、法定建替えでは、施行区域が市街化区域等に限定され、新しく建設される住宅の構造・戸数にも基準が設けられていることや、事業の円滑な遂行を図るため、入居者に明渡し義務を課す一方で再入居を保障している点に特徴がある。これに対し、任意建替えは、施行区域や新しく建設される住宅の構造・戸数等に制限がなく、公営住宅の用途廃止の承認を受け、その跡地等での新規建設を任意に行うものである。

　近年、適正立地における用地取得が困難となっており、用地取得を伴う公営住宅の新規供給は減少し、建替えによる供給が中心となってきている。現在、昭和30年代以前のストックから順次建替えが行われており、最近10年間における建替え戸数は全国で約25万戸である。

4.2.2 個別改善事業

　公営住宅は当初、現在の水準からすれば著しく狭小な規模での供給が続けられ、浴室等の設備がないものも多数を占めていた。建替えを行うほどの耐用年数の経過はみていないが、規模増を図る必要のある住戸が多数存在していたことから、1974年度に、増築等による規模増改善を目的とする公営住宅改良事業が制度化され

た。また，既設公営住宅では，集会所，公園等が未整備なものなども多かったことから，1976年度には，附帯施設の整備等の環境改善を図る公営住宅環境改善事業が制度化された。同年，公営住宅住居良事業と公営住宅環境改善事業が，既設公営住宅改善事業として一本化され，1982年度以降，身体障害者および高齢者の利用に供するための設備等の改善，耐震性や防火性能の向上を図る安全性向上改善，外壁等の景観改善，設備改修などが同事業のメニューに次々と追加されてきた（表-4.2.1）。

現在までに，全国の多くの事業主体において，こうしたさまざまな改善事業が実施されてきている。

なお，公営住宅へのエレベータの設置については，「公営住宅等整備基準」が地上階数6以上の住宅へのエレベータ設置を一つの基準としていたため，階数が5階以下の公営住宅へのエレベータ設置は，高齢者等の通行の利便のために必要があるものを除きあまり行われてこなかった（公営住宅等整備基準は2002年5月に改正され，現在では新規供給の際には，原則として地上階数3以上の住宅にはエレベータの設置が必要とされている。）。一方，中層の既設公営住宅のバリアフリー改善（エレベータ設置事業を含む）は1982年度より制度化されているが，既設公営住宅へのエレベータ設置がとくに活発に展開されるようになったのは，高齢化の進展等の社会状況の変化への対応が喫緊の政策課題となってきた近年のことである。

なお，個別改善事業の実績については，全国ベースでの統計は不明であるが，ある府下の全事業主体における実績（戸数ベース）を集計すると表-4.2.2のようになる。住戸改善では，増築等の規模増，避難経路確保や台所の不燃化等の安全性向上，間取り変更や設備改修等の居住性向上を図る改善が多く，共用部分改善では外壁の仕上げ補修等の景観改善の実績が多くなっている。

全国で展開されている個別改善事業の具体的事例を次に紹介する。

表-4.2.1 既設公営住宅の更新・改善に係る制度整備の経緯

1969	● 公営住宅「建替事業」の新設
1974	● 公営住宅「住戸改良事業」の制度化 　　狭小な既設公営住宅の規模増（増築，住戸の2戸1化等）
1976	● 公営住宅「環境改善事業」の制度化（集会室，幼児遊園等の附帯施設等の整備・改善等） ● 住戸改良事業と環境改善事業の統合整理し，既設公営住宅「改善事業」を創設
1982	● 改善事業のメニューに身体障害者向改善を追加 ● 改善事業のメニューに高齢者向改善（床段差の解消，手すりの設置，エレベータ設置等）を追加 ● 改善事業のメニューに安全性能向上型改善（耐震性，防火安全性等）を追加 ● 改善事業のメニューに景観改善（外壁の仕上げ等）を追加
1989	● 改善事業のメニューに設備改修を追加（総合的な団地再生計画に基づくもの）

表-4.2.2 個別改善事業の実績（ある府下の全事業主体の合計）

	住戸改善				共用部分改善				屋外・外構改善	
	規模増	居住性向上	高齢者等対応	安全性向上	高齢者等対応	エレベータ設置	安全性向上	景観改善	高齢者等対応	住環境改善
実績	50 812	32 025	6 642	46 626	5 587	890	5 702	98 831	1 814	9 627
割合	20.9	13.2	2.7	19.2	2.3	0.4	2.3	40.6	0.7	4.0

注）平成14年度末時点。実績は戸数，割合は全ストックに占める改善実績の割合（％）

第2編　公的集合住宅にみる再生アイデア

■ 規模増改善(増築)の事例

建物の概要	建築時期：1957年　構造・形式：壁式RC造・階段室型　階数：4階建て 住戸数：24戸　住戸タイプ：2K　住戸面積：24.3 m²(バルコニーを含まない)
工事概要	①住棟南側への一部屋(4.5畳)増築と浴室増築(3K・43.2 m²) ②住棟アプローチの段差解消
実施年	1988年, 1991年
備　考	6畳の一部屋増築のタイプもある(住戸面積 24.3 m² → 49.9 m²)

【増築築前】　　　　　　　　　　　　【増築築後】

住棟南側への増築部分　　　　　　　既設部分から増築部分を見る

108

第4章 公営住宅のストック活用と改善事業の展開

■ 規模増改善(2戸1化)の事例

建物の概要	建築時期：1969年　構造・形式：壁式RC造・階段室型　階数：5階建て 住戸数：30戸　住戸タイプ：2DK　住戸面積：38.3 m²
工事概要	① 住戸の2戸1化(フラットタイプとメゾネットタイプ)による規模増(→戸数17戸) 　　高齢者タイプ　　　4戸　39.4 m² 　　フラットタイプ　　7戸　74.1 m² 　　メゾネットタイプ　6戸　73.2 m² ② 内装工事，設備工事，高齢者対応工事も併せて実施
実施年	1998年度

【改善前】
【フラット型2戸1改善】

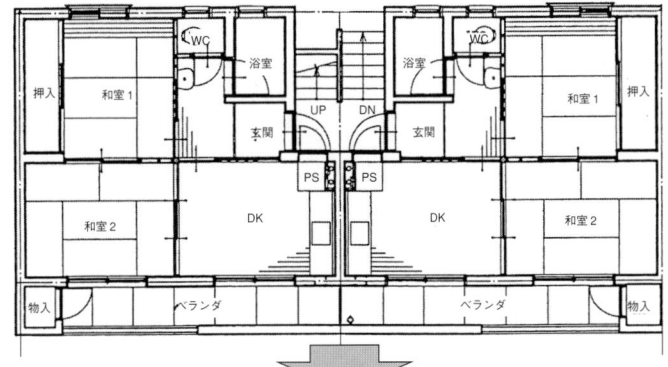

下階から上階への階段部分

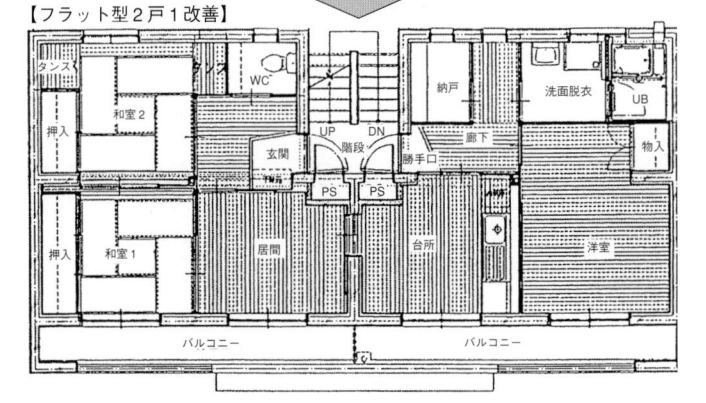

【フラット型2戸1改善】

階段を上がった上階ホール部分

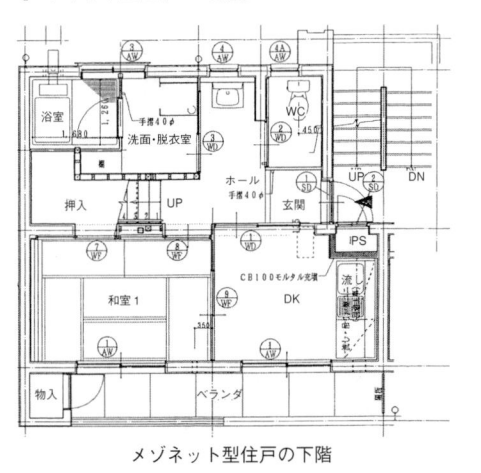

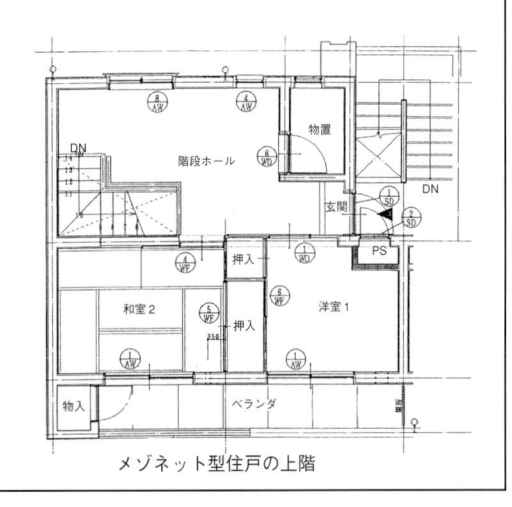

【メゾネット型2戸1改善】

メゾネット型住戸の下階　　　　　メゾネット型住戸の上階

109

■居住性向上改善(間取り改善・設備改善等)の事例

建物の概要	建築時期:1969年　構造・形式:壁式RC造・階段室型　階数:5階建て 住棟数:3棟　住戸数:100戸　住戸タイプ:2DK　住戸面積:33.5m²
工事概要	① 間取り改善(和室の洋室化) ② 設備改善(台所,便所,浴室,給排水管取替え,レンジフード設置,3点給湯設置等) ③ 高齢者対応(室内のバリアフリー化,廊下型住棟へのエレベータ設置等)
実施年	2001年度

【改修前】

- 段差がある
- 居室はすべて和室
- 洗濯機置場,脱衣スペースがない
- 便所と浴室が一体

【改修後】

- 段差の解消
- ライフスタイルの変化に対応
- 避難通路の確保
- 手すりの設置
- 洗濯機置場,脱衣スペースの設置
- 高齢者対応ユニットバス
- アルミサッシ化

改善前の台所と浴室

改善後の台所・便所・浴室

第 4 章　公営住宅のストック活用と改善事業の展開

■ 高齢者向け改善（廊下型住棟へのエレベータ設置）の事例

建物の概要	建築時期：1969 年　　構造・形式：壁式 RC 造・階段室型　　階数：5 階建て 住棟数：3 棟　　住戸数：100 戸　　住戸タイプ：2DK　　住戸面積：33.5 m^2
工事概要	① 廊下型住棟へのエレベータ設置（住棟に 1 基のみ設置） ② 住戸内の間取り改善，設備改善，バリアフリー改善等も併せて実施
実施年	2001 年度

外廊下住棟への EV 設置　　　　　EV 出入口部分と 1 階廊下・EV 出入口へ至るスロープ

■ 高齢者向け改善（階段室型住棟へのエレベータ設置）の事例

建物の概要	建築時期：1967 年　　構造・形式：壁式 RC 造・階段室型　　階数：5 階建て 住戸数：30 戸(3 階段室)　　住戸タイプ：2K　　住戸面積：32.5 m^2
工事概要	① 階段室型住棟への踊り場着床型エレベータの設置（各階段室に 1 基ずつ計 3 基設置。エレベータ出入口から住戸玄関までは階段を半階分昇降する）。
実施年	1994 年度

階段踊り場への EV 設置　　　　躯体との接合部分　　　　各階段に EV を設置

■ 高齢者向け改善(階段室型住棟へのエレベータ設置等)の事例

建物の概要	建築時期：1966 年～　構造・形式：壁式 RC 造・階段室型　階数：5 階建て 住戸数：30 戸　住戸タイプ：3K　住戸面積：40.4 m^2
工事概要	① 階段室型住棟の北側にエレベータ棟と廊下棟を増築 ② 廊下棟の一部に玄関，浴室，洗面脱衣場を増設(→住戸面積 45.7 m^2) ③ 間取り変更(2DK)，設備改修，住戸内バリアフリー化，景観改善を併せて実施
実施年	1994 ～ 1995 年度

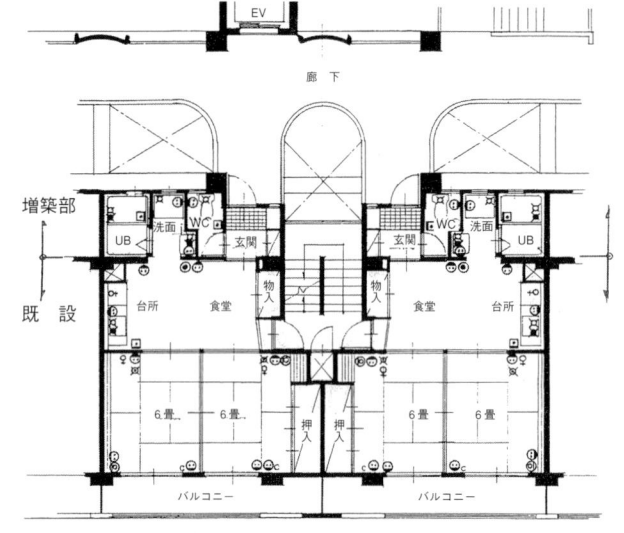

階段室型住棟の北側に廊下棟を増築し，ここに着床するエレベータを設置している。廊下棟の一部に玄関，浴室，洗面脱衣場を増設している(従前の玄関は勝手口として使用)。同時に，住戸内の間取り変更や設備改修等も実施。

EV 棟と外廊下棟の増設部分

住棟裏側から見た増設部分

増設した外廊下棟の内部の様子

4.3 公営住宅ストック総合活用計画の創設

4.3.1 背景

既設公営住宅ストックは現在約218万戸に達するが，そのうちの約4割に当たる約82万戸が昭和40年代に供給されたストックであり，今後，これらが一斉に更新期(耐用年数の2分の1の経過)を迎えることになる。建替え事業のみでは，膨大なストックの適切な更新を図ることが困難な状況にあり，加えて，地球環境制約の増大等により，ストックの有効活用を積極的に図り，建物の質や価値を長持ちさせていくことが社会的に要請されている。

こうしたことから，耐用年数の2分の1を経過したストックについても，単に建替え事業により更新を図るのではなく，一定の性能を保持することが可能な建物等については，躯体を有効活用しつつ改善事業を積極的に進め，一方で，建替え事業の対象の適正化を図りつつ事業量を調整していくことが求められる。すなわち，建替え事業とストック活用による改善事業等の多様な取り組みにより，ストックの計画的かつ効率的な改善を図っていくことが課題になる。

このため，平成12年度に「公営住宅ストック総合活用計画」が創設され，各事業主体(地方公共団体)は，地域の公営住宅の実状や需要を踏まえたストック活用を総合的に行うこととなった。

4.3.2 ストックの活用手法

ストック総合活用計画に定める公営住宅の活用手法には，①建替え，②全面的改善(トータルリモデル)，③個別改善，④維持保全，⑤用途廃止，等がある(表-4.3.1)。

4.3.3 制度の内容

公営住宅ストック総合活用計画は，各事業主体が管理する公営住宅の実状(管理戸数，居住水準，居住者の状況，団地属性，従来の取り組み等)と需要(地域における将来人口，空家・応募の状況，所得水準等)を踏まえ，既設公営住宅のストック活用の目標，整備すべき戸数目標(ストック活用戸数と新規整備戸数)，整備水準の目標(ストック活用手法別の整備水準の目標)を設定し，これに基づいて，原則として平成2年度以前の予算により整備された既設公営住宅(団地)のすべてを対象とし，原則10年の計画期間(前期・後期5年ごとに区分し，計画内容は最低5年ごとに見直しを行う)におけるその活用手法(建替え・全面的改善，個別改善・用途廃止等)を定め，ストックの整備を総合的に行うものである(図-4.3.1)。

なお，建替え・計画的改善等のストック活用手法の選定方針として，手法の選定フロー(団

表-4.3.1 既設公営住宅の活用手法

建替え	既存の公営住宅を除却し，その土地の全部または一部の区域に新たに公営住宅を建設するもの(他の利便性の高い場所に新規建設する非現地建替えを含む)
全面的改善 (トータルリモデル)	以下の事項を全て含み，躯体を残して全面的またはそれに準ずる改善を行うもの。 ①居住性向上(住戸規模・居住想定世帯に相応しい間取りへの改善，給湯方式変更，洗面化粧台・流し台設置等の設備改修等) ②高齢者対応(住戸内部の段差解消，手すりの設置，浴室・便所の高齢者対応改修，共用廊下・階段の高齢者対応，エレベータ設置，団地内通路の段差解消等) ③安全性確保(2方向避難の改善，台所壁の不燃化，耐震改修，外壁の防災安全改修，屋外消火栓の設置等) ④住環境向上(住棟の外壁等の仕上げ，共視聴アンテナ設備の設置，電線類地中化等の景観改善，集会所・児童公園等の共同施設整備)
個別改善	公営住宅の特定の質および性能を改善するために行う，規模増改善，住戸改善，共用部分改善，屋外・外構改善等
維持保全	公営住宅の効用を維持するために行う維持保全，経常修繕，計画修繕，空家修繕等
用途廃止	耐用年限の2分の1を経過した後，当該敷地を引き続いて管理することが不適当である場合，用途廃止を行い，他公共施設への機能転換，他の公的事業主体への譲渡等

○公営住宅ストック総合活用計画
　①公営住宅の概況と需要
　　・公営住宅の概況(管理戸数,居住水準,居住者の状況,団地属性,従来の取り組み等)
　　・地域における公営住宅の需要(将来人口,空家・応募の状況,所得水準等)

　②ストック活用の基本方針
　　・基本理念・目標(居住水準の向上,高齢者等への対応,土地の有効利用,安全性の向上,居住環境の整備,環境・資源問題への対応,情報化対応等)
　　・目標とするストック戸数(ストック活用戸数＋新規整備戸数)
　　・整備水準の目標(ストック活用手法別の整備水準の目標)

　③ストック活用手法の選定方針
　　・手法の選定フロー(団地,住棟,住戸の現状に基づき,適用する手法の選定に至る考え方)
　　・手法の選定基準(適用する手法を選定する際に,団地,住棟,住戸の現状を評価する基準)

＜ストック活用の具体的方策＞

【計画的改善】

○建替え
○全面的改善（トータルリモデル）
○個別改善
　①規模増改善
　②住戸改善(居住性向上,高齢者対応,安全性確保)
　③共用部分改善(居住性向上,高齢者対応,安全性確保,住環境改善)
　④屋外・外構改善(居住性向上,高齢者対応,安全性確保,住環境改善)
○維持保全
○その他（用途廃止等）

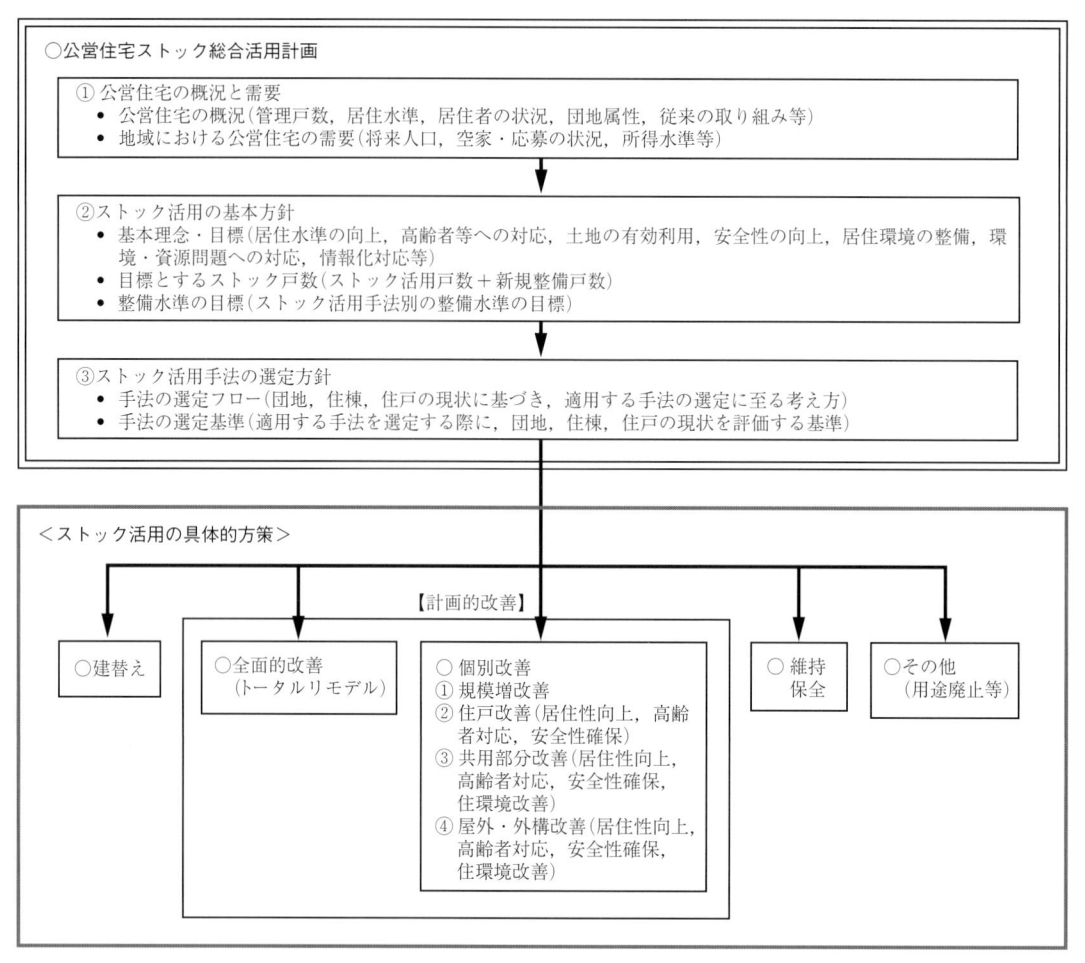

図-4.3.1　公営住宅ストック総合活用計画に基づく計画的な更新・改善のフロー

地,住棟,住戸の現状に基づき,適用する手法の選定に至る考え方)および手法の選定基準(適用する手法を選定する際に,団地,住棟,住戸の現状を評価する基準)を公営住宅ストック総合活用計画の中で定めることとされており[1],その基本的考え方は一般的には図-4.3.2のような手順となる。

(1) 一次判断(政策的判断)

一次判定は,団地・住棟単位の政策的判断であり,建築後経過年数(構造別の耐用年数の経過状況),公営住宅(団地)に対する需要(応募倍率,空家率等),法規制および位置条件等による高度利用の必要性と可能性(敷地規模・形状,容積充足比等からみた高度利用の可能性,団地の立地状況等),住棟の改善履歴の状況(住戸改善,住環境改善等の実施状況等)等の視点から,「建替え」,「用途廃止」,「維持保全」の対象候補と,【継続判定】とする住棟の判定が行われる。

各事業主体における策定済みのストック総合活用計画の内容を分析すると,典型的には,**表-4.3.2**のようにして一次判定が行われている。

昭和30年代ストックは,構造(耐用年数)にかかわらず,需要および高度利用の可能性の両方が高い場合は「建替え」と判定し,需要または高度利用の可能性の一方が低い場合は,「継続判定」,両方が低い場合は「用途廃止」の対象と位置づけられる。昭和40年代ストックについては,すでに耐用年数の1/2を経過している準耐火および木造については,需要および高度利用の可能性の両方が高い場合は「建替え」と

第4章　公営住宅のストック活用と改善事業の展開

一次判定（住棟および団地単位の政策的判断）

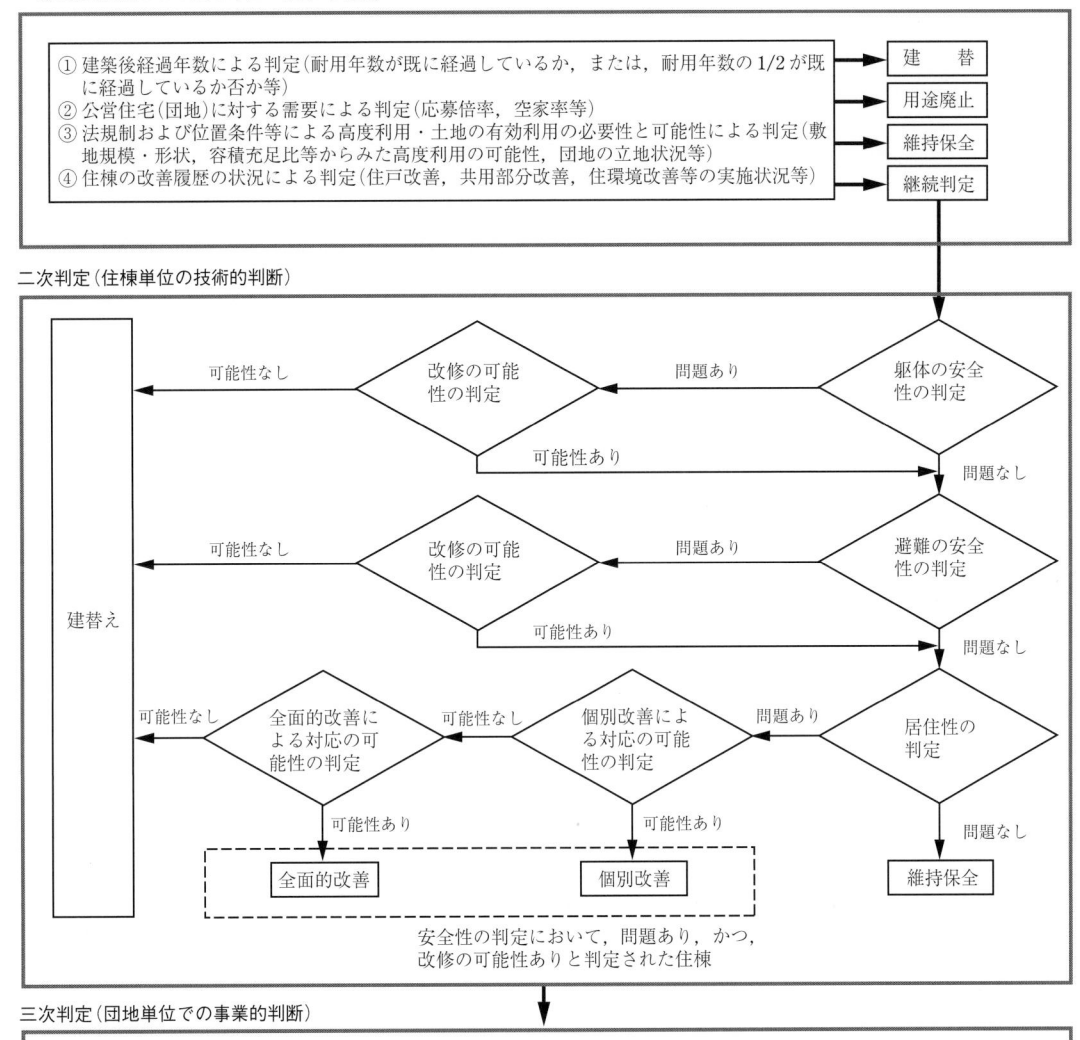

① 建築後経過年数による判定（耐用年数が既に経過しているか，または，耐用年数の1/2が既に経過しているか否か等）
② 公営住宅（団地）に対する需要による判定（応募倍率，空家率等）
③ 法規制および位置条件等による高度利用・土地の有効利用の必要性と可能性による判定（敷地規模・形状，容積充足比等からみた高度利用の可能性，団地の立地状況等）
④ 住棟の改善履歴の状況による判定（住戸改善，共用部分改善，住環境改善等の実施状況等）

→ 建替
→ 用途廃止
→ 維持保全
→ 継続判定

二次判定（住棟単位の技術的判断）

躯体の安全性の判定
 問題あり → 改修の可能性の判定
  可能性なし → 建替え
  可能性あり → （次へ）
 問題なし → 避難の安全性の判定

避難の安全性の判定
 問題あり → 改修の可能性の判定
  可能性なし → 建替え
  可能性あり → （次へ）
 問題なし → 居住性の判定

居住性の判定
 問題あり → 個別改善による対応の可能性の判定
  問題あり → 全面的改善による対応の可能性の判定
   可能性なし → 建替え
   可能性あり → 全面的改善
  可能性あり → 個別改善
 問題なし → 維持保全

安全性の判定において，問題あり，かつ，改修の可能性ありと判定された住棟

三次判定（団地単位での事業的判断）

以上の判定経過および結果を踏まえ，以下の視点からの団地単位での総合判断を行い，最終的な活用手法を定める。
① 団地または地域単位での効率的ストック活用（団地として住棟相互の連携によるストック活用等）
② まちづくりの観点から見た地域整備への貢献の必要性（公共施設等の団地内における整備等）
③ 地域単位での効率的ストック活用の可能性（団地間の整備時期や整備手法等の調整等）
④ 周辺道路の整備状況，仮住居の確保等の観点からみた事業の容易性
⑤ 他の事業主体との連携の可能性

図-4.3.2　既設公営住宅の活用手法選定の基本的な考え方

判定するが，需要または高度利用の可能性の一方でも低い場合は「継続判定」，両者とも低い場合は「用途廃止」とする。耐火構造は原則「継続判定」とし，需要および高度利用の可能性がともに低い場合についてのみ「用途廃止」の対象と位置づけられる。

なお，需要については，各事業主体における空家発生率や応募倍率の平均値を基準に，各団地の需要の高低が算定されているケースが多い。また，高度利用の可能性については，団地の敷地形状や敷地規模，容積充足率（指定容積率に対する利用容積率の比率）等を基に判定されている。また，改善事業を過去に実施し，改善後の管理期間を経過していないものについては，原則，「維持管理」の対象としている。

表-4.3.2 一次判定の典型的な考え方

建築時期	構造(耐用年数)	需要	高度利用	一次判定	改善履歴
昭和30年代ストック	耐火造（既に耐用年数の1/2を経過）	○	○	建替え	改善事業実施後の管理期間を経過していない住棟 ↓ 維持保全
			×	継続判定	
		×	○		
			×	用途廃止	
	準耐火造（計画期間中に耐用年数を経過）	○	○	建替え	
			×	継続判定	
		×	○		
			×	用途廃止	
	木造（既に耐用年数を経過）	○	○	建替え	
			×	継続判定	
		×	○		
			×	用途廃止	
昭和40年代ストック	耐火造（計画期間中に耐用年数の1/2を経過）	○	○	建替え	
			×	継続判定	
		×	○		
			×		
	準耐火造（既に耐用年数の1/2を経過）	○	○	建替え	
			×	継続判定	
		×	○		
			×	用途廃止	
	木造（既に耐用年数の1/2を経過）	○	○	建替え	
			×	継続判定	
		×	○		
			×	用途廃止	
昭和50年代ストック	耐火造	○	○	建替え	
			×	継続判定	
		×	○		
			×	用途廃止	
	耐火造（既に耐用年数を経過または耐用年数の1/2を経過）	○	○	建替え	
			×	継続判定	
		×	○		
			×	用途廃止	
	木造（計画期間中に耐用年数を経過または耐用年数の1/2を経過）	○	○	建替え	
			×	継続判定	
		×	○		
			×	用途廃止	

(2) 二次判定（技術的判断）

二次判定は，一次判定で継続判定とした住棟を対象に，以下の観点からの老朽度および改修による対応可能性（費用対効果を含む）等の評価を行い，住棟別の適用手法の候補を技術的に判定する．

> ① 構造安全性（構造躯体の耐震性，劣化状況および改修の可能性について判定）
> ② 避難の安全性（2方向避難，防火区画の確保および改修の可能性について判定）
> ③ 居住性（居住性の現状および改善の必要性，改修の可能性について判定）
> - 住棟の性能（階高，スラブ厚 等）
> - 住戸内設備（浴室の有無，3カ所給湯，高齢化対応 等）
> - 住戸面積（公営住宅整備基準，3人世帯で住戸面積 39 m² 以上 等）
> - 共用部分の高齢化対応（4階以上についてエレベータの有無）等

なお，二次判定の結果，全面的改善事業の対象と判定されたものについては，公的機関等による「最適改善手法評価」を受けた上で，全面的改善事業実施が決定される．

(3) 三次判断（事業性判断）

三次判定では，一次判定および二次判定による各住棟別の適用手法の候補の判定過程と結果を踏まえ，各事業主体が団地単位または団地の一部を対処に総合的に事業性の検討を行い，住棟別の適用手法の候補の最終判定が行われる．一般的には，① まちづくりの観点から地域整備への貢献（公共施設等の団地内における整備等），② 地域単位での効率的ストック活用（団地間の整備時期および整備手法の調整等），③ 周辺道路の整備状況や仮住居の確保の可能性，④ 他の事業主体との連携の可能性，等の視点からの検討が行われる．

4.3.4 実　績

平成14年度末までに，773事業主体において，公営住宅ストック総合活用計画を策定済である（総事業主体2 963，策定率約26％）．

なお，平成15年度からは，この公営住宅ストック総合活用計画に位置づけられた計画的な改善以外の改善事業に対しては，国の補助が原則として廃止されることとなった．このため，今後，ストック総合活用計画の策定がさらに進められ，既設公営住宅の計画的かつ効率的な活用による改善の進展が期待される．

4.4　全面的改善（トータルリモデル）事業の創設

全面的改善（トータルリモデル）事業は，平成12年度に制度化された，ストック総合活用計画に基づいて行う改善事業である．昭和52年度以前の予算により整備された既設公営住宅が原則として対象となり，一定の性能が確保されるものについて，住戸については躯体を残して全面的またはそれに準ずる改善を行い，併せて，共用部分改善や屋外・外構部分改善を行うものである．なお，改善後の住宅については，おおむね30年以上引き続き管理することを想定しており，全面的改善事業の実施により，ストックの長命化を図りつつ，建替え量の調節（先延ばし）を行うことを目的としている．

4.4.1　改善の内容

全面的改善事業は，建替え事業に代わる手法として，ストック活用の視点から実施する改善手法であることから，表-4.4.1 に示すすべての事項を含む改善事業である必要がある．

住戸改善は，躯体を残して全面的またはそれに準ずる改善を行い，間取り改修や設備改修等の居住性向上および住戸内のバリアフリー化の高齢者対応を含むことが要件となる．なお，規模増改善（増築，2戸1等）については要件とさ

表-4.4.1　全面的改善事業における改善内容

部位	改善目標	改善内容
住戸改善	居住性向上	住戸規模・居住想定世帯にふさわしい間取りへの改修，設備改修（給湯方式の変更，流し台の設置，洗面化粧台の設置等）
	高齢者対応	住戸内部のバリアフリー化（一定の段差解消，手すりの設置，浴室・便所の高齢者対応改修等）
共用部分改善	高齢者対応	共用部分のバリアフリー化（廊下・階段の一定の高齢者対応，4階以上の住棟へのエレベータ必置等）
	安全性確保	耐震改修，外壁の防災安全改修等
屋外・外構部分改善	高齢者対応	屋外・外構の一定のバリアフリー化（団地内通路の危険箇所の改善等）

れていないが，組合わせにより実施することも可能である。また，共用部分のバリアフリー化や安全性確保等の共用部分改善および屋外・外構部分のバリアフリー化等の高齢者対応も要件となる（ただし，耐震改修，外壁の防災安全改修等の安全性確保に係るものについては，所定の性能が満たされている場合は不要となる）。

4.4.2　最適改善手法評価

全面的改善は，既存躯体を活用して住戸改善や共用部分改善，屋外・外構部分改善を全面的に行う改善手法で，改善後はおおむね30年以上を標準管理期間とすることから，公的機関等による「最適改善手法評価」により，全面的改善が適切な改善手法であると判定されたものが対象となる。

最適改善手法評価の実施基準は，住棟の性能に係る判定基準と費用便益の判定基準で構成され，両方の基準を満たす場合は全面的改善が適切な改善手法であると判定される。その具体的な基準は次のとおりである（「公営住宅ストック総合整備事業に係る最適改善手法評価の基準等について」国住備第163号・国土交通省住宅局住宅総合整備課長通知）。

(1)　住棟の性能に係る判定基準

住棟の性能に係る判定基準は，全面的改善お

表-4.4.2　最適改善手法評価における住棟の性能判定基準

構造安全性に係る基準	構造躯体の耐震性	住棟の構造躯体の耐震性が次のいずれかに該当するもの又はこれらと同等以上のものと認められるものであること。 ア　「特定建築物の耐震診断及び耐震改修に関する指針」（平成7年12月25日建設省告示第2089号）第1に定めるところにより耐震診断を行った結果，地震に対して安全な構造であることが確かめられたもの イ　建築基準法施行令第82条の2に規定する層間変形角が同条の規定に，施行令第82条の3第1号に規定する剛性率が同号の規定にそれぞれ適合するもので，かつ，耐震上著しく支障のある構造要素を有しないもの
	構造躯体の劣化状況等	住宅の構造躯体の状況が次のすべてに該当するものであること。 ア　コンクリート強度が，1 mm^2 当たり 11.76 N 以上であるもの（外壁コンクリートの中性化深さが鉄筋に対するコンクリートのかぶり厚さ未満であるもの又は鉄筋コンクリート中の塩化物イオン量が1 m^3 当たり1.2 kg 以下であるものにあっては，コンクリート強度が設計基準強度以上であるもの） イ　鉄筋の断面欠損に至る鉄筋の腐食がないもの ウ　基礎等に 20 cm 以上の沈下がないもの エ　柱または壁に 6/1000 以上の傾斜がないもの
避難安全性に係る基準	共用階段及び共用廊下	住棟が次のすべてに該当する避難安全性を有するものであること。 ア　共用階段にあっては幅員が 1.2 m（屋外階段にあっては 0.9 m）以上で，かつ，けあげが 22 cm 未満，踏面が 21 cm 以上であること。 イ　共用廊下にあっては，幅員が 1.2 m（両側に居室があるものにあっては，1.6 m）以上であること。 ウ　共用階段及び共用廊下は，外気に開放されていること又は排煙設備が設置されていることにより，避難上の安全性が確保されていること。
	2方向避難	住戸から玄関と経路を異にする避難経路が確保されていること
	エレベーターの設置に係る基準	地上階数が4以上の住棟で住棟出入口から欠く住戸の玄関に至るまでの垂直移動が3階分以上となるものを対象住棟とし，エレベーターの設置により，各住戸への垂直移動に支障がないものであること（ただし，地上階数4又は5の対象住棟のうち，建築基準法等による制限や敷地条件等によりエレベーター設置が困難であり，団地又は団地内の一定規模のブロック内の地上階数4又は5の対象住棟の数に占めるエレベーター設置が行われない地上階数4又は5の対象住棟の数の割合が2分の1未満となる場合にあってはこの限りでない）。

よびそれに伴う補修等の実施後の性能に基いて評価され，改善実施後の住棟の性能が表-4.4.2の基準を満たすものであることが条件となる。

(2) 費用便益の判定基準

原則として全面的改善に係る費用便益比（便益を費用で除した値）が，想定建替事業に係る費用便益比以上であり，かつ，全面的改善に係る費用便益比が0.5以上であることが条件となる。便益および費用については，表-4.4.3のような方法で算定することとされている。

4.4.3　主な補助対象

全面的改善事業については，表-4.4.4のように，工事費，測量試験費に対する補助および家賃対策補助が用意されている（「公営住宅ストック総合改善事業補助金交付要綱」平成12年3月24日建設省住備発第34号・建設省住宅局通知）。

4.4.4　全面的改善事業の計画

全面的改善事業は，ストック総合活用計画に基づいて行う事業である。平成14年度末時点で，策定したストック総合活用計画を収集できた24都道府県の都道府県営住宅ストック総合活用計画（各都道府県管下の市町村営住宅は含まない）を分析した結果，10年間の計画期間内において，55 984戸の全面的改善事業が計画されている。

なお，全面的改善事業の具体的な実現事例を次に紹介する。

表-4.4.3　最適改善手法評価における費用便益の判定基準

	全面的改善事業	想定建替事業
便益の算定	残耐用年限（耐用年限から管理期間を差し引いた年数）の期間分における全面的改善後の住宅の家賃を経年毎に年3％を減じて現在価値化し，その累計額から同期間分の従前の住宅の家賃を経年毎に年3％を減じて現在価値化した累計額を減じた上で，その差額を残耐用年限で除した数値。全面的改善後の住宅の家賃は，新築の住宅の家賃に「便益係数」を乗じて算出する。	新築住宅の耐用年限の期間分の住宅の家賃を経年毎に年3％を減じて現在価値化し，その累計額から従前の住宅の残耐用年限の期間分の従前の家賃を経年毎に年3％を減じて現在価値化した累計額を減じた上で，その差額を新築住宅の耐用年限で除した数値とする。想定建替事業の住宅の家賃は，敷地の許容容積率等を勘案し，事業主体が適切に想定した想定建替計画に基づき算出する。
費用の算定	①および②の合計額とする。 ① イニシャルコスト 　全面的改善事業に要する工事費の積算により算定した費用（空き家補修に要すると想定される費用および一定範囲内のエレベータ設置に要する費用を除く）に，既存の内装材等の解体及び撤去に要する費用並びに居住者の移転，仮住居の確保に要する費用を加えた額を残耐用年限で除した数値とする。 ② ランニングコスト 　残耐用年限の期間中に必要となる修繕費を①により算出した全面的改善事業に要する工事費の積算により算定した費用に修繕費率を乗じて算出し，これを経年毎に年3％を減じて現在価値化した上で，その累計額を残耐用年限で除した数値とする。	①および②の合計額とする。 ① イニシャルコスト 　事業主体が適切に設定した想定建替計画に基づく事業の実施に要する費用に，従前の公営住宅の除却に要する費用および従前居住者の移転，仮住居の確保等に要する費用を加えた額を新築住宅の耐用年限で除した数値とする。 ② ランニングコスト 　耐用年限の期間中に必要となる修繕費を①により算出した想定建替計画に基づく事業の実施に要する費用に修繕費率を乗じて算定し，これを経年毎に年3％を減じて現在価値化した上で，その累計額を新築住宅の耐用年限で除した数値とする。

表-4.4.4　全面的改善事業に係わる主な補助内容

工事費	住戸の全面改善および共用部分改善等に要する費用（補助率：国1/2）。次式で求められ，住戸面積40m²の場合は500万円/戸となる。 　　$L = 3\,000 + (2\,000 + M/40)$ 　L：一の住戸に係る工事費の限度額（単位：千円） 　M：対象住戸面積（単位：m²）
測量試験費	最適改善手法評価に要する費用，工事のために必要な測量・試験・調査または設計に要する費用（補助率：国1/2）
家賃対策補助	改善後の近傍同種家賃と入居者負担基準額との差額から家賃収入補助対象額を減じた額について実施（補助期間：5年間，補助率：国1/2）従前と従後の入居者負担基準額の差額について2年間の激変緩和措置

■ 全面的改善事業の事例：福島県営 H 住宅

建物の概要	建築時期：1973 年　構造・形式：壁式 RC 造・階段室型　階数：5 階建て 住戸数：40 戸　住戸タイプ：3DK　住戸面積：45.8 m²
工事概要	① 規模増改善(3 戸 2 戸化, 戸数減 40 戸→30 戸) | 住戸タイプ | 住戸面積 | 住戸数 | |---|---|---| | 1LDK タイプ | 45.8 m²（規模増なし）| 10 戸 | | 2LDK タイプ | 61.5 m² | 10 戸 | | 3LDK タイプ | 66.1 m² | 8 戸 | | 車椅子対応タイプ | 65.6 m² | 2 戸 | ② 住戸内部改修工事(内装, 流し台・浴室・便所等の設備) ③ 共用部分改善工事(外断熱工事, 共用廊下設置) ④ エレベータ設置工事(4 人乗り用・2 基設置) ⑤ 外構整備工事(駐車場, スロープ, 自転車置場等)等
工　期	平成 14 年 3 月 20 日～平成 14 年 10 月 31 日
工　費	総工費　約 3.7 億円
家　賃	改善前　3K　12 100 ～ 20 100 円 改善後　　　 14 700 ～ 34 800 円

【改修前】

【改修後】

第 4 章　公営住宅のストック活用と改善事業の展開

○間取り改善（台所・和室の LDK 化）

○設備改修（台所設備の現代化）

○エレベータの設置（外廊下とエレベータの増築）

○高齢者・身障者対応

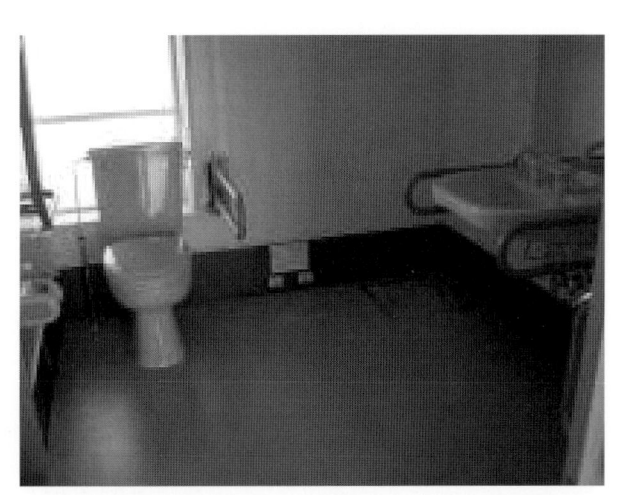

4.5 おわりに──課題と展望

　ストック総合活用計画および全面的改善事業の制度化により，公営住宅ストックの効率的なマネージメントへの途が開かれた。一方で，ストック総合活用計画は，全面的改善事業や用途変更等の対象を抽出することにより，ストック量の多い昭和40年代ストックの建替え量の平準化を図ることを大きな目的としていることから，個別改善の具体的内容についてまでは計画に定めることを要件としていない等の残された課題もある。

　今後，公営住宅ストックをより効率的かつ総合的に活用していく上では，建物の性能や立地，事業条件，居住者属性，改善後に期待する管理期間，費用対効果等を踏まえ，より具体的な個別改善事業の内容についても計画的に位置づけていくことが望まれる。また，計画の策定においては，居住者の意向を適切に反映させることや，改善事業の実施までの管理期間において，適切な計画修繕を実施することにより，ストックの長命化を図っていく仕組みの構築も必要である。

　こうした取り組みを通じて，財政的制約や地球環境制約が増大する中で，建物をより長持ちさせながら，既設公営住宅のマネージメントを合理的かつ総合的に展開していくことが望まれる。

◎参考文献

1) 国土交通省住宅局住宅総合整備課監修：公営住宅の整備（平成15年度版），ベターリビング，2003.

注） 便益係数は次により算定する（公営住宅ストック総合整備事業に係る最適改善手法評価の基準等について」国住備第163号・国土交通省住宅局住宅総合整備課長通知）。
　　便益係数＝100－（次頁付表の項目ごとの内容に応じたポイントの合計 1/100）

第4章　公営住宅のストック活用と改善事業の展開

付表　便益係数算定に係る居住性能のポイント

	項　目		全面的改善後の状態	ポイント	備　考
躯体が規定する居住性	空間規模	各階の床版の上面から上階の床版の下面までの寸法	2.5 m 以上 2.6 m 未満であるもの	1	
			2.5 m 未満であるもの	2	
		各階の床版の上面から梁の下面までの寸法	1.95 m 以上 2.05 未満であるもの	1	
			1.95 m 未満であるもの	2	
	遮音性	住戸間の界床の厚さ	12 cm 以上 15 cm 未満であるもの	1	
			12 cm 未満であるもの	2	
		住戸間の界壁の厚さ	15 cm 未満であるもの	2	
	バリアフリー化	玄関の出入口のくつずりと玄関外側の高低差	2 cm を超えるもの	1（左記のいずれかに該当する場合）	
		玄関の上がりかまちの段差	11 cm を超えるもの		
		玄関ポーチと共用廊下の段差	5 mm を超えるもの		
		住棟外部から最下階住戸の玄関に至るまでの間の段差または階段	段差または階段があり，かつ，スロープ等がないもの	1	
		共用階段の補助手すり	共用階段の片側のみに補助手すりが設置されており，かつ，共用階段の内法寸法が次のいずれかに該当するもの ① 廊下型住棟の屋内階段の場合 128 cm 以上 136 cm 未満 ② 階段室型住棟の屋内階段および廊下型住棟の屋外階段の場合 98 cm 以上 106 cm 未満	1	「共用階段の補助手すり」および「共用廊下の補助手すり」におけるポイントの合計が2を超える場合であっても，当該ポイントの合計は2とする。
			共用階段に補助手すりが設置されていないものまたは共用階段の内法寸法が次のいずれかに該当するもの ① 廊下型住棟の屋内階段の場合 120 cm 以上 128 cm 未満 ② 階段室型住棟の屋内階段および廊下型住棟の屋外階段の場合 90 cm 以上 98 cm 未満	2	
		共用廊下の補助手すり	共用廊下に補助手すりが設置されていないものまたは共用廊下の内法寸法が 120 cm 以上 128 cm 以下のもの	2	
設備・内装等が規定する居住性	住戸内設備	浴室の型式	高齢者対応の浴室に準ずる浴室に該当するもの（高齢者対応の浴室に該当するものを除く）	1.5	高齢者対応の浴室に準ずる浴室とは，次に該当するものをいう。 ① 浴室の出入口の段差が 20 mm 以下の単純段差であること。 ② 浴室の出入口の建具が原則として引き戸または折れ戸であること。
			高齢者対応の浴室に準ずる浴室に該当しないもの	3	
	省エネルギー性	断熱仕様	外壁全面に省エネルギー基準に適合する断熱材等が施工されており，かつ，地域区分Ⅰ からⅢまでの地域において開口部の建具が二重構造等になっていないもの	0.5	省エネルギー基準とは，住宅の品質確保の促進等に関する法律に基づく評価方法基準の「温熱環境に関すること（省エネルギー対策等級）」の等級3に規定する基準をいう。
			外壁に省エネルギー基準に適合する断熱材等が施工されていないもの	1	
エレベータ			ただし書きの適用によりエレベータを設置しないもの	4	住棟の性能の判定基準を参照のこと。

第5章 公団におけるストック活用の取り組み

　都市基盤整備公団(以下「公団」)は，前身の住宅・都市整備公団の一切の権利および義務を継承して平成11年10月1日に設立され，既存の賃貸住宅ストックについても引き続き管理しているところである。また平成16年7月1日には独立行政法人都市再生機構へ移行することもすでに決まっており，同様に，一切の権利および義務を継承するものとされている。したがって，本章において述べる公団のストックとは，昭和30年に設立された日本住宅公団以来の既存ストックのことを意味している。

　なお，都市再生機構においては新たな「ストック総合活用計画」を策定・発表することとなる予定であるため，本章の内容についても更新される可能性があるが，本章においては平成16年1月時点の基本的な考え方の範囲を中心として以下に紹介することとする。

5.1 公団賃貸住宅の現状

　公団が現在管理する賃貸住宅ストックの総数は約76万戸(1 755団地)である。これは四大都市圏の賃貸住宅の約7％，公的賃貸住宅の約40％を形成し，約200万人の居住者が生活している。これらの賃貸住宅は，良質な住環境を有するまとまった住宅市街地を形成している国民共通の貴重な財産である。したがって，公団はこれらを的確に維持管理していくとともに，居住水準の向上を図るため，時代のニーズに対応した間取り改善や設備性能の向上等，既存賃貸住宅ストックの有効活用を推進し，居住者等へのサービス向上に努める必要があると考

表-5.1.1　公団賃貸住宅ストックの年代別管理戸数

(平成15年3月末現在)

昭和30年代	昭和40～44年度	昭和45～49年度	昭和50～54年度	昭和55～59年度	昭和60年度以降	合計
244団地	177団地	207団地	231団地	113団地	783団地	1 755団地
103 955戸	143 459戸	180 032戸	108 590戸	48 612戸	175 893戸	760 541戸
13.7％	18.9％	23.7％	14.3％	6.4％	23.1％	100.0％

表-5.1.2　管理開始年代別・型式別管理戸数

(平成15年3月末現在)

年代 形式	昭和30年代		昭和40年代		昭和50年代		昭和60年代		平成7年度以降		合計	
	戸数(戸)	比率(％)	戸数(戸)	比率(％)	戸数(戸)	比率(％)	戸数(戸)	比率(％)	戸数(戸)	比率(％)	戸数(戸)	比率(％)
1K	3 582	3.4	1 264	0.4	557	0.4	544	0.7	1 943	2.1	7 890	1.0
1DK	20 891	20.1	29 973	9.3	13 016	8.3	7 662	9.4	8 780	9.3	80 322	10.6
2DK	46 938	45.2	144 340	44.6	54 967	35.0	11 716	14.4	27 223	28.8	285 184	37.5
3K	24 898	24.0	85 311	26.4	10 426	6.6	98	0.1	1	0.0	120 734	15.0
3DK	6 321	6.1	60 587	18.7	61 532	39.1	27 372	33.6	30 488	32.3	186 300	24.5
4DK以上	951	0.9	1 048	0.3	16 478	10.5	34 082	41.8	25 984	27.5	78 543	10.3
施設付住宅	374	0.4	968	0.3	226	0.1	―	0.0	―	0.0	1 568	0.2
合計	103 955	100.0	323 491	100.0	157 202	100.0	81 474	100.0	94 419	100.0	760 541	100.0

注) 1LDK・2Kは2DKに，2LDKは3DKに，3LDK・4Kは4DK以上にそれぞれ含まれる。

第 5 章　公団におけるストック活用の取り組み

えている。

これを管理開始年度および住戸型式別にみたものが表-5.1.1 および表-5.1.2 である。

年代別の戸数をみると，昭和40年代に管理開始した戸数が全体の4割以上を占める。この時期は，昭和30年に設立された日本住宅公団が，団地を建設するために大規模な土地を取得し，1 000戸を超える大規模団地を積極的に建設して大量供給を行った時期である。ちなみに，年代別に1団地当たりの戸数をみると，昭和30年代が約450戸，昭和40年代が約840戸であり，これは昭和50年以降の平均約290戸を大きく上回っている。したがって，このような大量供給時代のストックを再生・活用を検討していくためには，住戸・住棟の居住性能の低下を防ぎ，改良によって時代に対応した水準を確保するといったいわば住戸計画的な処方と平行して，1 000戸単位のマスとして構成される「団地」という集住の形態を，時代の要請に合わせてどのように再生させていくのかという，都市計画的な観点に立った処方が不可欠である。

一方，表-5.1.2 において，3K以下の小規模型式は，昭和30年代管理開始の中では9割以上，昭和40年代管理開始の中でも8割以上を占める。住戸の面積についても，表-5.1.3 に示すように，昭和30年代の住戸専用面積の平均は 39.0 m^2，昭和40年代で 45.5 m^2 であり，都市居住型誘導居住水準の 2 人世帯 (55 m^2) をかなり下回っている。新しいストックを含めて平均しても 52.7 m^2 にしかならないのが実態である。面積水準は，設備水準とともに，戦後の集合住宅計画においてその基準が正に「右上り」に変動した部分であり，初期公団のストックの住戸の広さが，現在の水準に照らせば，単身または2人世帯に対して適正なものとなっている（裏を返せば，子供を持つ世帯向けとしては面積が不足している）結果となっている。

また，これらの既存賃貸住宅に居住する人々の実態であるが，世帯主年齢について，「公団住宅居住者定期調査」の結果を直近の3回で比較すると（図-5.1.1），かなり加速度的に高齢化が進んでいることがわかる。現在の年齢構成は，30代から60代がまんべんなく分布しているという状況であり，また20代が減少傾向，70代以上が増加傾向にある。平均年齢も5年ごとの調査のたびに3歳以上上昇しており，公団賃貸住宅の居住者は確実に高齢化が進行しているとみることができる。したがって，現在の公団の賃貸住宅ストックの入居者は，いわゆる働き盛りの「中堅勤労者」を中心としているとは必ずしもいえず，高齢者および「高齢者予備軍」の人々が総体的にかなりの割合を占めている結果となっている。この実態は，入居者の高齢化が

表-5.1.3　管理開始年代別・面積別管理戸数

（平成15年3月末現在）

年代 形式	昭和30年代		昭和40年代		昭和50年代		昭和60年代		平成7年度以降		合計	
	戸数(戸)	比率(%)	戸数(戸)	比率(%)	戸数(戸)	比率(%)	戸数(戸)	比率(%)	戸数(戸)	比率(%)	戸数(戸)	比率(%)
30 m^2 未満	19 648	18.9	5 330	1.6	598	0.4	366	0.4	28	0.0	25.870	3.4
30～40	34 667	33.3	33 153	10.2	12 362	8.3	4 755	5.8	1 848	2.0	86 785	11.4
40～50	44 382	42.7	205 182	63.4	42 965	35.0	4 932	6.1	7 438	7.9	304 897	40.1
50～60	4 737	4.6	76 798	23.7	40 070	6.6	8 436	10.4	16 314	17.3	146 355	19.2
60～70	471	0.5	2 719	0.8	43 963	39.1	20 187	24.6	19 625	20.8	86 965	11.4
70～80	47	0.0	138	0.0	8.45	10.5	21 668	26.6	25 403	26.9	55 501	7.3
80 m^2 以上	3	0.0	171	0.1	8 999	0.1	21 130	25.9	23 765	25.2	54 068	7.1
合計	103 955	100.0	323 491	100.0	15 202	100.0	81 474	100.0	81 474	100.0	760 541	100.0
平均専用床面積	39.0 m^2		45.5 m^2		56.7 m^2		70.6 m^2		70.0 m^2		52.7 m^2	

注）面積は，専用床面積である。

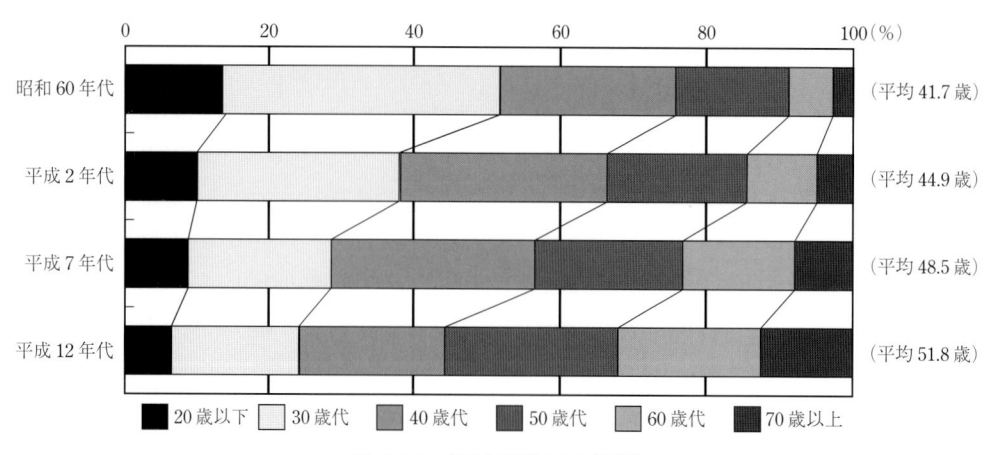

図-5.1.1 世帯主年齢による構成比

今後更に進むことを充分に予想させるものである。

5.2 公団の既存ストック活用の政策的位置づけ

住宅宅地審議会答申(平成12年6月)の中で、公団の既存賃貸住宅については「国民の貴重な財産であり資源であることから、その有効活用を図っていく必要がある。このため、リニューアル等の改善を行っていくとともに、地域社会の拠点としての昨日を有効に発揮させる観点から、公営住宅との連携、公共団体や周辺も含めた住宅市街地整備との連携を積極的に図りつつ、既存居住者の居住の安定に配慮しながら、敷地の適正利用と居住水準の向上を図る建替えを着実に推進していく必要がある」とされているところである。また、「都市基盤整備公団の業務に関する基本方針(平成11年10月1日、運輸大臣、建設大臣)」の中でも、重点的に取り組む業務として「既存賃貸住宅ストックの適切な活用」があげられており、「少子・高齢化の進行等を踏まえ、公団は、既存賃貸住宅ストックの再生・活用計画を策定し、設備水準が低い住宅や狭小な住宅について、老朽化の状況、立地等に応じて、居住者の安定に配慮しつつ、計画的なリニューアルや建替えを実施すること」とされている。

さらに、平成13年12月の都市再生本部決定により「都市における既存賃貸住宅ストックの活用」が都市再生プロジェクト(第三次)に決定され、公共賃貸住宅300万戸について、今後10年間の建替え、改修、用途廃止等の方針を定める総合的な計画を平成14年度内に策定することとされている。公団では、現在第八期住宅建設5ヵ年計画(平成13～17年度)に整合させて策定したストック総合活用計画について、都市再生機構への移行(平成16年7月予定)に合わせて見直しを行うこととしている。

日本住宅公団が、その目的を「住宅の不足の著しい地域において、住宅に困窮する勤労者のために耐火性能を有する構造の集団住宅および宅地の大規模な供給を行う(第1条より)」とされていたことを考えると、この間の時代の変化に伴うパブリック・ハウジングの役割の変容は著しいものがある。新規事業・新規建設に関しては、公団はそのときどきの社会・経済状況等に応じて、計画条件・設計条件の設定や事業性の判断等々を行った上で推進してきたわけであるが、時代の方が急激に変化してきた以上、各時点において供給された住宅は、現時点においては水準や考え方等にそぐわない面が生じることになるのは必然である。そうすると、それらのストックを現在的な観点の下に、現在の居住

ニーズや居住実態に合致するよう，つくり変えてゆく必要が生じる。

その場合，従前の建物を用途廃止（除却）し，現在の水準の集合住宅を新たに建設するという「建替え」，あくまでも用途廃止は行わず，躯体を残した上で内装や設備等を現在の性能水準に近づけるよう改良する「リニューアル」，あるいは集合住宅の維持管理上必ず必要となる「修繕」等々，既存ストックの陳腐化に対抗し，居住水準の維持あるいは向上を行うための処方のレンジはさまざまに考えられる。公団においては，専属の部署を設置し，現在のストックの実態と社会的なニーズ等のバランスの中で，経営収支を勘案しつつ，既存賃貸住宅ストックの活用を計画的に推進しているところである。

5.3 既存ストック活用に対するさまざまなメニュー

まず，表-5.3.1に公団賃貸住宅ストックの住宅および設備性能の変遷を示す。後述するように，後付けで更新が可能な設備については，予算の範囲内において順次更新を図り，現在の設備性能に近づけることとしているが，階高や床スラブ厚（およびこれらに大きく左右される遮音性能，断熱性能および耐震性能等）等の住宅基本性能については，建替えない限りは現状通りであることを押さえておきたい。

これらの既存ストックの性能を踏まえた，現在の公団のストック総合活用計画の全体フレームを表-5.3.2に示す。

以下，これらを順次解説する。

5.3.1 建替え事業

建設年代の古い賃貸住宅は，立地条件に恵まれながら必ずしも敷地が適正に利用されていなかったり，住宅の規模や間取り，設備などが今日の住宅水準に比べ著しく劣っている。これらの住宅について，計画的に建替えることにより，従前居住者はもとより，都心部に住宅を求める国民に，現代の生活に対応した，また21世紀へのストックにふさわしい住環境を提供している。

また，地方公共団体と密接な連携をとりながら，公営住宅や社会福祉施設を併設するなど，まちづくりの一環として事業を進めている（昭和61年度から平成14年度末までに188団地，約98 100戸に着手）。公団法においては，耐用年限とされている70年の過半を経過した住宅については建替えることができるとされているが，現在のところ，公団において建替え対象としているのは昭和30年代に供給されたものである。ただし，すでに昭和40年代に供給されたものが順次35年を経過して，法的には建替えが可能なスコープに入ってきており，いずれは昭和40年代以降のストックについての建替えも検討される時期が到来するのは間違いない。

建替え後の住宅は，遮音性・断熱性等が現在の新規住宅の水準となり，また長寿社会に対応した仕様としている。具体的には，段差のない室内，手すりのついたトイレや浴室，入りやすい浅めの浴槽，また廊下は広くとり，後からでも手すりの取り付けが可能な下地とする等である。原則として中層住宅にもエレベータを設置し，ライフスタイルやライフステージに合わせて選択できる間取りの住宅が用意される。設備についても，台所・浴室・洗面所への給湯設備や洗濯機の防水パン，台所のレンジフードなど，現代の暮らしのニーズに見合ったものとしている。

建替え後の住宅の家賃については，他の公団賃貸住宅と同様，近傍同種の住宅の家賃と均衡を失しないもの（市場家賃）としているが，戻り入居者に対しては，家賃の軽減を図ることとしている。高齢者，身体障害者および生活保護世帯等の弱者に対しては，家賃を公営住宅に準じた額まで減額するなど，さらに手厚い特別措置を講じている。

第２編　公的集合住宅にみる再生アイデア

表-5.3.1　公団賃貸住宅の建築・設備性能水準の変遷

項　目／年　代		S30～34	S35～39	S40～44	S45～49	S50～54	S55～59	S60～H元	H2～
階高 (mm)		2 600 →	2 550 →			2 600 →	2 650 →		(H7～) 2 750
床スラブ厚 (mm)		110 →		120～130 →			130～150 →		(H7～) 200
サッシ		木製 →	鋼製 →	(→アルミ製) →		アルミ製 →			
台所流し台		人研流し台 (→SUS流し台)	ステンレス流し台 1800型 (→改良キッチン) →			ステンレス流し台 2400型 →			
浴室	風呂釜	煙突式風呂釜 (→FF型シャワー付風呂釜) →		BF型風呂釜 (→BF型シャワー付風呂釜) →		給湯機能付BF型風呂釜	(給湯器) →		
	浴槽	木製浴槽 (→ホーロー浴槽 800型)		ホーロー浴槽 800型 → (→FRP大型浴槽 1000型) →			FRP浴槽 1100型 →		
洗面所		手洗器	洗面器 →	洗面器 (下部キャビネット付) →		洗面化粧台			
洗濯機置場						洗濯機パン			
給湯	給湯器 給湯場所			(→レンジフード型給湯器) →		給湯機能付BF型風呂釜	給湯器 →		
	給湯場所			(→台所) →		浴室・台所・洗面所 →	浴室，台所，洗面所，洗濯機置場 →		
電気容量		5～10A → (→30A) →	15A →	30A →				30A以上 →	
情報化対応	電話配線	各戸１回線対応 (空配管) →						電話配線１回線 →	(H4～) 2回線
	TV受信設備	(→TV共聴設備) →			TV共聴設備 →				(H4～) BS受信

注１）年代による区切りはおおよそのものである
２）網掛け部分の（　）内は，ライフアップ事業および計画修繕により改善を実施している設備内容である。
３）BS受信設備は平成10年度より計画修繕で実施している。

128

第5章 公団におけるストック活用の取り組み

表-5.3.2 公団のストック総合活用計画のフレーム

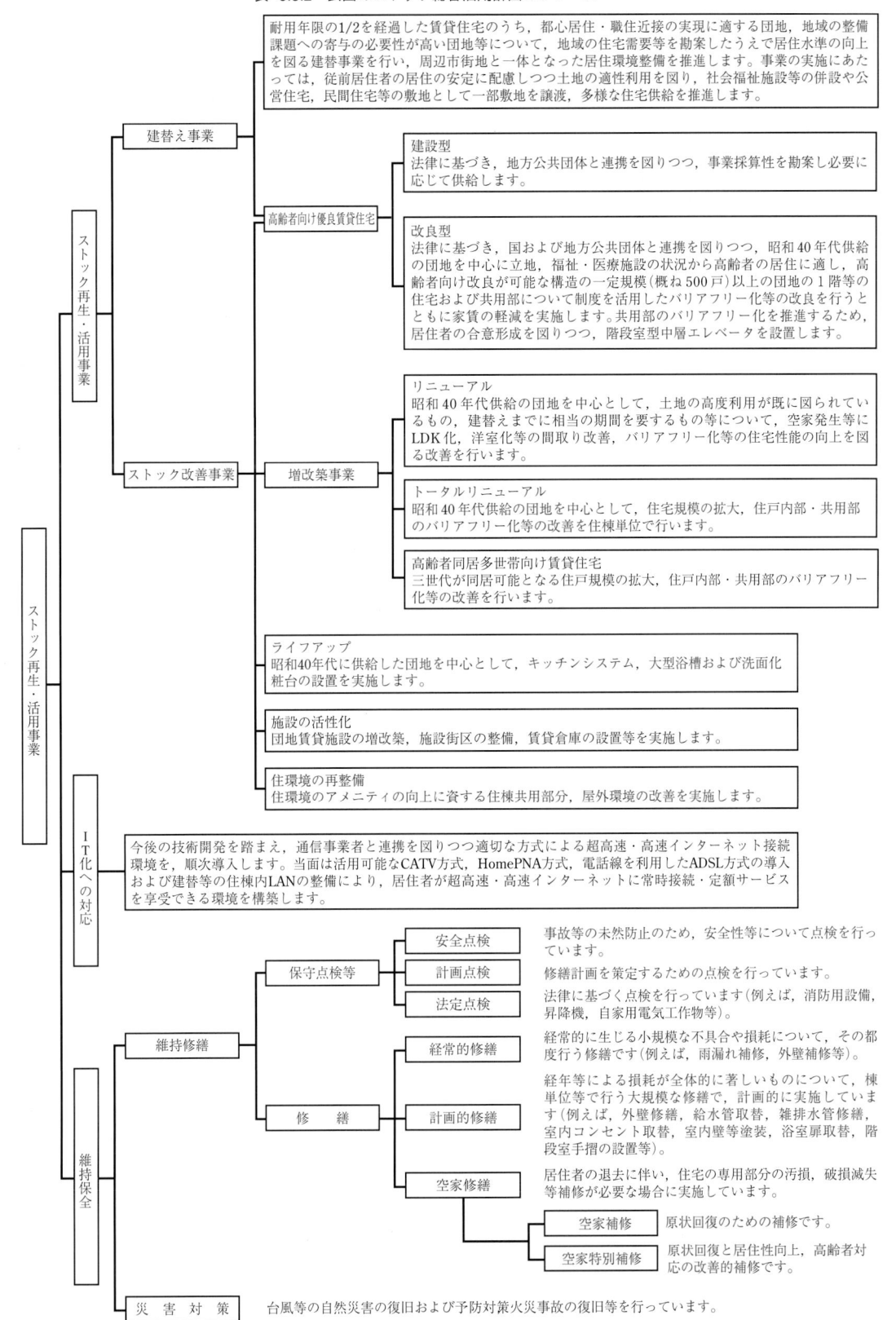

- ストック再生・活用事業
  - ストック再生・活用事業
    - 建替え事業：耐用年限の1/2を経過した賃貸住宅のうち、都心居住・職住接近の実現に適する団地、地域の整備課題への寄与の必要性が高い団地等について、地域の住宅需要等を勘案したうえで居住水準の向上を図る建替事業を行い、周辺市街地と一体となった居住環境整備を推進します。事業の実施にあたっては、従前居住者の居住の安定に配慮しつつ土地の適性利用を図り、社会福祉施設等の併設や公営住宅、民間住宅等の敷地として一部敷地を譲渡し、多様な住宅供給を推進します。
    - ストック改善事業
      - 高齢者向け優良賃貸住宅
        - 建設型：法律に基づき、地方公共団体と連携を図りつつ、事業採算性を勘案し必要に応じて供給します。
        - 改良型：法律に基づき、国および地方公共団体と連携を図りつつ、昭和40年代供給の団地を中心に立地、福祉・医療施設の状況から高齢者の居住に適し、高齢者向け改良が可能な構造の一定規模（概ね500戸）以上の団地の1階等の住宅および共用部について制度を活用したバリアフリー化等の改良を行うとともに家賃の軽減を実施します。共用部のバリアフリー化を推進するため、居住者の合意形成を図りつつ、階段室型中層エレベータを設置します。
      - 増改築事業
        - リニューアル：昭和40年代供給の団地を中心として、土地の高度利用が既に図られているもの、建替えまでに相当の期間を要するもの等について、空家発生等にLDK化、洋室化等の間取り改善、バリアフリー化等の住宅性能の向上を図る改善を行います。
        - トータルリニューアル：昭和40年代供給の団地を中心として、住宅規模の拡大、住戸内部・共用部のバリアフリー化等の改善を住棟単位で行います。
        - 高齢者同居多世帯向け賃貸住宅：三世代が同居可能となる住戸規模の拡大、住戸内部・共用部のバリアフリー化等の改善を行います。
      - ライフアップ：昭和40年代に供給した団地を中心として、キッチンシステム、大型浴槽および洗面化粧台の設置を実施します。
      - 施設の活性化：団地賃貸施設の増改築、施設街区の整備、賃貸倉庫の設置等を実施します。
      - 住環境の再整備：住環境のアメニティの向上に資する住棟共用部分、屋外環境の改善を実施します。
  - IT化への対応：今後の技術開発を踏まえ、通信事業者と連携を図りつつ適切な方式による超高速・高速インターネット接続環境を、順次導入します。当面は活用可能なCATV方式、HomePNA方式、電話線を利用したADSL方式の導入および建替等の住棟内LANの整備により、居住者が超高速・高速インターネットに常時接続・定額サービスを享受できる環境を構築します。
- 維持保全
  - 維持修繕
    - 保守点検等
      - 安全点検：事故等の未然防止のため、安全性等について点検を行っています。
      - 計画点検：修繕計画を策定するための点検を行っています。
      - 法定点検：法律に基づく点検を行っています（例えば、消防用設備、昇降機、自家用電気工作物等）。
    - 修繕
      - 経常的修繕：経常的に生じる小規模な不具合や損耗について、その都度行う修繕です（例えば、雨漏れ補修、外壁補修等）。
      - 計画的修繕：経年等による損耗が全体的に著しいものについて、棟単位等で行う大規模な修繕で、計画的に実施しています（例えば、外壁修繕、給水管取替、雑排水管修繕、室内コンセント取替、室内壁等塗装、浴室扉取替、階段室手摺の設置等）。
      - 空家修繕：居住者の退去に伴い、住宅の専用部分の汚損、破損減失等補修が必要な場合に実施しています。
        - 空家補修：原状回復のための補修です。
        - 空家特別補修：原状回復と居住性向上、高齢者対応の改善的補修です。
  - 災害対策：台風等の自然災害の復旧および予防対策火災事故の復旧等を行っています。

通常の場合，建替え工事は2工区（先工区，後工区）に分けて行う（図-5.3.1）。先工区の居住者については，後工区の空家住宅等に仮移転してもらうこととし（後工区の居住者はそのまま居住），先工区に戻り入居者用住宅を建設する。戻り入居者が先工区に入居した後に，後工区に新たに公団賃貸住宅を建設したり，あるいは民間活力を導入して有効利用する等，立地や需要に応じて適宜活用を図ることとしている。戸数の多い団地の場合，上記の2工区制を組み合わせたブロック方式，期別方式を採用して長期に渡って事業を実施することとなる（第2期第1ブロック先工区など）。

5.3.2 総合的団地環境整備事業（総合団環）

公団は，団地を計画するに際して，住戸内だけでなく，団地全体の良好な住環境の形成に努め，道路，駐車場，公園等そのときどきの時代に応えた屋外環境の整備を行い，街づくりの一翼を担ってきており，これらの施設や緑が機能を損なうことのないよう，良好な維持，保全に努めている。

しかし，計画時点には時代にマッチしていた屋外環境や屋外景観も，都市の経過とともに新たな社会ニーズへの対応，とりわけ車社会や高齢化社会の到来といった屋外環境の基本構成に大きな影響を与える内容が必要となってきたため，公団では昭和58年に「総合的団地環境整備事業」を発足させ，スロープ設置などによる段差の解消，駐車場・駐輪場の充実，遊び場や園路・通路の整備等を計画的に進めている。事業実施に当たっては，コンクリートを始めとする廃材の再利用等，環境にも配慮しているところである（平成11年度までに184団地を完了）。

整備の主なポイントを図-5.3.2に示す。

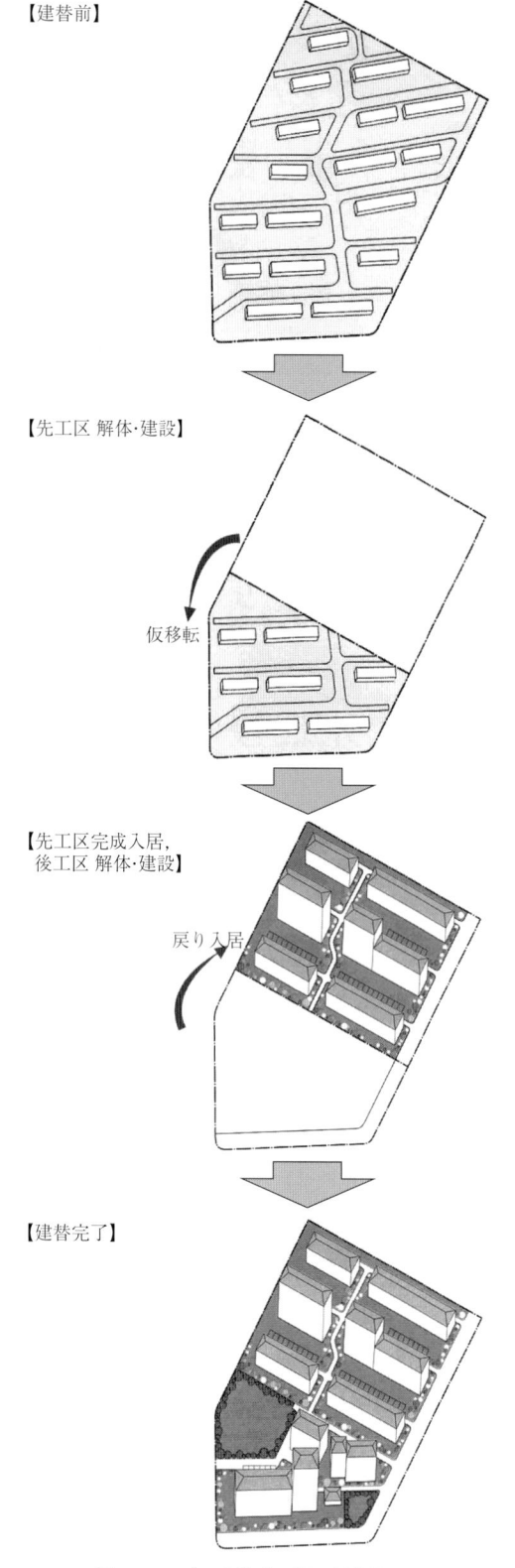

図-5.3.1　完工区と後工区の概念図

第5章 公団におけるストック活用の取り組み

総合的団地環境整備―現状の問題点と整備（リニューアル）のポイント

	現状の問題点（改善前）	整備（リニューアル）のポイント（改善後）	
駐車場基盤	■駐車場の不足 ・迷惑駐車 ・歩行の阻害 ・緊急車、サービス車の進入不可 ・屋外環境の悪化	●駐車場の確保 ●道路幅員等の改善 ●駐車場周り植栽の充実 ・歩行者の安全確保 ・整然とした環境の確保	
自転車置場	■放置自転車の増大 ■自転車置場の不足 ■自転車置場の位置 ・乱雑さによる環境の悪化	●自転車置場の移設・増設 ●玄関前に多目的スペースを確保 ●植栽等による景観の配慮	
多目的広場	■施設の老朽化・陳腐化 ■利用者の減少	●安全で魅力ある広場への改善 ●高齢者に配慮した施設の設置 ●休息施設の設置 ・コミュニティーの活性化	
通路・園路	■経年による機能の低下 ■歩行者の安全阻害	●幅員、位置の見直し ●段差の解消、スロープ化 ●沿道植栽の充実 ・分かりやすい通路、園路網 ・安全、快適性の確保	
プレイロット	■施設の老朽化・陳腐化 ■経年の環境の変化による配置の問題	●安全で魅力ある遊び場に改善 ●遊び場の再配置 ●昔ながらのたたずまいを残す	
階段室入口	■玄関としての機能の低下 ■郵便受領の障害 ■景観の悪化	●階段室前のスペースの確保 ●季節感のある植栽の充実 ・スムーズな住宅出入りの確保	

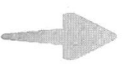

図-5.3.2　総合的団地環境整備の主な内容（パンフレットより）

5.3.3　ライフアップ

既存ストックの性能の中でもとくに陳腐化が激しいのが設備機器の性能であり，居住者の不満も高い。公団では昭和40～50年代に供給開始した賃貸住宅を対象として，住戸内の設備水準の向上を図る「ライフアップ」を昭和62年度より実施している。これは，①台所に高機能のキッチンシステム（流し台，天井収納付ユニット，レンジフード型給湯器）を設置，②浴室にシャワー付風呂釜と大型浴槽（幅1 000 mm）を設置，③洗面器を洗面化粧台（幅500 mm）に取り替え，という内容である。

なお，ライフアップ事業を行った住戸については，当該の改良に伴う家賃上昇（市場家賃上昇相当分）を行うため，同一の設備改良を行っても家賃上昇は一律ではない。また，費用対効果の面から，立地によって実施団地を選定しているところである。また，ライフアップ事業には居住中に実施するものと空家において実施するものとがあり，居住中の場合は，公団の年度ごとの予算の範囲内で上記の内容ごとに戸数枠を設定して募集し，抽選を行っている。

また，住棟・住戸の構造的な制約により，これら新たな設備の設置ができない場合（例えば，流し台の上部に梁が通っており天井収納付ユニットが設置できないとか，浴室の躯体が狭小なため，1 000 mmの浴槽が設置できないなど）もある。

5.3.4　リニューアル

公団の賃貸住宅ストックは**表-5.1.1**で見たように，昭和40年代で32万4 000戸（約43％），これに昭和50年代前半のものを加えると43万3 000戸（約57％）と，大量供給時代の産物を数多く抱えている。リニューアル事業は，住宅の性能が新規の水準に比してとくに劣ると思われるこれらのストックについて，経過年数，設備水準，住戸型式，規模，立地条件，需要動向等を総合的に勘案して優先順位の高い団地を選定し，発生した空家に対して順次改良を行っていくものであり，都市公団設立以降に実施されているものである。対象を昭和50年代前半までとしたのは，この時期を大きな節目として，住宅・設備の性能が現在のフローの水準に近づいたとみなせる面が多いためである。

リニューアルの具体的な内容については，**表-5.3.3**に示す通りである。基本的には，新規の住宅性能水準に可能な限り近づけることを目標とし，設備改善や性能向上（前述したライフアップ内容に加え，洗濯機置場の確保，洋風便器の設置，浴室扉のアルミ化，コンセント・TV端子の増設，エアコン用インサート・スリーブの設置，電気容量のアップ，電話の2回線化等）に加え，原則として長寿社会対応の仕様としている（居室・便所の床段差解消およびフローリング化，取手のレバーハンドル化，スイッチの大型化，浴室手すりの設置など）。さらに，安全性向上のため居室の壁に家具転倒防止取付下地を設置した。フローリング化による遮音性の確保については，下地材に配慮することにより，従前の畳敷きの場合と同等の性能を確保することを目標としている。

リニューアルの実施に当たっては，技術的には既存の内装をすべて撤去してスケルトンの状態とし，自在にプランニングすることも可能ではある。しかし，空家単位の改良であるため，隣戸が居住中であり多大な工事騒音や振動を強いることになって現実的ではないこと，また，新公団はあくまでも市場家賃（リニューアルの場合は，リニューアル後の住宅の市場家賃）の中で原価を回収することで事業を成立させる必要があるため，コストを抑える必要があること等から，既存の間仕切り位置を可能な限り残し，撤去が必要な際にも枠を残してカバーする工法により補修することとしている（ただし，水廻りについては洗濯機置場の確保によってその面積が広がり，その分居室の間仕切り位置を変更して面積を若干減少させざるを得ない場合も出

表-5.3.3 リニューアルの内容

	リニューアルⅠ	リニューアルⅡ	リニューアルⅢ
居室	●外部サッシのアルミ化 ●床：和室の洋室化 ●床：段差の解消 ●床：1階床の断熱性能の向上 ●壁：ビニールクロス ●壁：家具転倒防止器具などの取付下地 ●木製建具の取り替え ●ひる石天井を二重天井に改良	●外部サッシのアルミ化 ●床：和室の洋室化 ●床：段差の解消 ●床：1階床の断熱性能の向上 ●壁：ビニールクロス ●壁：家具転倒防止器具などの取付下地 ●木製建具の取り替え ●ひる石天井を二重天井に改良	●外部サッシのアルミ化 ●床：和室の一室洋室化 ●壁：ビニールクロス ●ひる石天井を二重天井に改良（一居室のみ）
玄関	●玄関ドアのノブをレバーハンドルに取り替え ●壁：手すり用下地の補強 ●ひる石天井を二重天井に改良	●玄関ドアのノブをレバーハンドルに取り替え ●ひる石天井を二重天井に改良	
キッチン	●キッチンシステム（流し台・コンロ置き台・吊り戸棚・シングルレバー混合水栓・レンジフード型給湯器） ●ひる石天井を二重天井に改良 ●台所大型機器用コンセント ●タイルの増し張り	●キッチンシステム（流し台・コンロ置き台・吊り戸棚・シングルレバー混合水栓・レンジフード型給湯器） ●ひる石天井を二重天井に改良	●キッチンシステム（流し台・コンロ置き台・吊り戸棚・レンジフード型給湯器） ●ひる石天井を二重天井に改良
浴室	●大型浴槽（追焚装置・シャワーセット・自動お湯張り機能・浴室リモコンスイッチ） ●手すりの設置 ●バスコール（緊急押しボタン） ●タイルの増し張り	●大型浴槽（追焚装置・シャワーセット・自動お湯張り機能・浴室リモコンスイッチ） ●手すりの設置	●大型浴槽（追焚装置・シャワーセット・自動お湯張り機能・浴室リモコンスイッチ）
洗面所	●洗面化粧台（シングルレバー混合水栓） ●洗濯機置場（一部、洗濯機防水パン設置） ●ひる石天井を二重天井に改良	●洗面化粧台（シングルレバー混合水栓） ●洗濯機置場（一部、洗濯機防水パン設置） ●ひる石天井を二重天井に改良	●洗面化粧台（シングルレバー混合水栓） ●洗濯機置場
トイレ	●床：段差の解消 ●壁：コンセントを設置 ●手すり用下地の補強 ●ひる石天井を二重天井に改良 ●大型洋風便器に取り替え ●トイレコール（緊急押しボタン）	●床：段差の解消 ●壁：コンセントを設置 ●ひる石天井を二重天井に改良	●壁：コンセントを設置
電気機器・情報化対応	●最大40アンペア ●インターホンの設置 ●照明スイッチの大型化 ●エアコン用インバーターコンセント ●エアコン用スリーブ ●電話2回線 ●テレビ端子・電話コンセントを各居室1ヵ所設置	●最大40アンペア ●インターホンの設置 ●照明スイッチの大型化 ●エアコン用インバーターコンセント ●エアコン用スリーブ	●最大40アンペア ●インターホンの設置 ●エアコン用インバーターコンセント ●エアコン用スリーブ

注）上記の改良内容については、住宅により異なる場合がある。住宅等は、住宅により設置されない場合や再利用されている場合、数量、タイプ、形などが異なる場合がある。

てくる)。また,フローリング化についても,既存の板張りの上に重ね張りしたり,浴室のタイルについても既存タイルの上に増張り工法を採用するなど,性能向上と同時にコストダウンにも配慮しているところである。またシックハウス対策として,内装材についても,室内空気質汚染低減のため,ホルムアルデヒド放散量の少ない合板類を使用している。

空家単位で実施するため,隣戸は原則として居住中である。したがって,工事の実施に当たっては,業者に対し,居住者の迷惑に極力ならないよう,指導・教育を行っているところである。例えば,解体した内装材の搬出は小割にするとか,床には不要畳を敷いて資材の落下衝撃音を軽減させるとか,低騒音ドリルの使用を義務づけるなどである。

リニューアルに伴う家賃の考え方は,新規賃貸住宅と同様市場家賃としており,例えば「築後35年の賃貸住宅をリニューアルIIのグレードでリニューアルした場合の,市場が評価する家賃」である。したがって,同様のリニューアル内容を実施しても,従前に比して家賃上昇幅は立地により異なる。また,このような費用対効果のバランスを勘案して団地間の差別化を行い,リニューアルI,II,IIIのグレーディングを設定しているところである(図-5.3.3)。

リニューアル事業は,建替え事業のように除却・新規建設を行うことはないが,ライフアップのような設備改善よりはダイナミックなストック活用手法である。したがって,両者の中間的な手法と位置づけることができる。しかし,表-5.3.1で示したように,リニューアルを実施したとしても,躯体を改善することはできず,基本的なモジュール(階高や梁下寸法),住宅の断熱性や遮音性を向上させることは困難であり,現状のままに留まるという問題が残る。今後ストック活用を推進するにあたり,建替え型の事業/リニューアル型の事業のいずれを採用すべきであるかは,単一的な指標によっては決定することができない。さまざまな社会情勢やその時点での資金や予算,居住者のニーズ等々から総合的な費用対効果を勘案した上での判断が求められることになる。

5.3.5 高齢者向け優良賃貸住宅

リニューアル事業と同時に,都市公団では,平成10年度に創設された,国の「高齢者向け優良賃貸住宅制度」(以下,「高優賃」)を活用して,低所得高齢者の居住の安定のために既存住宅の改良を開始している。高優賃には,建設型(新規建設)と改良型の制度があるが,現在のところ,公団では建設型の実績はなく,改良型を積極的に推進することとしている。

取り組みの基本的な考え方としては,「高齢者の居住の安定確保に関する法律」に基づき,昭和40年代から50年代前半に供給された,比較的大規模で居住環境等からみて高齢者の居住に適していると認められる団地を対象に,国の建設費補助を導入して空家発生時にバリアフリー化等の高齢者向け改良を整備基準に基づいて行うとともに,一定の所得以下の居住者には家賃対策補助を導入して居住者の家賃負担の軽減を図るものである(市場家賃と公営並み家賃の中間まで減額)。入居資格については,申込者本人が60歳以上の世帯を基本としている(配偶者との同居も可能)。

改良内容については,前述のリニューアル事業が長寿社会対応を基本とし,バリアフリー対策を行っていることから,大部分が同様である。整備基準に基づく,高優賃に特有の改良点としては,便所および玄関上り框部に手すりを実装したこと,便所出入口の有効幅員を75 cmとしたこと,および24時間の緊急時対応サービスを導入したこと等である。緊急時対応サービスについては,公団が公募によって民間事業者を選定して業務提携し,当該事業者が入居者と個別に契約を行う方式を採っている。また,共用部分についても,階段や廊下に手すりを設置

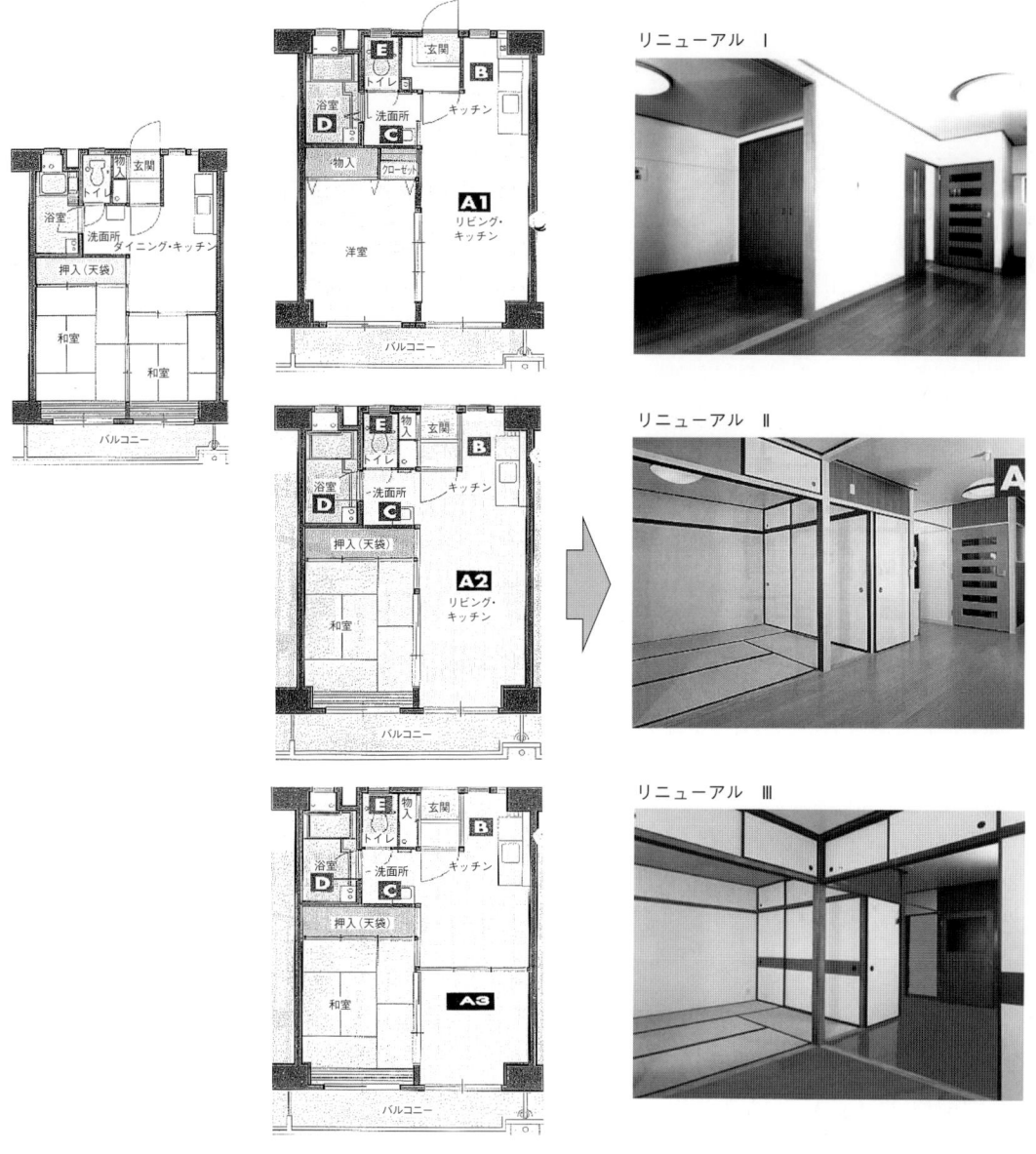

第 5 章 公団におけるストック活用の取り組み

図-5.3.3 リニューアルのグレーディング（左はリニューアル前）

し，防水と兼ねて床の防滑対策を実施しており，電気容量についても電灯幹線の改修（40A化）を行っている。

改良後の間取りについても，基本的な考え方はリニューアルと同様ではあるが，入居者が60歳以上の高齢者であることによる条件として，今後入居者が要介護状態になる場合があることを想定し，介護者等のための部屋を確保しておくために，個室数を減らしてLDK化を推進する方針は採らず，原則として従前の部屋数を確保し，ふすま等の建具の開閉によって部屋のつながりを調整できることとした。

5.3.6 その他の主な居住性能向上対策

これらの対策の他にも，公団が住宅の性能向上対策として行っている主な項目を紹介する。

① 洗濯排水設備の設置（洗濯機置場が想定されていない住宅について，設置が可能なものについて，排水設備を設置する。排水管に直結する場合と，いったん浴室床に放流する場合がある）

② 木製建具のアルミ化（気密性が低く，開閉に力がかかる木製建具について，順次アルミサッシに取り替える）

③ 中層エレベータの設置（片廊下型の住棟は，可能なものについてはすでに設置済みである。今後，階段室型住棟について，設置を推進していくことが課題となっている）

これらの内，中層エレベータの設置については，改善後に家賃が上昇し（上昇幅は市場の評価により階ごとに異なる），また共益費も増加することとなるため，居住者の合意が前提となる。当然ながら，低層階居住者のメリットが少ないことから，住棟あるいは階段室全員の合意形成が困難な場合も予想される。また，階段室型エレベータの場合，各階の踊り場に着床するため，アクセスが完全バリアフリーにはならないという難点も有しているものの，従前のウォークアップに比すると格段の改善であることから，高優賃の改良整備における共用部分のバリアフリー化の一環と位置づけ，今後設置を推進していくこととしている。

5.3.7 トータルリニューアル

既存ストックを用途廃止しない手法のうち，リニューアル，高優賃のいずれも空家において順次実施するものである。この場合，事業者としては，居住者との折衝リスクは回避できることになるが，住戸ごとの単発的な工事を重ねることによるデメリットも存在する。具体的には，

- 住宅の基本性能（躯体に関する部分）が改善できない
- 竪配管の位置を変更できないため，水廻りの大規模な変更ができない
- 住棟内において，恒常的に工事騒音が発生する

といったことである。

このようなデメリットを解消するために，居住者折衝を行った上で住棟をいったんすべて空家とし，水廻りの位置変更や2戸1改造等を含む住戸規模の変更，あるいは共用部分の改善等を一気に行う「トータルリニューアル」の手法が公団においても検討されている。

公営住宅においては，同様の手法はすでに実績が重ねられているが，公団住宅においては，技術的な問題よりも，5.4節で述べるような事業費回収の問題，あるいは居住者折衝上の問題から，実施に至っていないのが現状である。しかし，今後は団地の立地特性や開発上の条件等によっては，従来の用途廃止を伴う建替え事業とトータルリニューアル事業をミックスさせることにより，事業実施のフィージビリティが生まれてくると思われる。

5.4 事業実施の考え方

これまで紹介したストック活用手法の内，建替事業については，その時点で従前建物を用途廃止するため，償却期間については建替後から70年間と設定されることとなる。これに対し，リニューアル事業については（トータルリニューアルも含めて），用途廃止しないため，当初の建設から70年間の償却という考え方が変わらないというのが基本的なスキームである。この場合，リニューアル前の家賃自体が，当初の建設費を償還するのに充当されているのであるから，リニューアルに要する事業費は，「リニューアルによって上昇した家賃分で，残償却期間内で償還する」のが原則である。したがって，リニューアルに投資可能な費用は，立地によって大きく左右されることとなる。

前項のトータルリニューアルについては，用途廃止を行わずに，かつ住戸内部のみの改装を

大きく上回る費用をかけることとなるため，経営収支上，単独でトータルリニューアル事業を行うことはきわめて困難である。

近年，集合住宅において，躯体をそのままにして増減築を自在に行い，あるいはバルコニー形状等も大幅に変更して，内外観とも住棟を一新するような海外のダイナミックな事例が頻繁に紹介されるところとなっており，わが国においても同様の実践が求められているところであるが，上記のような理由から，事業化を図ることは容易ではない。また技術的にも，公団ストックに限らずわが国の集合住宅は在来工法が主体であり，工業化工法あるいは組積造に比して躯体の改造（壁・床の撤去など）が困難であることも，事業化に際しての大きな障害となっている。したがって，前項で述べたように，すべての住棟を用途廃止による建替え事業により推進するよりも，躯体を残す事業手法を混在させた方がメリットが大きい場合などに，事業手法を重ね合わせる中で，総合的に事業を成立させていく考え方が必要である。

今後は，一律的な二者択一（建替えか，リニューアルか）ではなく，事業者側と居住者側のさまざまな条件やニーズ等を幅広く検討し，多様な手法でストック活用を行っていくことが検討されなければならない。

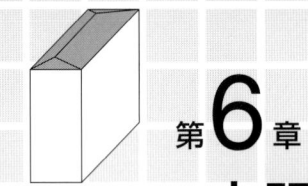

第6章 大阪府住宅供給公社の取り組み

6.1 公社賃貸住宅ストックの状況

大阪府住宅供給公社は，昭和25年以降23 000戸の賃貸住宅を管理運営している。年代別の建設戸数は，昭和40年度以前（築35年以上経過）に建設された住戸が6 512戸で全体の28.2%，昭和41～45年度（築30～34年経過）に建設された住戸が7 890戸34.1%，昭和46年～昭和50年度（築25～25年経過）に建設された住戸が5 714戸24.7%で，以上を合計すると，現在，大阪府住宅供給公社が有する賃貸住宅総数のうち約87.9%とその大多数が築25年以上経過していることがわかる（表-6.1.1）。

住宅の構造形式は中層の耐火構造が最も多く，19 533戸で全体の85%に上っている。ま

表-6.1.1 建設年代別戸数

	昭和40年度以前（1965年度以前）	昭和41～45年度（1966～1970）	昭和46～50年度（1971～1975）	昭和51～55年度（1976～1980）	昭和56～60年度（1981～1985）	昭和61～平成2年度（1986～1990）	平成3年度以降（1991年度以降）	総計
戸数	6 512	7 890	5 714	1 286	0	47	1 659	23 108
構成比	28.1%	34.1%	24.7%	5.6%	0.0%	0.2%	7.2%	100.0%

表-6.1.2 構造・建設年代別戸数

	昭和40年度以前（1965年度以前）	昭和41～45年度（1966～1970）	昭和46～50年度（1971～1975）	昭和51～55年度（1976～1980）	昭和56～60年度（1981～1985）	昭和61～平成2年度（1986～1990）	平成3年度以降（1991年度以降）	総計	縦構成比
準耐火構造	0	0	0	0	0	0	44	44	0.2%
中層耐火構造	6 512	6 988	4 720	930	0	0	336	19 533	84.5%
階段室型	6 292	6 988	4 720	930	0	47	10	18 987	82.2%
廊下型	220	0	0	0	0	0	326	546	2.4%
高層耐火構造	0	902	994	356	0	0	1 279	3 531	15.3%
総計	6 512	7 890	5 714	1 286	0	47	1 659	23 108	100.0%
横構成比	28.2%	34.1%	24.7%	5.6%	0.0%	0.2%	7.2%	100.0%	

表-6.1.3 構造・住戸規模別戸数

	30 m² 未満	30以上～35 m²未満	35以上～40 m²未満	40以上～45 m²未満	45以上～50 m²未満	50以上～55 m²未満	55以上～60 m²未満	60 m² 以上	総計
準耐火構造	0	0	0	0	0	0	0	44	44
中層耐火構造	93	70	2 581	682	7 024	5 178	3 512	393	19 533
階段室型	0	13	2 581	650	6 954	5 084	3 495	210	18 987
廊下型	93	57	0	32	70	94	17	183	546
高層耐火構造	0	0	994	381	123	464	1 206	1 457	3 531
総計	93	70	5 714	963	7 147	5 642	4 718	1 894	23 108
横構成比	0.4%	0.3%	11.2%	4.2%	30.9%	24.4%	20.4%	8.2%	100.0%

＊賃貸住宅ストック活用計画：平成15年3月版による

た，それらの大半は階段室型の集合住宅となっており，それ以外では高層の耐火構造がほとんどである．耐火構造の内，壁式構造は12 557戸(54％)，ラーメン構造は8 932戸(39％)である．また，ラーメン構造の内7 346戸は昭和55年以前に建設されたもので，新耐震基準が適用されていない．

火災時における居住者の安全性を高める2方向避難については，高層耐火構造住宅ではすべてが確保されているものの，中層耐火構造住宅のうち11 088戸(56.8％)と半数以上において2方向避難が確保されていない．また，エレベータの設置状況については，高層耐火構造住宅についてはすべてエレベータが設置されているが，平成2年度以前に建設された3階から5階までの中層耐火構造住宅においては，はすべてエレベータが設置されていない．中層耐火構造住宅におけるエレベータの設置は，平成3年度以降に新築された住宅に限られているのが現状である．

住戸規模については，住戸面積45～50 m²未満のものが7 147戸(31％)，50～55 m²未満が5 462戸(24％)と全ストック数の55％を占めている．

6.2 公社賃貸住宅ストックの活用・改善事業に対する取り組み

6.2.1 ストック活用事業の開始

公社においては，昭和62年度にストック住宅の活性化を図り，最低居住水準未満の解消と併せて，賃貸住宅の健全化を図るため，住戸面積が49 m²未満である昭和49年以前に建設された住戸を対象に(111団地21 462戸)，「公社賃貸住宅活用計画の策定」調査が実施された．

ここで適用された手法は，建替えと住戸改善であり，住戸改善については住戸の規模増を図ることを目的とした増築と改造(2戸1)で，それぞれの手法の適用条件等をもとに，昭和63年度に「一般賃貸住宅改善事業基本計画」により，事業化の検討が進められた．

6.2.2 住戸改善事業の実施

「住戸改善事業基本計画」は，下記の3事業ごとに対象団地が設定された．
- 増築事業(Ⅰ・Ⅱ期)　46団地6 222戸
- 改造事業(2戸1)　　　10団地1 098戸
- 建替え事業　　　　　15団地1 567戸

この「住戸改善事業基本計画」の内，住戸改善事業として増築事業と建替え事業が推進されることになった．増築事業の改善内容は，6帖の和室・押入・洗濯機置場を増設するというもので(合計約20 m²，図-6.2.1)，実施にあたっての条件は，原則として棟単位で実施すること，北側に入口をもつ住棟で実施すること，増築部分は非アクセス側とすることおよび既存住宅部分は改修しないの4点を前提として，事業の合意形成を図るため，増築対象団地の自治会・入居者と協議を進めた．その結果，平成2年度に150戸，平成3年度に50戸および平成5年度に60戸の，合計2団地260戸の増築事業を実施することができた．

建替え事業については平成元年に計画策定後，自治会・入居者との協議に入り，平成5年に最初の建替え工事が着手されることとなった．

増築事業の課題として問題となったのは，工事費の増大とともに平成4年に実施された家賃改訂も重なり，増築後の家賃が従前の3倍になるなど入居者の家賃負担が増大したことである．また，団地内環境への影響も少なくなく，棟単位でなければ実施が困難であることから，入居者の合意形成が難しい状況にあったことなどがあげられる．一方，社会情勢として世帯人数の減少化や高齢小世帯化の傾向，あるいは今日的住宅水準，生活様式の変化などへの対応が課題であった．このような中，住戸の面積増や躯体の変更を伴わない住戸改善策も検討し，住

一部屋増築事業

再生住宅賃貸事業

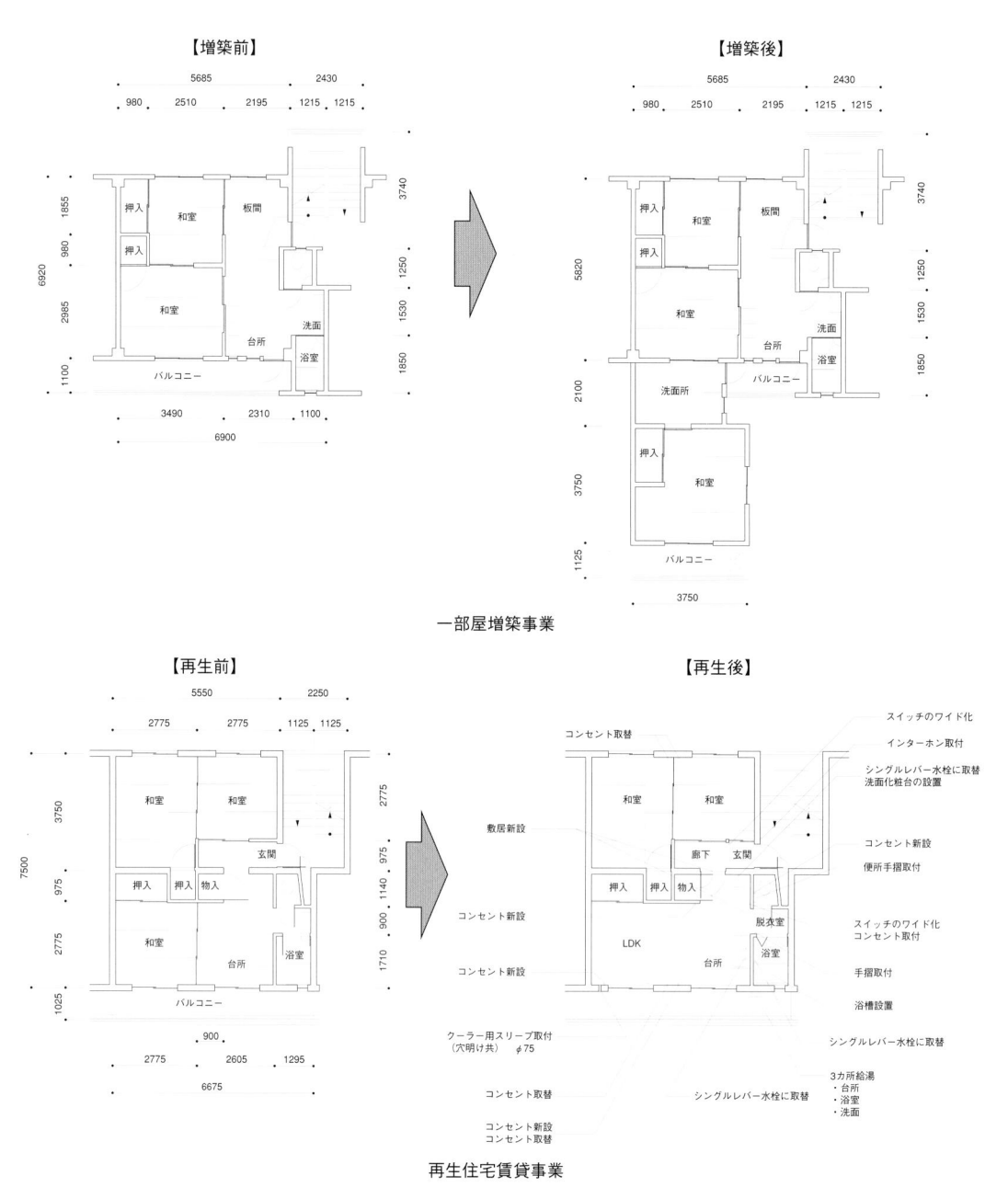

図-6.2.1 一部屋増築事業，再生住宅賃貸事業

戸改善事業の拡大と充実を図ることが求められた。

6.2.3 住戸内リフォーム事業の実施
(1) 「公社既存賃貸住宅のリフォームに関する調査研究」の実施

ストック全体の9割が住戸面積60 m² 未満という現状と，住戸改善事業の課題，内装・設備機器の劣化および7割以上が3寝室で住要求の多様化に対応しにくいことなどの理由から，新たな活用手法が求められていた。

リフォーム事業は，住戸面積の増加はないが構造の変更を伴わないため，増築や改造が不可能な住戸にも対応できる。また，住戸別に実施

可能となるため、入居者の要望にも対応しやすく、また空家を対象に公社主導の下に実施も可能である。さらに、設備や内装等の改善により、相当期間の継続使用が可能となる、などの特性を有する改善手法といえる。

平成4年度に、住戸改善事業に新たにリフォーム事業を導入し、住戸改善事業の充実を図るべく「リフォームに関する調査研究」を実施した。この調査では、リフォームに対する既入居者の需要調査を実施した。既入居者における世帯人数は「4人」が多く、住宅改善によって要望されることは「狭さ」の解消が第一義的と考えている。また、「増額家賃」に対する割高感から、「リフォーム」への関心があるものの、「リフォーム」の希望はそれほど多くはみられなかった。しかし、若年層を中心として「リフォーム住宅に居住希望」する世帯も全体の1/4程度あった。また、リフォームに伴う家賃増額については1万円を限度とするものが7割強で、家賃の増額には拒絶感を示していたため既存入居者を対象としたリフォーム事業を実施するには、家賃の相当な軽減化を図る必要があった。

このリフォーム事業の資金は公庫の住宅改良資金等を用い、増額家賃により償還することとしたので、事業の対象住戸は耐用年数が20年以上残っている昭和39〜49年に建設された住戸とした。また、リフォーム事業は住戸内工事であるため、施工性を考慮し、中長期的には既存入居者も対象とするものの、当面は公社主導で事業ができる空家住戸で実施することとした。

(2) リフォーム事業の実施案への提案

空家となっている住戸で実施することになったリフォーム住戸の実施案の作成に当たっては、共用する設備配管を除いてほぼスケルトンの状態にし、公社賃貸住宅の新たな需要に応える住戸を計画することとした。その設計にあたって求められた条件は、

- 世帯人数は3人設定の小所帯住宅
- 家族室をできるだけ広くとり、寝室は1もしくは2室
- 設備の共用配管や換気口は既設のものを使用
- 段差解消等の高齢化対応仕様とし、高齢小世帯住宅にもなる住宅
- 工事騒音等の施工性にも配慮することとし、その提案を求めた

さらに、下記の2つを設計の主要なテーマとした。

- 限られた住戸規模で、できるだけゆとりのある部屋をつくりつつ、部屋を小さく分割するのではなくて、個室になったり共用室になるなど可変性のある住戸とする
- 内装等を取り除いたスケルトンを利用することで、新たにつくる梁、柱、壁と建具の内部構造等をできるだけ減らすとともに、内法高さをできるだけ稼ぐこととする

その結果、階高の低さや構造壁等の構造上の制約や、共用設備配管の制約に対応しつつ、スラブと壁に取り付けられた木製の梁と柱に建具を組み合わせることで、使い方の工夫によって、フレキシブルな住宅が実現し更に、施工性にも配慮したリフォーム住戸が提案された。

(3) 事業の位置づけとその実施

リフォーム事業は、スケルトンを変更せず個々の住宅における居住性の改善を行う有効な手段であり、しかも、比較的少ない投資で大きな改善効果が期待でき、社会的資産の向上とともに、多様化・高度化している居住者の住要求に応えることができる。また、重要な課題であった高齢化対応も併せて可能であった。

バブル後、社会資産としての住宅のあり方として、賃貸住宅が見直されるようになって来ており、また環境・資源の有効活用の視点からも、既存ストックのリフォーム実施・促進させることが、公的機関の重要な役割となっていた。

以上のこともあって、リフォーム事業はその実施にあたり公社設立30周年記念事業の一つ

として位置づけられた。そのことによって，公的機関としての役割に対する認識をさらに深めて，この事業に取り組むことになった。

リフォーム事業を行った住戸への最初の入居者募集にあたっては，モデルルームを設けて入居希望者に対する見学会を行い，あわせてアンケート調査も実施した。見学会参加者の反響は大きく，リフォーム事業の可能性を改めて認識させるものとなった。平面プランなどについては，公社内部におけるさまざまな意見を調整し，アンケート結果も参考にしながら検討された。また，具体的な実施団地の選択，設計内容，施工方法およびコストなどにも改良を加えながら，「リフォーム」事業と新たに称し，事業が推進された。

「リフォーム」事業は住宅棟ごとではなく，既存住棟内の空家住戸に対して行われたため，他の住戸と家賃が異なるなど，一般賃貸住宅募集の管理業務ルールと異なることが多く，個別の対応が必要とされた。

(4) 「リフレッシュ」事業の実施

さらに，空家住戸でのリフォーム事業として，工事費を低減して家賃の増額を押さえた「リフレッシュ」事業も進められた。この事業の内容は，住戸の間仕切りを一部変更し，仕上材と設備機器を取り替えるもので，「リフォーム」に比べて工期も短く工事発注手続きの効率化を図ったもので，量産型の改善事業として「リフォーム」事業との両輪で住戸改善事業を進めることとなった。

6.2.4 再生住宅（ニューリフォーム住宅）への取り組み

(1) リフォーム・リフレッシュ事業の課題

リフォーム・リフレッシュ事業の実施戸数も多くなり，当初の目的であった団地の活性化を図り，良好なストックの確保を図るという点で多くの実りはあったが，事業による投資が改良後の家賃増加に直接つながるため，入居者の負担軽減策が大きな課題となった

(2) 再生住宅の導入

平成11年12月，国土交通省は住宅ストック対策として，「買取特定公共賃貸住宅等制度要綱」の改正を行い，その中で「再生賃貸住宅（公社型）」が創設された。大阪府住宅供給公社は，全国で初めてこの制度を導入し，平成12年度に試行的に15戸が実施された。以後，平成13年度に144戸，14年度に154戸と続き，15年度は120戸の計画で現在実施中である。

6.3 リフォーム事業における竹原義二氏の提案

膨大な住宅団地ストックをいかに有効に活用するのかという模索が続けられている中で，画期的な試みとして行われたのが，大阪府住宅供給公社による賃貸集合住宅のリフォーム事業である。建築家に設計を委託するもので，1996年度にモデルケースとして6プラン15戸のリフォームが竹原義二氏[*1]によって実施されたのを始めとして，1999年度までに同氏を中心として16団地81戸のリフォームが行われた。

ここでは，公共住宅再生手法の新しい提案として竹原氏の事例を紹介する。

千里・泉北という関西を代表する二つのニュータウンにおける空屋住戸が，同氏の手によって10タイプのプランに生まれ変わった。この事業を進めていくにあたり，氏は「51C型の再生」を意識していた。1955年頃から1960年代における高度経済成長に伴う人口集中により都

[*1] 1948年徳島県生まれ。1971年大阪工業大学短期大学部建築学科卒業後，大阪市立大学冨樫研究室，美建・設計事務所を経て，1978年無有建築工房設立。2000年より大阪市立大学生活科学部教授を務める。第9回村野藤吾賞（1996），日本住宅リフォームコンペ建設大臣賞特別賞（尚明賞）（1997），日本建築学会作品選奨（1999，2001，2002），通産省グッドデザイン賞（1999，2000），第12回竇賞金賞（経済産業大臣賞）（2003）など住宅設計を中心に活躍している。

市は深刻な住宅難に陥り，大量の住宅供給が必要とされた。1970年代には万博の開催という大きな転換期を迎え，生活にもゆとりが生まれるという時代背景の中で，大阪のニュータウンは建設された。このような時代の要請に応えたのが1951年度公営住宅標準設計51C型[*2]の平面を基本とした階段室型の中層集合住宅である。その後，「51C型をモデルとしたタイプ」は，公社だけでなく公団，民間にも取り入れられ，戦後の住宅の近代化に大きな役割を果たした。

質より量が優先された時代にあって，「51C型」は各住戸における居住空間の中身より，少ない面積でより多くの部屋数を確保することが重視された。また，住戸規模も11坪の床面積で2DKという制約の中で，狭い居室がコンクリートの箱の中に詰め込まれており，設備面においても残りのスペースに当時の最低限・最小限のものしか確保されていないという状態であった。したがって，その後の予想を超える生活水準の向上が，居住者の生活に多くの支障をきたすこととなった。リフォーム事業の対象となった住戸の床面積はこれより3坪ほど広く3DKではあるが，同様の問題を抱えていた。

リフォーム事業に参画するにあたって，「このような住戸は老朽化することで家賃が安いというメリットはあるとしても，そこに住み続けるという意思がなければ，住まいとしての意味も生まれない」と竹原氏は考えた。また氏は，「現代の住まいにおける家族の位置づけも建設された当時とは異なり，小世帯化が進み家族形態も多様化している状況である。したがって，部屋数よりも自由度が高く，質的な豊かさに重きを置いた住空間の提案が必要となっている。それはひとつの時代の中で生まれた間取りの構造が，時間とともに終焉を迎えつつあることを意味している。また，視点を引いてみると，各

棟は十分な隣棟間隔をもってゆとりのある配置計画がなされ，植栽も40数年という時間の流れの中で緑濃く根付き，建物の足元までびっしりと雑草が生い茂り，周辺環境としては申し分ない景観をつくり出している。これらの低層でゆったりとした環境，景観を維持していくことは，そこに住む人々の生活空間が豊かでない限り意識は低くなり，その可能性は薄くなる。現に，余白として残された共有領域である外部空間は，車社会の中でただの駐車場に様変わりしてしまっている」と述べている。

6.3.1 持続への手法

以前のような入退去に伴う補修工事ではなく，内装をそっくり改修するという事業は初めての試みでもあり，今後も継続する事業としてさまざまな配慮がなされた。例えば，資材搬入の手順，騒音対策にも配慮した工法を採用するなど，さらに1階での工事を先行し，そこで工事の内容・手順をある程度習熟してから，搬出入などに手間がかかる2階以上の工事が行われた。

ここでは，竹原氏がリフォーム事業で計画した代表的な3つのタイプを紹介する。

(1) Bタイプ（新千里西町　13棟301号室/新千里西町B　1棟102号室，2棟302号室）

住戸が1階にあったため，床組を替えることで床のレベルを下げ，天井高さを確保したことが大きな特徴となっている。食事室より280mm下げられたフリールームの床は，素焼きのタイルを使用した温かみのある土間空間になっており，地に着いたような落ち着きと視線の変化と拡がりをもたせている。このように床を下げることで，梁下1750mm程しかない極端な低いスケールに対して天井高を稼ぎ，広がりの

[*2] 1951年度の公営住宅標準設計のうちのC型。東京大学吉武研究室による設計。庶民の生活実態調査に基づき食寝分離を取り入れ，住戸面積35.4 m^2（10.7坪）の中に独立性のある寝室と食事のできる台所を確保した。戦後日本の住宅の原型かつ象徴となった。

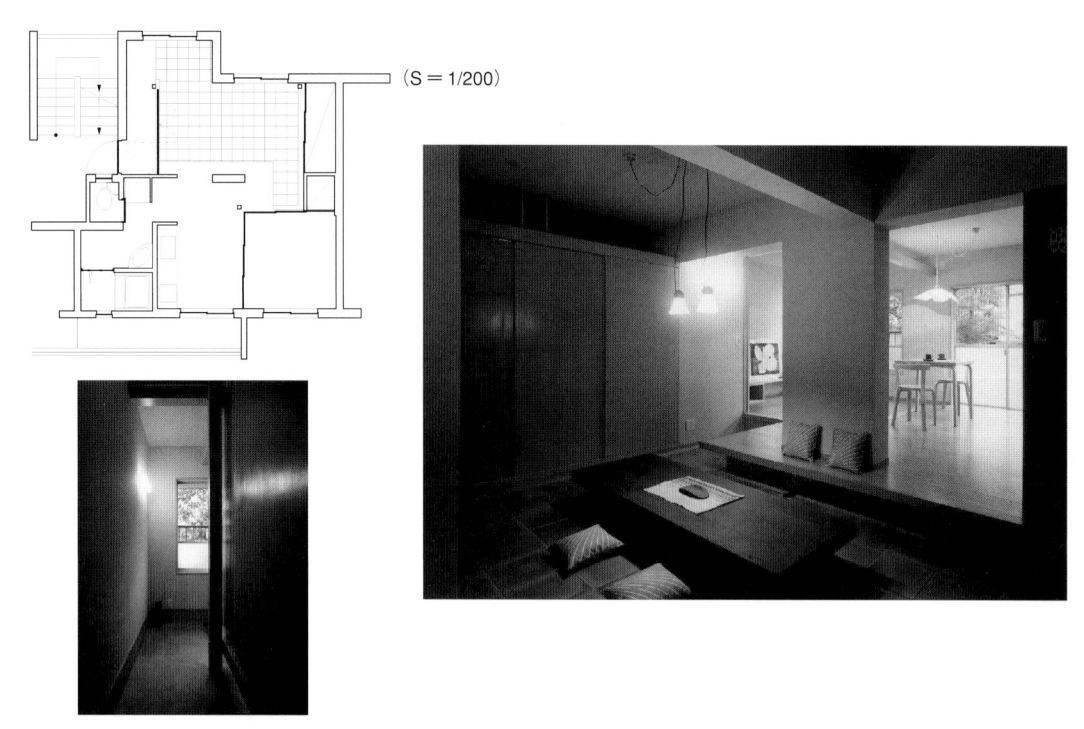

図-6.3.1 リフォーム事業(竹原義二), Bタイプ 撮影, 写真提供：絹巻豊

ある空間をつくり出すことを可能にしただけではなく，そこに生まれる段差が腰掛けとなり，視線に変化をもたらしている。

また，玄関とフリールームを分ける可動式の建具は動線を選択することを可能とし，さらに洋室も固定壁ではなく建具で仕切るなどで各部屋が一室空間ともなり，空間と用途を住人が自由に設定できるような可能性のあるものとしている。

(2) Cタイプ(晴美台 3棟301，302号室/原山台 13棟206号室)

玄関から入ったところに視線と空間を操作する回転式建具を設け，その先に広がるフリールームの土間空間，そしてその土間空間から連続する和室に段差を与えることで，空間に立体的な拡がりを持たせている。また，玄関部分と居室空間の間の段差をなくして連続する土間で繋げている。

水廻りに関しては既存の位置・規模を変えずに，脱衣室の中に洗面と便所を一室とすることで機能的にも空間的にも充実した空間を提案している。また，ベランダへの開口部である既存の掃き出し窓に平行配置されたスケルトン・キッチンは，足元に通風と明るさをもたらしている(図-6.3.2)。

(3) Eタイプ(原山台 8棟502室)

平面計画としては，玄関から奥へ引込まれた土間が内部空間を二つに分割しているのが大きな特徴である。和室の床は少し高めに設定され，それは腰掛ける場ともなり，向かい合う居間との視線や椅子座と床座の関係も考慮しており，限られた空間をより豊かのものにする試みがなされている(図-6.3.3)。

竹原氏の提案は，住まい空間の用途を限定せず，住まい手の工夫や時間とともに変化していく家族形態に対応していくことが，生活にゆとりを与えるとともに住空間を持続させることにつながっていくという氏の考えがよく表れている。

コンクリートの箱の中に木の柱・梁を組むことで木造住宅のぬくもりを感じさせ，またその柱・梁を壁から少しずらしたり透かせたりする

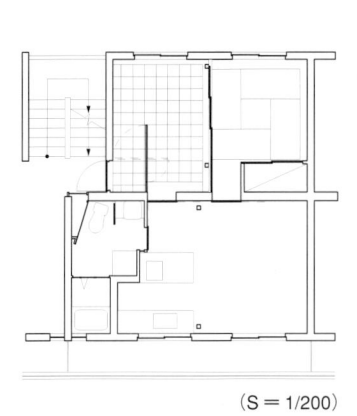

第 6 章　大阪府住宅供給公社の取り組み

(S = 1/200)

図-6.3.2　リフォーム事業(竹原義二)，C タイプ　撮影，写真提供：絹巻豊

【リフォーム前】　　　　　　　　【リフォーム後】

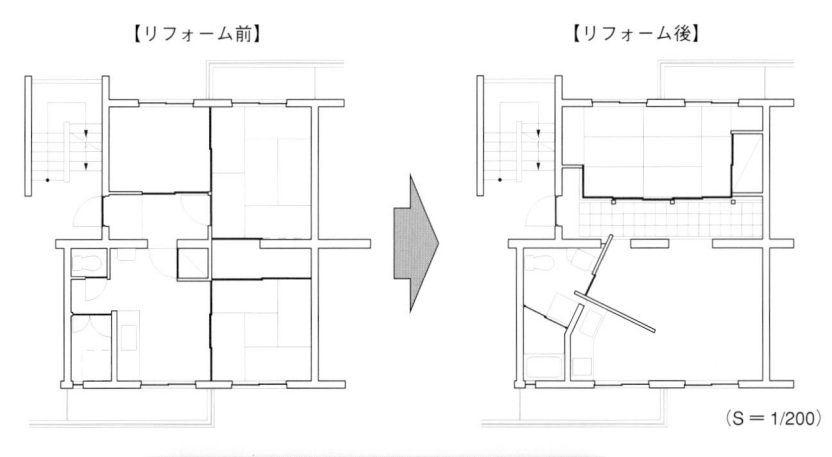

(S = 1/200)

図-6.3.3　リフォーム事業(竹原義二)，E タイプ　撮影，写真提供：絹巻豊

ことにより，空間の拡がりと視線に方向性を与えている。また，その梁は鴨居となり，建具の高さを天井近くまで伸ばすことで縦方向の拡がりをもたせ，低い天井から受ける圧迫感を和らげている。

施工面では，音の出る釘うちはできるだけ避け，柱・梁などへの固定にボルト，ビスやボンドを使用することで，施工上の騒音を低減させ

145

第2編 公的集合住宅にみる再生アイデア

表-6.3.1 リフォーム・リフレッシュ事業と再生事業の比較表

事業名		リフォーム	リフレッシュ	再生賃貸 I	再生賃貸 II
目的		居住性の全面改善を目的とし、高度化し且つ多様化している居住性の重要需要急にこたえるものとする。	リフレッシュ事業と空き家補修との間を埋める事業として、浴槽や給湯器を設置する。	国の制度（再生賃貸公社型）を導入し、事業費負担の低廉化および入居者負担の抑制化を図る。	
資金		計画修繕費 住宅改善事業費	計画修繕費 住宅改善事業費	補助金（国、府の補助） 退去跡修繕費 住宅改善事業費	補助金（国、府の補助） 退去跡修繕費 住宅改善事業費
事業費	事業費	5 500 千円	2 700 千円	事業費 4 000 千円	補助金 3 000 千円
	改善事業費	3 400 千円	1 100 千円	補助金 2 000 千円	退去跡修繕費 1 600 千円
	修繕費	2 100 千円	1 600 千円	改善事業費 1 400 千円	住宅改善事業費 800 千円
				退去跡修繕費 500 千円	500 千円
	家賃	30 千円 UP	13 千円 UP	近傍同種家賃	近傍同種家賃
実績	8年度	15戸 (6戸)	―	8年度 ―	―
	9年度	11戸 (7戸)	41戸 (5戸)	9年度 ―	―
	10年度	25戸 (14戸)	125戸 (15戸)	10年度 ―	―
	11年度	30戸 (14戸)	170戸 (18戸)	11年度 ―	―
	12年度	―	102戸 (4戸)	12年度 8戸	7戸
	13年度	―	―	13年度 75戸	69戸
	14年度	―	―	14年度 90戸	64戸
	計	81戸 (41戸)	439戸 (45戸)	計 173戸	140戸
対象		39年以降建設団地 バルコニーに浴室または台所が壊する 専用面積が約45㎡程度 現行家賃が4万円未満	39年以降建設団地 バルコニーに浴室または台所が壊する 専用面積が約40㎡程度 現行家賃が4万円未満	40年代建設団地 （千里NT中層は除く）	41年代建設団地 （千里NT中層は除く）
平面計画		躯体を除く間仕切りを取り除き、LDKを主体とした新しい間取りにする	現状平面は変更せず仕上げ等を変更する	3DKのDKと隣接する居室を撤去しLDKを新装する	現状平面は変更せず仕上げ等を改装する
	浴室	浴槽の設置 シャワー付混合水栓 タイル貼り	浴槽の設置 シャワー付混合水栓 タイル貼り	浴槽の設置 シャワー付混合水栓 タイル貼り	浴槽の設置 シャワー付混合水栓 タイル貼り
	洗面脱衣室	洗濯機置場防水パン 洗面化粧ユニット	洗濯機置場スペースのみ 洗面ユニット	洗濯機置場スペースのみ 洗面ユニット	洗濯機置場スペースのみ 洗面ユニット
	便所	洋風便器一式取替 便座ヒーター用コンセント設置 手すり	洋風便器一式取替 便座ヒーター用コンセント設置 手すり	洋風便器一式取替 便座ヒーター用コンセント設置 手すり	洋風便器一式取替 便座ヒーター用コンセント設置 手すり
	台所	流し台・吊り戸棚取替	流し台・吊り戸棚取替	流し台・吊り戸棚取替	流し台・吊り戸棚取替
	給排設備	3か所給湯（台所・浴室・洗面） レバー水栓	3か所給湯（台所・浴室・洗面） レバー水栓	3か所給湯（台所・浴室・洗面） レバー水栓	3か所給湯（台所・浴室・洗面） レバー水栓
	その他	ワイドスイッチ インターホン（非常用ブザー組込み）	ワイドスイッチ インターホン（非常用ブザー組込み）	ワイドスイッチ インターホン	ワイドスイッチ インターホン
	高齢化対応	室内段差解消 ワイドスイッチ インターホン（非常用ブザー組込み） 手すり	室内段差解消 ワイドスイッチ インターホン（非常用ブザー組込み） 手すり	室内段差解消 ワイドスイッチ インターホン（非常用ブザー組込み） 手すり	室内段差解消 ワイドスイッチ インターホン（非常用ブザー組込み） 手すり

注）（ ）は千里ニュータウンの実績

ている。また，できるだけ同じタイプの材料や建具を用い，工場での量産化を図ることでコスト面，工法面での簡素化につなげている。

設備の改修にあたっては，動かすことのできない共有の給排水管や換気口などの制約はあったが，例えば，流し台の設置場所は従前の位置にとらわれず，新しいプランにあわせて決められている。

6.3.2 リフォームの可能性

竹原氏等が提案した大阪府住宅供給公社のリフォーム事業の試みは4年間で終了している。現在では老朽化した住戸の改修手法としては，単に設備の改善やDKと居室の間仕切りを撤去する程度の「再生賃貸住宅(公社型)」という補修工事に近い方法をとっている。

居住者にも好評であったリフォーム事業が短命で終わった最大の原因は，家賃の問題であった。リフォーム事業における工事費がそのまま家賃の上昇につながるため，修繕費で賄う部分を家賃算定から除いても，3万円程度の家賃がリフォーム後は6万円程度となったことである。

また別の問題として，リフォーム事業による家賃の大幅な上昇は，結果的に同じ住棟内においてそれ以外の住戸と大幅な家賃格差を生じることになってしまった。

さらにリフォーム事業は，割高となる工事費と工事期間が長くなるため年間実施最高戸数は30戸と事業量が限られていた(ことも理由の一つと考えられる)。

次に管理上の難しさがあげられる。

初年度の入居募集に際しては，モデルルームを開くなど個別での対応がなされたが，リフォーム事業による改修住戸数が少ないこともあって，次年度からは既存住宅の定期的な募集に便乗するなど，初年度のようにその特殊性を考慮に入れた対応がなされなかったことがあげられる。

しかしながら，住宅団地が大量に生産された時代とは異なり，住まいに対する意識が高まりつつある現代では，空間の質を高めていくことも求められている。また，平等で均質という概念を超えて，画一性から個別性へと選択の自由を生み出すことも大切である。

「住まいと住まい手の問題を見極め，これからの生活や家族，都市や社会の変化を長期的な視点でとらえた改善を行うことで，古くなった住まいに継続性をもたらすと同時に，住まい手にライフスタイルの新たな可能性を与えてくれる。そして住まいが変わることにより，今までのモノの見方を変えてくれるのが，住宅を〈再生〉させる〈リフォーム〉ではないだろうか」と竹原氏は主張している。つまり，住宅の中身を変えるだけではなく，住宅に居住する質の転換が大切であると氏は考えている。

今，住戸を管理する側の視点から，住まい手の視点へとその転換が求められている。そして，それは社会的資本として存在する住宅ストックの将来に関わる問題でもある。その意味で，竹原氏が提案したリフォーム事業の内容は，きわめて今日的な意味をもっている。

第3編

海外事例にみる再生アイデア

第7章 欧米における集合住宅リノベーション

7.1 リノベーションという行為

7.1.1 欧米におけるリノベーション
―スクラップ・アンド・ビルドから
サステナブルへの転換―

現存している住宅が建設された時期をみると（図-7.1.1 参照），欧米4か国においては，1971年以降に建てられた「新しい」住宅が2～5割に過ぎないのに対して，日本では約8割を占めていることがわかる。逆に，1944年以前に建設された住宅は，欧米では2割～4割が現在も立派な住まいとして使われているのに対し，わが国では4％の割合に過ぎない。

次に，現存する住宅数（ストック：S）を年間住宅着工数（フロー：F）で除した値（S/F）を，「住宅が建て替えられる平均年数（住宅の寿命）」を傾向的に示す指標として考えてみる（図-7.1.2 参照）。わが国の住宅の寿命が37年であるのに対し，欧米4か国では74～132年であることがわかる。こうしたわが国のスクラップ・アンド・ビルド型（建て替え型）建築生産体制は，第二次世界大戦後の産業社会構造の転換によって促され，土地問題や税制によって加速されたものである。また，耐震基準や性能水準などが更新されるたびに，手間と費用がかかる補強工事よりも，新規に建替えるという手法を選択してきたことも建替えを促進した一因となっている。しかしながら，現在住宅ストックは総世帯数をはるかに超えていること，2007年以降の人口減少が予測されていることから土地不足は解消の方向へ向かっているし，都市部では法定容積率の限界まで活用した建築物が多く，建替えることによる床面積の増加が期待できないため経済的メリットを得にくく建替えは容易ではない。

以上のことから，現時点で，欧米においては住まいを修理・修繕しながら永く使っていくという社会が定着しているのに対して，日本はスクラップ・アンド・ビルド（建替え）を「常識」とした社会であるということを理解していただけたであろう。結果として，建築工事高に占める再生の割合をみても，再生の仕組みが

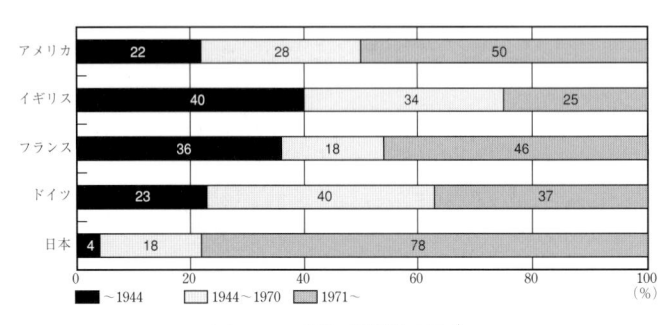

図-7.1.1 建築時期別住宅数[1]

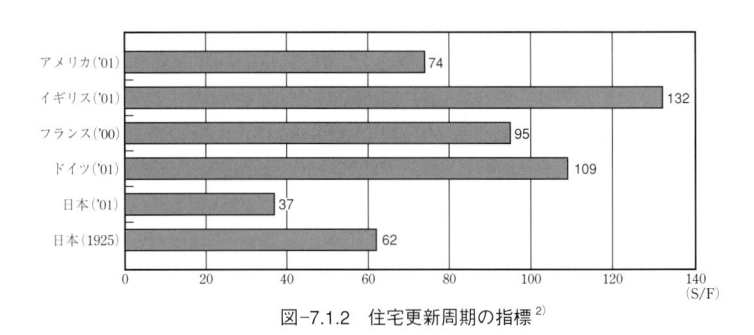

国	~1944	1944~1970	1971~
アメリカ	22	28	50
イギリス	40	34	25
フランス	36	18	46
ドイツ	23	40	37
日本	4	18	78

図-7.1.2 住宅更新周期の指標[2]

国	S/F
アメリカ('01)	74
イギリス('01)	132
フランス('00)	95
ドイツ('01)	109
日本('01)	37
日本(1925)	62

確立していない現状の日本の住宅投資総額に占めるリフォーム投資額は約15％程度にすぎないが，再生システムが明確化している欧米諸国では40～60％もの高比率を示している。

しかしながら，わが国におけるこの傾向は，歴史的にみると，ずっと以前から続いてきたわけではないことも指摘せねばならない。例えば，20年ごとに部品の修理と取替えを繰り返しながら建ち続けている伊勢神宮は，木造建築を「永く」利用するわが国伝統文化の象徴である。また，図-7.1.2に示すように，大正時代末期1925年時点でのS/F（寿命の傾向指標）は，全壊12万8000棟，全焼44万7000棟という被害をもたらした関東大震災（1923年）の直後にも関わらず，現在の倍近い62という値であった。

ここ数十年間のわが国では，「家を建てた時が住まいのもっとも良い状態であり，住んでいく間に悪くなっていく。我慢できなくなったら新しい家に建て替える」というスクラップ・アンド・ビルド型の考え方が主流であった。しかし今後は，地球環境的視点からの資源の有効利用，良質な住宅ストックの形成などの理由から，欧米で先行するストック型，すなわち，サステナブル（持続可能）型への転換が予想されており，すでにわが国の政策上の目標ともなっている。

7.1.2　集合住宅リノベーションの背景

リノベーションの経験と習慣を従来から持っており，継続的にリノベーション（再生）行為を行っている欧米も，実は近年のわが国と同じ問題を抱えている。マス・ハウジング期に建設された大量の集合住宅への対応である。

マス・ハウジング期とは，わが国においては，住宅政策の「55年体制」の確立期，すなわち，住宅金融公庫・公営住宅・公団住宅の3大住宅政策執行組織が出揃う1955年頃から始まる「早く・安く・多く」を目的とした住宅の大量供給期を指す。理論的背景は，20世紀前半の欧州を起源とする機能主義に基づく近隣住区論である。欧州諸国においては第一次世界大戦後，日本においては第二次世界大戦後に顕著となる住宅不足の解決対策として採用され，各国で展開された。欧州においては，まずマス・ハウジング期前期には，① 戦災による破壊，② 職を求める人々の大都市への流入，③ 19世紀中ごろから20世紀初頭に建築された粗悪な住宅群のスラム化の進行，などを背景として，各国政府は大規模な住宅供給プログラムを進めた。例えばオランダにおいては，地方自治体が公的資金を投入して住宅を建設し，H.A.[*1]へ所有・管理権を引き渡すという手法で大量の公的住宅供給が行われている。この時期に建設された戸建住宅・集合住宅の大部分は，19世紀からの伝統的意匠に基づいた低層形式であった。後期には，中高層集合住宅を中心とするニュータウン建設が行われた。1952年に完成した，建築家Le Corbusier（ル・コルビュジエ）設計による集合住宅「ユニテ・ダビタシオン」が，彼の理論で

[*1] ハウジングアソシエーション（Housing Association）。オランダにおけるH.A.は，1800年代半ばに労働運動・宗教団体・市民グループなどが団体構成員の居住環境改善を目的に設立を始めた時期に遡る。1913年までにオランダ全土で約300のH.A.が設立され，1923年には約1300まで増加したが，ほとんどのH.A.は管理住戸数十戸の小規模な組織であった。1960年代まで，地方自治体がイニシアティブをとって住宅を建設し，その後所有管理権をH.A.に引き渡すことが頻繁に行われた。この段階でのH.A.の役割の住宅政策上の位置付けは，主要な住宅供給主体であった地方自治体の補完的なものであった。1960年代に入ると，政府の道具としてではなく，「民間の自立性の優先」を実現する組織としてH.A.を位置付ける議論が行われた結果，1965年の居住法の改正ではH.A.の強化に向け政策が変更された。H.A.はこれにより，「優先建設権」を得ている。このような権限の強化とともに，各H.A.は自己のグループだけのための住宅建設はもはや許されず，コミュニティー全体のニーズに応える社会住宅の供給という重要な役割を担うことになった。また，余剰利益の大部分を政府融資の返済にあてなければならないとされていた義務が廃止され，自己資金をプールし，より強い財政基盤をもてるようになった。さらに補助金の投入のほか，民間資金を得ることができるように，政府はH.A.の融資保証を行った。以上のようなH.A.の強化によりH.A.は専門組織化していった。現在では，欧州各国における中心的住宅供給主体として位置付けられる。オランダでは，1996年に公的補助が廃止されたため，H.A.に対して自立した経営が要求されており，業務内容変革の途上にある。

ある高層集合住宅の実例を示し，都市と住宅の在りようについての議論を欧州中の建築家達に始めさせるきっかけとなったのである。多くの都市プランナーや建築家達の提案をうけて，各国政府は，大都市近郊に高層集合住宅を含むニュータウンの建設を次々と開始した。

わが国マス・ハウジング期はこの後期欧州型の影響を大きく受けている。供給方式としては，数百戸〜数千戸規模の「一団地方式」や数千戸〜数万戸規模の「ニュータウン方式」が用いられ，羊羹型(直方体型)の集合住宅を中心に建設が行われた。戸建住宅に対しては，持ち家推進政策に基づく建売住宅が多数供給された。日本でも1990年代には，およその量的充足を得て「フロー」から「ストック」へと住宅供給の主眼は徐々に転換され，マス・ハウジング的住宅供給は収束へと向かい現在に至っている。

いわゆる「マンション」が誕生したのもマス・ハウジング期である。マンションとは，日本では「主に大都市において，各住戸が主として分譲方式によって民間により供給される中高層の鉄筋コンクリート造または鉄骨鉄筋コンクリート造の共同住宅の俗称」[3]とされる。1950年代後半から，当初は日本住宅公団や各都道府県の住宅協会等により供給が開始された。1960年代に入ると民間による供給も始まり，1960年代後半からは大都市部における代表的居住形態の一つとして定着した。わが国集合住宅の供給主体構成が，公営・公団などの公的主体中心から，民間主体と公的主体との共存へと大きく変化したのである。

このようなマス・ハウジング期に建設された集合住宅が，建築後数十年を迎えて，世界中の先進国で一斉に老朽化対策が求められている。とくに前節で述べたような「わが国での従来の常識」からすると，日本のマス・ハウジング期に建設された集合住宅は今にも寿命を迎えようとしていることになる。

わが国における現時点での集合住宅の「年齢」は，共同住宅のストック(1998年時点)についてみると，一戸建て・長屋建てに比べて1960年以前の古いストックの割合が少なく，1980年代以降に建設された割合が6割以上と多いのが特徴である。とくに，6階建て以上の共同住宅では更にこの傾向が顕著である。現在約10％を占める1960年代に建設された共同住宅の建て替え・大規模改修が課題とされているが，1970年代以降に建設された9割近くを占める膨大なストックが今後老朽化する時点においては，再生の仕組みが十分に用意されている必要がある。住宅問題の中で集合住宅のストックをどうするのかという課題がますます重要になってくるということについては，建設時期別ストックにおいて1960年までは10数％に過ぎなかった全住戸中の共同住宅の建設割合が徐々に増加し，1980年以降は約半分を占めていることでも確認できる。

所有関係別の非木造共同建て専用住宅ストックの状況をみると(図-7.1.3参照)，民営(賃貸集合住宅)，持ち家(分譲集合住宅)に比べて，公営・公団公社のストック建設時期が相対的に古いことがわかる。とくに，1970年以前に建設された公団公社住戸の割合が全体の約半分を占めており，この時期に，公営住宅とともに，わが国の深刻な住宅不足に対応するために大量の住宅供給を行った軌跡を読み取ることができる。

集合住宅の再生という視点からみると，現時点においては公団・公社・公営住宅および給与住宅(社宅)が喫緊の対応を必要とする対象であり，近い将来には，民間賃貸・分譲集合住宅が加わり，10〜20年後には民間賃貸集合住宅が中心対象となってゆくことが予想される。

以上のことからわかるように，21世紀を迎えて間もないわが国は「マス・ハウジング期に建設され，現在老朽化が進行しつつある大量の集合住宅ストックをどう扱うべきか」という切迫した課題を突き付けられている。政策的に

第 7 章　欧米における集合住宅リノベーション

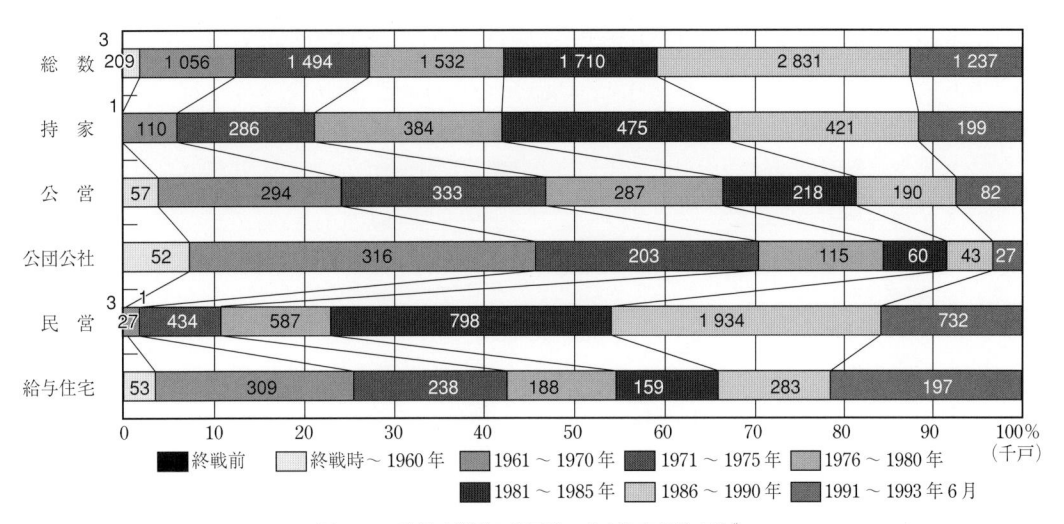

	終戦前	終戦時～1960年	1961～1970年	1971～1975年	1976～1980年	1981～1985年	1986～1990年	1991～1993年6月
総数	209	1 056	1 494	1 532	1 710	2 831		1 237
持家	1	110	286	384	475	421		199
公営		57	294	333	287	218	190	82
公団公社		52	316	203	115	60	43	27
民営	3 27	434	587	798	1 934			732
給与住宅		53	309	238	188	159	283	197

図-7.1.3　建築時期別の共同建て非木造専用住宅数[4]

も，上に述べた環境政策的側面のみならず，低所得者や高齢者に対する福祉政策的側面と住宅・建築産業に対する産業政策的側面を含めた効率的な公共財の供給と維持を行う役割が集合住宅リノベーションには期待されている。

欧米は，わが国より一足先に従来からのリノベーション経験という武器を用いてこの世界共通の老朽化したマス・ハウジング期集合住宅問題の解決に向けて歩み始めている。例えばドイツでは，1965年には現在のわが国と同様，リノベーション（再生）関連建設行為は建設市場の約18％を占めるに過ぎず，新築戸建住宅が約50％，新築集合住宅が約32％という割合であった。その後，再生市場は，1970年に約25％を占めるようになったものの，オイル・ショックの影響で20％前後まで急激に減少した。1972年から87年の間に，新築住宅建築高は980億ドイツ・マルク（約6兆7000億円）から470億ドイツ・マルク（約3兆2000億円）へ減少する一方，再生市場は250億ドイツ・マルク（約1兆7000億円）から，450億ドイツ・マルク（約3兆1000億円）にまで増加し，1990年には住宅の再生のボリュームは，住宅建設市場の約48％に達している[5]。その間，新築分譲戸建住宅の建設割合も一時上昇したが，1979年を境に減少に転じ約35％となり，新築集合住宅は13％程度に減少した。1990年の東西ドイツ統一後の建設ブームにより，再生市場の割合は30％にまで減少し，1990年代後半には新築戸建住宅，新築集合住宅と併せて市場を3分している。2005年以降には，東ドイツの新築ラッシュが一段落として，50～70％にまで再生市場割合が上昇すると予測されている。

歴史的な再生への取り組みの経験の差や社会・文化・経済的背景を考慮すると，このような欧米のリノベーションへの取り組みを単純に日本に当てはめることはできないものの，取り組みの内容や仕組みを参考にし，教訓にすべき点が見出せそうである。

7.2　リノベーションの手法

7.2.1　リノベーション・レベル

欧米でみられる集合住宅のリノベーション（再生）の内容を，結果として得られる性能レベルによって分類することができる。図-7.2.1は，集合住宅再生の手法選択に関する仕組みを表現したものである。図中「再生の手法」のレベルⅠとは，「初期性能への回復」を目的とする再生行為であり，建設時の性能状態に戻す再生である。

第 3 編　海外事例にみる再生アイデア

図-7.2.1　集合住宅再生の手法選択

手法選択に関わる要因・条件の例：
- 再生コスト
- 融資制度
- 家賃補助
- 施工技術
- 躯体状況
- 不具合程度
- 居住者ニーズ
- 居住者属性

再生の手法：
- Ⅰ　修理・修繕　初期性能への回復レベル
- Ⅱ　改良・改修　現在の一般的仕様にあわせた初期性能以上のレベル
- Ⅲ　大規模改良　建物全体の包括的性能引き上げ
- Ⅳ　建替え　敷地の有効利用・屋外環境の整備
- 【住み替え】―転　居

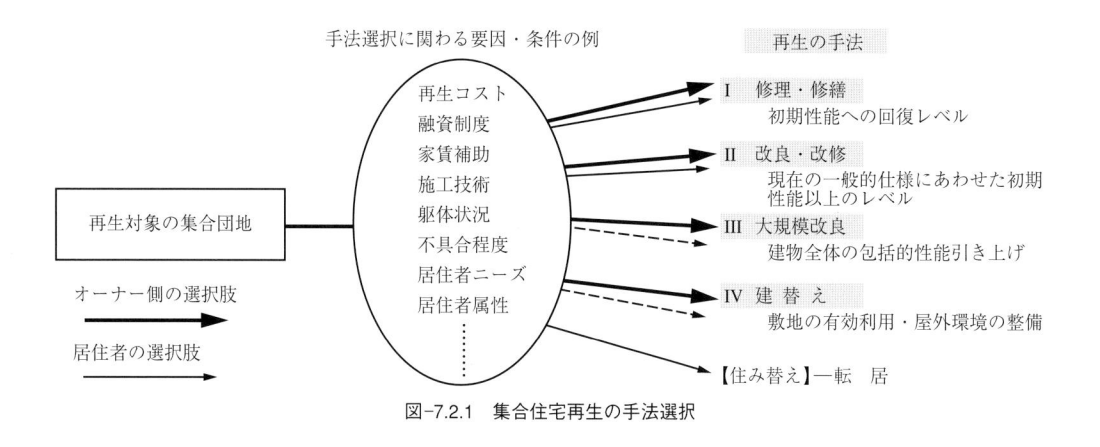

オーナー側の選択肢 →
居住者の選択肢 --→

表-7.2.1　住棟に関する再生手法レベル例

部　位	レベルⅠ	レベルⅡ	レベルⅢ
階　段	手すりの修理 階段室の塗り替え 掲示板などの修理	子供用・老人用の手すり設置 掲示板の設置 プランターの設置	新たな階段の増設 階段室に窓を付ける
エレベータ	エレベータの修理	停止階の修繕	新たなエレベータの増設
廊　下	手すりの修理 壁面・床面の塗り替え	子供用・老人用の手すり設置 プランターの設置 コンクリート床を変える	開放廊下の室内化
郵便箱・宅配ボックス	郵便箱の修理	新たな郵便箱設置	宅配ボックスの設置
エントランス	エントランスの修理	新しい照明器具にする スロープ設置	エントランスのホール化 ソファーなど待合室との兼用
外　壁	外壁の改修 外壁の塗り替え	外壁の張り替え	
屋　上	屋上の修理 外壁の洗浄	屋上の増築	屋上を遊び場として利用可能にする
屋　根	屋根の修理	屋根を変更する	新たに屋根を設置
設　備	設備の修理	ソーラーパネルの設置 雨水再利用システムの設置	
配　管	配管の修理	配管の交換	屋内配管を変える
構造体		断熱材をいれる 構造の補強	

　この再生は，一般的に「修理」や「修繕」，「補修」といった呼び方をされる。レベルⅡとは，「再生行為の行われる時点での時代標準性能への引き上げ」を目的としている。例えば，20年前の建設時には一般的であった浴室内部設置型の風呂釜を，20年後に一般的になった屋外型の風呂釜に変更し，浴槽を広げて足を伸ばせるようにする，といった変更である。これは「改良」・「改修」といった呼び方で表現できる。レベルⅢは，「空間性能の包括的引き上げ」を目的とするもので，例えば，「2戸1再生」と俗称されている二つの住戸を一つにして面積を一気に2倍にしてしまうといった再生を指す。表-7.2.1に，住棟に関するリノベーションレベルごとの維持・管理(再生)内容の例をあげた。

　広い意味では，「建替え」も「再生」行為に含めることができる。上記のレベルⅠ～Ⅲで再生するよりも，古い建物を壊して新しい建物を建てた方が社会的・経済的に有利であると判断される場合には，「建替え」という「第4の選択肢」が選ばれることになる。

7.2.2 リノベーションのボキャブラリ

わが国では馴染が薄い欧米の集合住宅におけるレベルIII（大規模改良レベル）の再生事例を図-7.2.2～7.2.13に紹介している。バルコニー（ベランダ）の室内化、バルコニー・エレベータの付加、屋上増築、エントランスの大規模改造、環境・資源保護設備の設置、芸術家とのコラボレーションによる外壁の美化、職業訓練施設の設置などである。欧米では、レベルI（修理・修繕）～IV（建替え）までの維持・管理（再生）行為が連続的に行われている。

一方わが国においては、レベルIの修理・修繕レベルのリノベーション行為が幾度か繰り返された後に、前節で述べたようにいきなりレベルIVの建替えが選択されるというのが近年の「常識」であった。近年では、修理・修繕レベルは継続的に実施されているものの、改良・改修レベル、大規模再生レベルは緒についたばかり

図-7.2.2 デンマーク、オーダルパークン（Adalsparken）[6]

■バルコニーの室内化
バルコニーを囲って屋内化しサンルームのようにして利用するという再生は、欧米各国でよくみられる。屋内居住面積が増えるわけだから、住み手には評判が良い。ただし日本では、法規上ベランダが避難路として確保されている必要があるため、単純に室内化することができない。

図-7.2.3 フランス、パリ（Paris）
■エレベータの付加
元々階段しか設置されていない集合住宅に、新たにエレベータを設置するという再生である。

図-7.2.4 アメリカ、ワシントン（Washington）
■バルコニーの付加
バルコニーを新たに設置する再生である。

第3編　海外事例にみる再生アイデア

■屋上増築
4階建ての建物の屋上にさらに一層分の住居を増設した例。屋上階の住戸売却による利益を再生費用に充当できるメリットがある。

図-7.2.5　ドイツ，シュトゥットガルト(Stuttgart)（再生前）

図-7.2.6　ドイツ，シュトゥットガルト(Stuttgart)（再生後）

■屋上増築＋エレベータの付加
新設した屋上階に対する市場評価を高めるため，同時にエレベータを付加する例もある。

図-7.2.7　デンマーク，トフトガルデン(Toftegarden)

■住棟エントランスの改造
薄暗く特徴のない棟のエントランスホールをカラフルに改造したり，庇がなかった入口に庇を設置した例である。

図-7.2.8　アメリカ，ワシントン

図-7.2.9　ドイツ，ブラウシュバイク(Braunschweig)

第 7 章　欧米における集合住宅リノベーション

■環境への配慮
　団地の再生を行うときには，環境への配慮は重要なテーマである。ドイツ，ベルリンのヘラ・ストーフ団地では，ソーラーパネルの設置，雨水の再利用，ゴミ収集・処理施設の設置，アーティストと協力した外壁デザインなどが試みられている。

図-7.2.10　ドイツ，ベルリン(Berlin)

■社会問題の解決
　欧米において大規模な集合住宅の再生が行われる場合，麻薬・破壊行為・失業などの団地スラム化要因に対する対策が再生の中心的な動機となる例が多い。写真は，米・ワシントンの団地であるが，これまで紹介したような空間再生と同時に，コンピュータ処理技術の訓練室(左下写真参照)を設置し，職業訓練を授業料なしで行うといった社会的再生を同時に実施している。

図-7.2.11　アメリカ，ワシントン(再生前)　　図-7.2.12　アメリカ，ワシントン(再生後)

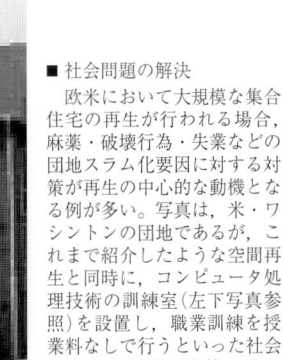

図-7.2.13　アメリカ，ワシントン

で，再生のボキャブラリも欧米に比してきわめて乏しい状況にある。結果として，経験不足のために住み手・所有主体・計画主体等は再生内容・効果に関するイメージを持ちにくく，効果的な再生が実施されないという悪循環に陥っている。まず，社会全体が「団地・集合住宅の再生とは何を行うことなのか」という知識を広く共有することが必要である。その上で，「永生きする」集合住宅の維持・管理のために，集合住宅や団地個々の必要に応じて計画的・継続的にレベルⅠ（修理・修繕）・Ⅱ（改良・改修）・Ⅲ（大規模改良）の再生行為が上手く選択され，実施されることが望まれる。

7.2.3 ボキャブラリの適用例

欧米では，前節で紹介したような集合住宅リノベーション・ボキャブラリを用いて実際にどのようなリノベーションが行われているのだろうか。ここでは，オランダにおける集合住宅や団地へのリノベーション・ボキャブラリ適用の例を紹介する。

(1) 付加型再生事例：デ・ラーデン（De Raden）の集合住宅（エレベータ室の増築と外構整備）（図-7.2.14，7.2.15）

この集合住宅は，建設当初「コの字型」に中庭を囲むレイアウトで住棟が配置された。結果として中庭が外部に対して開放され，居住者以外の人々が自由に出入りできるようになっていた。しだいに中庭が荒らされるなどの安全上の問題が表面化し，また，居住者の高齢化に伴うエレベータ設置要求の高まりが無視できなくなった。

対策として，中庭への入口を塞ぐようにエレベータ室を増築した。これによりエレベータ機能を建物に付与するだけでなく，中庭が居住者のためのプライベートな空間となり居住者間の交流の場となった。

(2) 転用・保存型再生事例：ロッテルダム（Rotterdam）のウォーターフロント再生（倉庫からショッピングセンター・集合住宅への転用）（図-7.2.16，7.2.17）

この事例はロッテルダムの運河沿いに建つ古い倉庫をショッピングセンター兼集合住宅に転用（コンバージョン）したものである。地下階にレストラン，1階がショッピング・モール，2階より上階が住宅となっている。このリノベーションは建替えよりも費用がかかっているが，

図-7.2.14 デン・ハーク（Den haag）：エレベータ室増設

図-7.2.15 デン・ハーク：中庭の整備

図-7.2.16 ロッテルダム：倉庫の転用

第 7 章　欧米における集合住宅リノベーション

建物自体の歴史的価値を考慮し，構造的安全性などの建築性能の診断・評価を行った上で再生が選択されたものである。このような保存的転用は欧米ではごく普通に行われている。

(3)　複合型再生事例：スラークバイク（Slaagwijk）の団地再生（地域核施設新築・外壁更新・色彩計画・プライベートガーデンの新設など）
（図-7.2.18 ～ 7.2.21）

スラークバイクは 1970 年頃に新たに開発された大都市ライデン（Leiden）近郊の都市である。元々は農村地帯で，ライデンから少し離れた交通が不便な場所に位置することや，個人所有の戸建住宅が中心のオランダにあって，専ら低所

図-7.2.17　ロッテルダム：ショッピングセンター内部

図-7.2.18　スラークバイク：地区再生計画模型

図-7.2.19　スラークバイク：高層ショッピングセンター

図-7.2.20　スラークバイク：階段室増築部

図-7.2.21　スラークバイク：プライベートガーデン

得者を対象とした賃貸方式の社会住宅で構成されている団地であることなどが住民の疎外感を招いていた。建物のつくり・性能も劣悪で，画一的なデザインとあいまって，空き室の増加や犯罪の頻発といった社会問題が増大していった。

こうした問題に対処するために，1988年にスラークバイク地区全体を対象とする大規模な再生事業が開始された。再生内容の概要は，地域核施設としての高層ショッピングセンターの新築・住棟外壁の更新・色彩計画による景観/サインの整備・地上階住民のためのプライベートガーデンの新設・エレベータの新設・住棟エントランスの改善・トンネル状通路を幼稚園へ転用，などである。

(4) 複合型再生事例：ビルメミア（Bijlmermeer）のニュータウン再生

ビルメミアは，1970年代から90年代にかけて，オランダへ移民してきた人々が最初に生活を始める場所であった。この事実は，職にあぶれた人々がこの街の住民の多くを構成することを意味していた。1968年にフーグールト（Hoogoord）地区に最初の住戸群が完成した当時は，アムステルダム郊外の広大な干拓地にユートピアが実現するのだとオランダ国民は信じていた。しかしながら数年後，ビルメミアは破壊・麻薬・犯罪に溢れたディストピアとなっていた。モダニズムの栄光と挫折を経験したビルメミア団地は，今もまだ，再生への道を歩む途中にある。この団地の居住環境の変化と再生の過程を以下に紹介する。

a. 誕　生

ビルメミアは，行政区分としては北オランダ地方・アムステルダム（Amsterdam）市・南東区に所属する元干拓地である。1966年に着工され，1968年には，K.Rijnboutt（リーンブート）設計の最初の住戸群がフーグールト地区に完成した（図-7.2.22）。この設計は，1928年，1933年のCIAM会議におけるラ・サラー（La Sarraz）宣言[*2]，およびLe Corbusierの精神である機能都市（Functional City）[*3]の思想に基づくオープン・スペース（Open space）と高層（High rise）を実現したものであった。ビルメミアの開発計画の特徴は以下の通りである。① 動線の分離：歩行者・自転車用道路が地上レベルに用意され，自動車用道路はさらに一段高いレベルに設定された。このため，地上レベルからは，自動車用道路が土手となって景観の見通しを妨げる結果となった。② 6角形住棟：住棟の中心に，すべての住棟に対して平等なオープン・スペースを確保するために，住棟は巨大な6角

図-7.2.22　完成直後のビルメミア[7]

[*2] CIAM第1回会議において，討議の結果採択された建築・都市の近代化への指標。「アカデミスムや政府からの脱却」「機能主義」「都市計画に必要な住む・働く・楽しむの3要素」などが提言された。CIAMとは，Congres International d-Architecture Moderne（近代建築国際会議）の略。1927年のジュネーブ国際連盟会館設計コンペで最優秀賞に該当したル・コルビュジエの案が，政治的な妨害により拒否された事件を機に，近代主義の組織化を目的に結成。第1回会議は，1928年6月，スイスのラ・サラーにあるde Mandrot（ドゥ・マンドロー）夫人所有の城館で，欧州主要建築家が参加して開催された。1956年，第10回のドゥブロブニク会議で解散。

[*3] 1933年にマルセイユ・アテネ等で開催された第4回CIAM会議のテーマは，「機能都市（The Functional City）」であった。34都市の分析を通じて，都市問題解決への提言を「アテネ（Athens）憲章」としてまとめた。「高層住棟」「連続した緑地」等を内容としたこの憲章は，1943年に出版され，第二次世界大戦後には，欧州各国を始めとする先進各国の団地計画に多大な影響を与えた。

形平面を構成しながら連続している。設計初期には，24階建住棟が計画されたが，結局11階建（地上9階，地下2階）となった。すべての住棟は，同じ高さ・デザインとされた。オープン・スペースと住棟形状については，羊羹型（直方形型）住棟に比して優れているという意見と醜いという意見が対立する。住戸寝室数は1～5室のバリエーションがあったが，2～3寝室のプランを有する住戸がほとんどであった。均一な住戸計画は，結果的に空家増の要因となった。③ 十分な緑地：敷地の80％が緑地として確保されており，ビルメミア中心部には大きな公園が計画された。④ 駐車場：十分な台数分の駐車場を設置し，各駐車場と住棟は屋内通路を通ってアクセス可能である。⑤ 商業施設：一つの大規模商業施設と二つの小さなショッピングセンターを有していた。

b．挫 折

建設当時，アムステルダムは深刻な住宅不足に見舞われており，ビルメミアの他にもアルメア（Almeer），リリシュタット（Lelyestad）というニュータウンが同時期に計画・建設された。この二つのニュータウンは，低層住宅を中心に計画された点がビルメミアとの大きな計画上の違いであった。元来，白系オランダ人は，居住環境として「独立」，「プライバシー」を重視する傾向がある。中流階級の人々はビルメミアではなく他の二つのニュータウンに好んで入居をした。1969年にはすでに，エレベータが少ないこと，庭がないこと，インフラストラクチュア（とくに地下鉄が開通しないこと）にビルメミア住民の不満が表出し，住民代表の抗議ミーティングが行われている（図-7.2.23）。結果的に，ビルメミアは，空室が増加し（1974年入居率25％），居住者はグループで居住することを好むアジア人・黒人を主体とし，シングルマザー・同性愛者・失業者で構成される，という状況に至った。

1975年にビルメミア最後の地区の建設が終了した（図-7.2.24）。2×2.5（km）のエリアを有するビルメミアには，約4万人の人口を収容する12 500戸の住戸が10階建の30住棟に存在していた。同年，オランダの植民地であったスリナムが独立した。これを契機にオランダ市民権を維持するために大量のスリナム人がアムステルダムに流入した。アムステルダム近郊

図-7.2.23 抗議集会の様子[7]

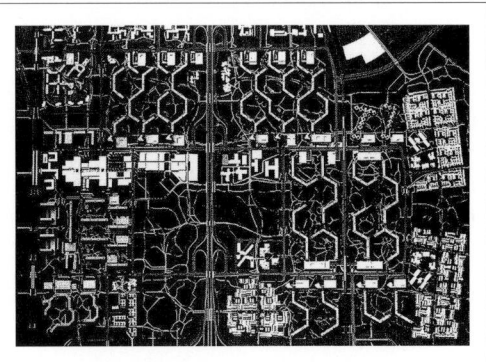

図-7.2.24 1970年代のビルメミア[8]

図-7.2.25 再生後の住棟

でスリナム人達が居住地として選択できるのは
ビルメミアしかない状況であったため，新たな
スリナム人転居者達で一気にビルメミアの人口
が増加した。しかしながら，すべてのスリナム
人達に職が行き渡らなかったため，失業者
（1984年失業率40％）と麻薬が溢れることとな
った。実際に，政府による賃貸料助成のみが，
失業者達がビルメミアに居住することを可能と
していたのである。

c. 混 乱

1972年から継続的に，アムステルダム市当
局はビルメミアのスラム化防止対策を策定し
た。1982年には，プロジェクト・グループが
設立され，「第一次大規模再生」が始まった。
「社会環境の改善および家賃の抑制・犯罪が多
数発生している屋内通路の閉鎖・エレベータ設
置・地上レベルの駐車場整備・倉庫として計画
された地上階の住戸化・外構整備・住戸分割・
麻薬追放・地区内の商業活動」などを内容とす
るニュータウン再生計画を提示し，翌1983年
には，14に分割されていた地区管理組合を「ニ
ア・アムステルダム（Niear Amsterdam）」一つ
に統合し，ビルメミア全体での総合的再生に対
する意思決定が可能となった。しかしながら，
空室率は減少せずニア・アムステルダムは間も
なく倒産した。当時，住民の70％以上は黒人
移民であり，出身国はスリナム・インドネシ
ア・カリブ諸国の旧オランダ植民地，およびガ
ーナが中心であった（図-7.2.26）。

図-7.2.26 混乱時の少年達[7]

d. 再 生

1992年10月4日に，ボーイング747貨物
機が団地内に墜落，10階建住棟に衝突し，50
人の死者が出るという悲劇にビルメミアは見舞
われた。しかし，1992年はビルメミアにおけ
る大規模再生の効果が実感され始める年でもあ
る。1990年に，「13千戸の高層住等住宅の内，
25％を取り壊し，20％を転居，50％を大規模
再生工事の対象とし，低・中層住戸を新設する」
計画が提案され，1992年に，アムステルダム
市・南東区・オランダ社会住宅基金は，ビルメ
ミアの抜本的再生「第二次大規模再生」に着手し
た。この計画は2006年までの期間を予定して
いた。再生計画の内容は，空間再生（約3 000
戸の高層棟住戸の取り壊し，低層住戸群の新設，
残りの高層住棟の大規模再生工事，分譲住戸の
売却等），社会経済的自立（失業者に仕事を与え
るプログラム，教育向上プログラム等），環境
再生（包括的地域生活環境の向上，主として外

表-7.2.2　1992年の第二次大規模再生計画項目

(1) 空間再生
1. 高層棟住戸2 800戸の取り壊し　　2. 高層棟住戸8 200戸の再生工事・転居
3. 高層棟住戸750戸の再生工事・分譲（売却価格25万～38万～60万ギルダー（約1 500万～2 300万～3 700万円））
4. 高層棟住戸750戸の所有移転（空家を売却）　5. 低層住戸600戸の分譲（35万ギルダー（約2 100万円））～
6. 低層住戸4 500戸の新設　　7. 約13の駐車場の取り壊し　　8. 緑地・遊び場の改良
9. インフラの整備（車道を横切ることなく，自転車・人が通行できる道の整備など）

(2) 社会経済的再生
1. 学校における教育プログラム改善　　2. 特殊技能教育プログラム
3. ハウスキーパーなどの失業者雇用プログラム　　4. 警察と協力した警備雇用プログラム
5. 25千m²の無料業務床プログラム　　6. PATRIMONIUM（パトリモニアム）（所有会社）への雇用プログラム
7. 会社設立援助プログラム　　8. オランダ語学習プログラム

(3) 環境再生
1. 近隣監視・協力プログラム　　2. 警備プログラム　　3. 補助雇用の展開プログラム
4. 環境悪化防止プログラム　　5. 恵まれない子供達への支援プログラム

構を対象)に分類される(表-7.2.2 参照)。1992年から暫くは,空間再生に対して資金が集中的に投入され,社会経済的再生は,個人への公的な失業補助に頼っていた。1996年には,新しいビルメミアのシンボルとなるアムステルダム・アレナ(Amsterdamse Arena)サッカー場(オランダ最強とされるサッカー・チームであるアヤックスの本拠地)がオープンした。また,同年には,E.C.(ヨーロッパ共同体)による1 000万ギルダー(約6億1 000万円)のビルメミアにおける社会経済的再生への助成プロジェクトが開始された。さらに,1999年1月には最終マスタープラン「ビルメミアは私の街」が発表され,それに従ってビルメミア再生は,順調に進行すると同時に,随時具体的目標・計画の見直しが行われている(図-7.2.27,図-7.2.28 ～ 7.2.36 参照)。再生の結果,街のイメージが改善され,中流階級層の流入が始まり,住戸価

図-7.2.27 ビルメミアの再生 map [7]

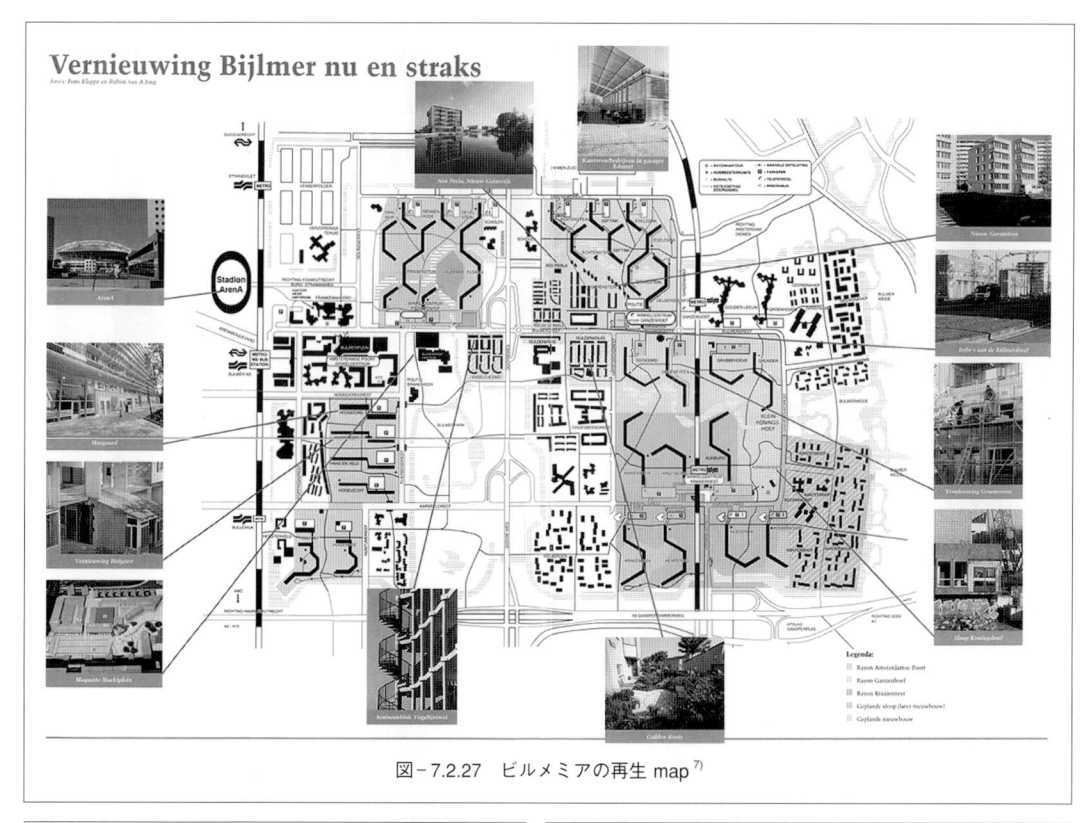

図-7.2.28 地区再生計画模型

図-7.2.29 団地中央部は広大な緑地として計画されていた

第 3 編　海外事例にみる再生アイデア

図-7.2.30　長く連続していた住棟は，部分的に切り取られた

図-7.2.31　地区ごとに管理事務所が設置され常時住民とのコミュニケーションを図っている

図-7.2.32　再生住棟エントランス・ホール

図-7.2.33　当初は倉庫と薄暗い通路であった1～2階に住戸が追加された

図-7.2.34　失業者の雇用対策のため，再生当初駅前オフィスは無償で提供された

図-7.2.35　ショッピングセンター内部

第 7 章　欧米における集合住宅リノベーション

図-7.2.36　新しく建設された駅前商店街

格および教育レベルがアムステルダム市平均近くに上昇し，1980 年代には 25 ％以上であった空室率が，2001 年時点で 7 ％まで減少した。

1992 年に始まるビルメミア第二次大規模再生計画の策定時には，失敗に終わった第一次再生時の再生マネージメントの欠陥および再生資金の欠如が二つの大きなスラム化促進要因として指摘された。再生マネージメント上の課題としては，① 住棟・住戸に多様性がないこと，② 維持保全計画・実施がされていないこと，③ 犯罪，ゴミの散乱，破壊活動があること，④ 住み手の居住期間が短いこと，⑤ 住み手流入需要が小さいこと，⑥ 住み手の収入が低いこと，等があげられた。また，再生資金上の課題としては，① マネージメント・コストが高いこと，② メンテナンス・コスト・再生コストが高いこと，③ 賃料収入が安定しないこと，④ 1 億 4 000 万ギルダー（約 86 億円）の赤字があること，等があげられた。

これらの要因の内いくつかの項目が，日本の団地にも当てはまるであろう。すなわち，日本の団地・集合住宅も近い将来のスラム化への潜在的な可能性を有しているといっても過言ではない。これまでは建物の老朽化対策が主眼であったわが国のリノベーションも，まもなく訪れる超高齢社会と人口減少への対応が現時点での中心課題となっており，将来においてはいくつかの団地や集合住宅においてはビルメミアで行われたような複合的なリノベーションが求めら

れるかもしれない。

そもそもリノベーションは，集合住宅や団地おのおのの必要性に応じて個別に内容が決定されるものである。多種多様な個々の再生ニーズに対応したリノベーション・ボキャブラリを上手く使いこなす仕組の確立が必要である。

7.2.4　リノベーションの動機と範囲

(1)　意思決定のレベル

集合住宅や団地のリノベーションを行うとき，何も建っていない土地に新たに建物を建設する場合と決定的に違う点は，「今，すでに建物があり住んでいる人がいる」という事実である。リノベーションに関係する「住み手」，「所有主体（分譲集合住宅の場合は住み手あるいは住み手の集合体と一致する）」，「公共主体（市町村など）」間の利害調整の結果としての「リノベーションをやろう」という合意形成が前提となる。したがって，集合住宅のリノベーションを扱う上では，意思決定にかかわる住民の範囲によって再生を区分して考えることが有効である。

住戸内の再生（住戸レベル：DI）は家族の構成メンバーで決定すればよいのに対して，階段やエレベータといった住棟関連の再生（住棟レベル：DII）は数戸〜数十戸分の家族が決定に関わってくる。団地内の公園や駐車場の再生は，さらにいくつかの住棟が集まった団地全体（団地レベル：$DIII$）の問題である。こういった関わりの範囲を，団地外を含めた社会的意思決定レベル（社会レベル：DIV）と合わせて「DI〜DIVの意思決定レベル」と定義する（図-7.2.37 参照）。

(2)　リノベーションの動機と目的

欧米の集合住宅や団地のリノベーションでは，意思決定レベルも住戸レベル・住棟レベル・団地レベル・社会レベルと広範囲に及んでいる。これは，リノベーションの動機が，「建築部品の劣化，新建材，最新式の設備の導入へ

第3編　海外事例にみる再生アイデア

の要求，1973年のオイル・ショック以降のエネルギー消費節約意識，高齢者・障害者対策，空室による経営難，バンダリズム，失業者対策」等，居住性能への意識から社会問題へと大きく拡がっていることによる。高齢者対策は，現在の日本における大きなリノベーションの動機となっているが，バンダリズムや犯罪，失業者の蔓延といった極端なスラム化が顕在化していないため，わが国においては大規模リノベーションによる効用が今のところ小さい。ただし，例えば，前節で紹介したビルメミア団地やドイツの大団地問題[*4]においてリノベーションの動機となった諸問題は，近い将来のわが国に訪れる可能性があることを見越して今準備が必要な

のである。

「日本において何をリノベーションの主たる動機・目的とするのか」は日本に住む人々が決めなければならない。次章で紹介する事例を例に取ると，デンマークでは「環境への配慮」を中心としたリノベーションが盛んに行われている。リノベーションの目的は，場所や時代を背景として，関係する人々すべてが考え抜いた結論なのである。

「日本型のリノベーション」を考えていく上で指摘しておかねばならないことがある。単純に欧米を真似ることへの是非である。私たち日本人は今，「環境は，私的所有制の下での合理的利益追求によって向上する」という西欧的論理

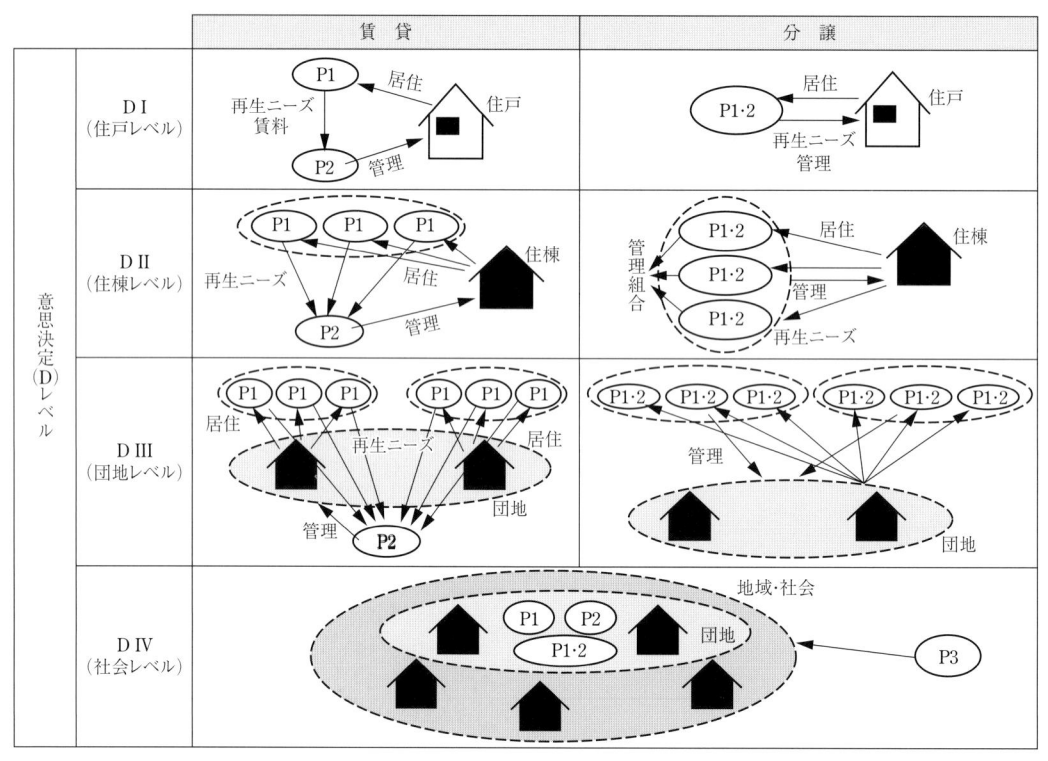

図-7.2.37　集合住宅リノベーションの意思決定レベルと関係主体の概念図

P1(住み手)，P2(所有主体)，P3(公共主体)，P4(専門家)

---

*4　マス・ハウジング期に建設された大団地の地域環境が荒廃し社会問題化したため，ドイツ連邦政府は，1988年に「大団地報告書」を公表した。そこでは，空室割合の多さ・入居者階層の偏り・バンダリズムの多発・建物経年損壊の進行・高層住居の子供への悪影響・建物外観携帯の単調さ・安全性の欠如・エレベータの不足・周辺からの孤立等の具体的問題が指摘されている。

に従って行動している。例えばビルメイアのリノベーションは、その論理を、計画から実行へときわめて合理的に適用した事例であり、権利と義務の整理方法として私たちが学び取るべき点が多い。しかしながらこの西欧的論理は、「現存する人々が現時点での利益追求を行うことによって、未来の人々へ不利益を与える可能性がある。」という危険を内包している。例えば、「共有地（Commons）の悲劇」（G. Hardin（ハーディン），1968）という西欧的論理による説明がある。「誰のものでもない」草原で、牛飼い達が自由に放牧していると、より多くのミルクと肉を得るために抜け駆けして頭数をどんどん増やそうとする。結果、牧草が枯渇し、牛は痩せてしまう。私有地として分割し、「合理的に」自らの責任で管理し相互に交渉が行われれば、草原は「悲劇」から救われ「環境」が向上する、というのが主張である。しかしここには、「未来の人々」が自らの利益のために交渉を行う機会が与えられない限り、将来の「環境」は考慮されない、という落とし穴があることも指摘されている。この意味において、例えばビルメイアの取り組みは、「未来の利益を代弁する役割を、誰がどのように果たすのか？」という命題に対して明解な回答を与えているとはいいがたいようにも思える。論理に加えて私たち一人一人が失いつつある倫理を取り戻し、公共の役割と制度へ反映させることによってのみ、未来へ持続的に続く住環境を得ることが可能となるであろう。

7.3 日本への教訓と方向性

7.3.1 リノベーション工事上の課題

わが国の建築産業は市場の大部分を占めていた「新築」中心に構成されている。「再生（リノベーション）」工事への対応のためには再生工事特有の課題が存在する（**表-7.3.1** 参照）。

日本においては再生工事市場の規模が小さいため、新築工事においてはサブ・コントラクターとしての役割を果たす比較的小規模の専門工事業者が再生工事の中心的役割を果たしているが、工事規模の大きい再生工事・複雑な再生工事に関しては、資金的・技術的困難さのために、ゼネコンを元請けとし自らは下請けとして参加する新築工事と同様の分担方法を採用している。また、日本においては建築家の役割も発揮しにくい傾向がある。

一方、欧米各国においては、新築と同様の役割分担を担っていると回答した主体がほとんどであるが、他主体の技術的協力を得る米国のサブ・コントラクターや、組織形態を新築工事と明確に区別しているオランダのサブ・コントラクター、ゼネラル・コントラクター、米国のゼネラル・コントラクターの例がみられる。

主として設計・計画に関わる課題としては、調査・診断の技術、建築家の役割、居住者間での合意形成などがあげられる。これらの課題については、再生市場が未成熟な日本でとくに問題意識が高い。施工については、再生工事の際に住民が居住したままでの工事となることから、工事中およびその前後における住民への対応や騒音などのトラブルへの対処、安全対策、再生独自の工事手法（資材搬入・養生等）などが必要とされている。また、職人のスキルや教育も重要な課題である。資金面に関しては、コストが割高となる、積算が難しいなどの課題が指摘されている。日本においてはとくに、報酬が取りにくいという問題点も存在している。

以上の課題への対応として、各専門工事業者が以下のように対応している例がみられた。

① 設計・計画：調査診断チームの設立・調査診断専門会社との連携
② 住民への対応：住民への工事情報の伝達、工事現場清掃の励行、コミュニケーションスペシャリストや女性監督の活用、住民対応に優れた職人の配置、住民財産・工事資材の盗難防止への留意

表-7.3.1 新築工事に比した再生工事の特徴と問題点[5]

再生工事の特性		再生工事上の課題
計画	建築家の役割	建築家の役割が不明確。コーディネータに過ぎない例も多く見られる。
	既存建物の条件	建設当初の図面が保管されていない。
		計画・工事作業場に制約がある。
		調査・診断に基づく注意深い計画・設計が要求される。
施工	住民の存在	調査・診断データおよび技術・機器が不十分。
		住民との協力が必要。
		居住者が住みながら工事を行う場合が多い。
		工事中の安全性の確保。
	施工技術	住民財産・工事資材等の盗難への注意が必要。
		資材・機材の運び込みが難しい。
		敷地内での資材・器材の保管場所の確保が難しい。
		構法の選択に制約がある。
	教育	施工機器の標準化がなされていない。
		作業員へのマナー・技術教育が重要である。
		マルチ・スキルド・ワーカーが必要である。
積算	費用	作業員の熟練度の評価基準がない。
		コストが新築に比して高くなる傾向がある。
		工事前にコストを正確に予測することが難しい。
	報酬	各主体の仕事量に対する正当な報酬を確保できない。

③ 工事技術：住民の生活を妨げない迅速な資材搬入のための仮設エレベータの設置やプレファブリケーション部材の利用，多能工の導入，再生工事特有の技術の開発

④ 資金・費用：再生工事の見積りの難しさに対しては，多めに見積もる例や，オーナーの理解を得て予備資金を用意してもらう例がみられる。コストの削減に関しては，「工事技術」でも述べたように，プレファブ部材や多能工の利用による効率の向上を図っている。設計報酬については，新築より高い工事費の 17 ～ 20 ％の設計料の支払いが確立しているデンマークなどの例がある。

以上より，各主体共に，再生工事の特殊性を理解し，専門部門の設置などの手法で企業規模に応じた組織的対応を行っているものの，教育体制の欠如に代表されるようにノウハウの蓄積は個人レベルに留まる傾向にあり，結果として，設計者・監督者・職人などには経験豊かな質の高い人材を配置して再生工事の特殊性に対応していることがわかる。

一方で，欧米においても，専門事業者等の企業・組織レベルでは対応することができないマンション・集合住宅再生工事を行ううえでの課題が残されていることも，同時に明らかにされた。すなわち，居住者間の合意形成，建築家の役割の明確化と拡大等の主体間の意思抽出と調整・総合に関する項目である。

7.3.2 合意形成と専門家の役割

前節で述べたように，再生先進国である欧米においても，合意形成手法はリノベーション工事上の未解決の課題である。例えば，屋上増築を行って新たに増えた住戸分を売却して再生工

---

[5] 再生工事が新築工事と異なる特性およびそれに伴う困難さについてデンマーク・フランス・ドイツ・オランダ・アメリカ・日本の 6 か国において，他企業に比して建築再生工事比較が高い専門工事業者 22 社，総合工事業者 2 社，部品メーカー 2 社，建築設計事務所 7 社，公的住宅企業 1 社，計 34 主体に対して，1998 年にインタビュー調査・アンケート調査を行った結果である。

表-7.3.2 ビルメニア第二次大規模再生時の資金計画

1. 収益事業(35億ギルダー(約2100億円)) 　・新築住戸 　・Ganznfoef地区ショッピングセンター建設(HBG：建設会社) 　・Amsterdamse Poort地区ショッピングセンター拡張(INGVGO/WBA：デベロッパー・建設会社) 　・再生棟住戸の売却・賃貸 2. 非収益事業−1(4億5000万ギルダー(約280億円)＝公的住宅中央基金が負担) 　・社会福祉賃貸住戸の再生(50％補助) 　・2007年の工事終了までの賃貸住戸の減少による賃料収入損失 　・住戸・駐車場の取り壊し 3. 非収益事業−2(4億5000万ギルダー(約280億円)＝アムステルダム市が負担) 　・インフラおよび公共スペースの整備 　・ショッピングセンターの買収・取り壊し

事費用を賄うケースや，スラム化した地区に立地して資産価値がほとんどなくなったマンションについて地区再生と同時に工事を行って市場価値を上昇させるケースなど，「費用負担がない」あるいは「負担に見合った資産上昇が得られる」場合には住民間の合意形成は比較的容易である。しかしながら，住民に費用負担が生じる場合には，全員一致の合意はほとんど不可能である。これは，再生工事から得られる効用(メリット)の大きさが住民個々で異なることに起因している。例えば，100歳を超える老夫婦2人で生活している住民は，数十年先までのマンションの寿命を見越した大規模な再生工事に対して数百万円を投じるよりも，このままの住環境の状態でそのお金を生活費に投じて余生を静かに過ごす方を選ぶであろう。

再生工事を廻る受益と負担に関する住民間の調整を行うための専門家の役割は重要である。

フランスの一般的なマンションでは，年に数回専門家を交えた家主会議が行われ，管理・工事のプログラムが決定される。専門家は家主達に対して，財産としてのマンションの維持・管理に最も有利であると考えられるプログラム案を示し承認を求める。また，利用上の効用に応じた工事費負担割合も合意される。例えば，エレベータの維持・管理費負担については，5階の住民は地上階の住民よりも多く負担することが当然とされる。

ドイツでは，74％の損傷は建築物の表面で起きており[9]，構造体が変更されることは稀にしかない。構造体の寿命は30〜300年であり，外周壁は約20年，設備は7〜15年，間取り，すなわち，間仕切壁・天井・扉位置の変更は3〜30年の周期で変更される。集合住宅住民の改善要望をみると，約50％の住民が断熱に不満をもっており，主だった対象項目は，40％が防音，35％が湿気，23％が構造，21％が間取り，15％が収納，12％が地下収納の不備，10％が建具，6％が建物の古さ，4％が住戸面積である。マス・ハウジング期に建設された集合住宅に居住する住民は，住戸面積，間取り，断熱，防音，湿気に不満をもっている[10]。

このようなさまざまなリノベーションの動機を取りまとめて，関係者間の合意を形成するために，専門家は，例えば，① 集合住宅の前提条件となる建築上の条件・関連主体の意思・再生後の住宅市場における競争力等を検討した上で，② アンケート調査などを用いた再生メニュー(案)を策定し，③ 住み手に対して再生内容・再生効用・費用負担の説明を行う。④ 住み手の合意形成にあたっては，説明後の住み手の賛成割合と再生効用が費用負担を上回らない住み手に対する措置を考慮して，再生メニュー(案)の見直し・説明を繰り返す。また，同時に，⑤ 公共主体との補助金等に関する合意形成作業を進める，といった役割を担っている。

例えば，前節で紹介したオランダのビルメニア団地の再生における合意形成過程を紹介する。1992年以降のビルメニアにおける第二次大規模再生プログラムにかかわる主体間の関係

を，図-7.3.1 に概念図として表現した。

住み手の合意形成のために，専門家・MP Bureau（エム・ピー・ビューロー，以下 MP，詳しくは後述）が住民の再生に対する多様な意思の総合化を行っている。また，専門家・Project Office（プロジェクト・オフィス）は，MP が代表している住み手，所有主体，公共主体おのおのの再生効用が費用負担を上回るべく再生に関する調査・計画を行い，各主体の合意を取り付けた上で再生行為のマネージメントを行っている。すなわち，MP は住み手間の合意形成を，Project Office は住み手・所有主体・公共主体間の合意形成を取りまとめる役割を担っている。

1992 年の再生前の住民は，約 50 ％が「早くビルメミアから出て行きたい」と考えており，約 50 ％が「残りたい」と考えていたといわれる。さらに，「残りたい」と考えている人の内の半数は，所謂「Functional City（前出脚注＊3 参照）が好きな人々」であり，残る半数は，「集団で居住することを好む」外国人であった。ビルメミアは，多国籍地区であり，オランダ人・スリナム人・トルコ人・モロッコ人等，さまざまな出身国で構成されていた。このことから，再生に関する住み手の合意形成のためには，多種多様な文化的背景を有する住民の意思を吸い上げ統合する必要があった。

MP は，住民に対するコンサルティング組織である。1996 年の E.C.（欧州共同体）による 1 000 万ギルダー（約 6 億 1 000 万円）の社会経済向上プロジェクト援助をきっかけに結成された。当時，70 ％以上を黒人移民が占めていた住民の意思を正確に理解する組織的受け皿がなかった。MP によれば，これは「白人は黒人の考えがわからない」ことに起因していた。オランダの国会にも黒人政治家が登場し，黒人・アジア人の権利を守るための制度的後押しが可能な政治的状況の中で，ビルメミアは，「多文化社会」の典型地区として，「Black & White Discussion[*6]」を行う枠組みづくりの政治的中心

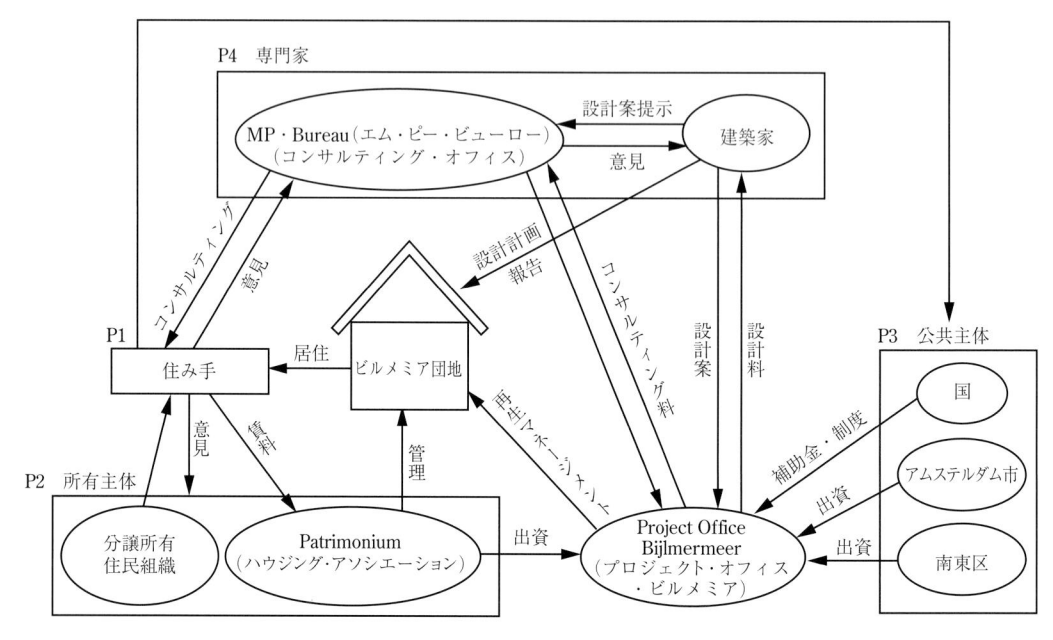

図-7.3.1　ビルメミア再生の組織

[*6] 黒人と白人に代表される異なる人種間の話し合いのこと。

対象となった。1996年以前は，住民と管理会社との会合はオランダ語の書類を配布した後に任意に住民が集合する方式であったため，白人のみが参加する結果となっていた。MPは，オランダ語の他に英語・カリブ語・スペイン語・スリナム語で文章を作成し，住民ミーティングでプレゼンテーションを行い始めた。結果，ほとんどの住民がミーティングに参加し，内容を理解し，発言することが可能となった。従業員数5名，年間予算は15万ギルダー（約900万円）であり，Project Groupから運営資金として支払われている。常時行っているネットワークによる対話の他に，任意の住民を集めた「スペシャル・セッション」，および，全住民を集めた「全体ミーティング」を開催し，住民の意思を収集・整理し，管理会社へ住民の意思を代弁している。

ビルメミア団地の第二次大規模再生を実行するために，新たな所有主体として白羽の矢が立てられたのは，アムステルダム最大のH.A.（Housing Association）の一つである「Patrimonium（パトリモニアム）」である。Patrimoniumの歴史は，1877年の「オランダ労働組合Patrimonium」の設立に始まる。1901年の住宅法（Housing Act）に基づき，1911年にはアムステルダム市においてH.A.として認定され，政府の補助金を得て，Patrimoniumは社会経済的弱者への住宅供給を行った。その後，Patrimoniumは，合併を繰り返して拡大を続けた。1997年には，1万戸以上を有するビルメミアのH.A.「Nieuw Amsterdam」を吸収し，2000年時点で4万戸以上を管理するオランダ最大規模のH.A.となっている。Patrimoniumの業務目的は，良質で低家賃の賃貸住宅の供給・管理・建設・再生であり，2001年時点で400人を超える従業員を抱えている。維持管理予算は約4 000万ギルダー（約24億円）であり，20％を日常的維持管理に，80％は計画的維持管理に投入している。Patrimoniumの手持ち資金は，175百万ギルダー（約105億円）であり，家賃収入は年間145百万ギルダー（約89億円），利子収入は年間20百万ギルダー（約1億2 000万円）である。資金調達は，保険会社などから市場利率に比して3〜4％低利の融資が可能である。居住者意見を経営方針へ反映するために，百数十存在する居住者組織とは，6回/年の会合を行っている。そこでの話し合いの結果が住民委員会により決定され，その後にPatrimonium運営方針に照らした上で，理事会で決裁される。

合意形成においては費用負担が最大の難関である。1992年から2007年までを実施期間とするビルメミア再生計画に，新たに必要とされた費用は，約9億ギルダー（約550億円）であった。これに対し，CFV・アムステルダム市・南東区・H.A.（当時，Nieuw Amsterdam）が30億ギルダー（約1 800億円）を出資し，ビルメミアにProject Groupを結成し，再生の実行を行った。再生開始に際して，H.A.およびProject Groupは，将来受け取るはずであった毎年の補助金を全額一度に再生への投資へ回し，市場価値を高めて収入を増加させる経営方針を取った。再生費用の一部を捻出するために，再生数の高層棟住戸の内，750戸を売却する計画であった。元々の居住者は，そのまま賃貸として住み続けるか，買収するか，あるいは転居するかを選択することができた。例えば，4室（リビングルーム・ベッドルームの合計数）住戸の場合，25万ギルダー（約1 500万円）で買収可能であり，低所得者には10〜30％の範囲で補助金が与えられることになっていた。ただし，将来ビルメミア外へ転居する場合には，補助金は返却する義務があった。また，再生直後でなくても，居住者には何時でも賃貸から所有へ移行する権利を与えられている。継続的な居住の確保と居住環境の向上に対する主体的動機付けのために，基本的には，居住者による所有が促進されている。もちろん，市場を通じて新たに

ビルメミアの分譲住戸を取得することも可能である。2007年には，約半数の住戸が個人所有となることが想定されている。

このような合意形成と費用負担についての考え方を整理してみる。

例えば，意思決定レベルが広範囲に拡がるドイツでは，「住宅所有権法」において，財産権の明確化よりも居住者同士の権利調整に目的の重点が置かれて規定され[7]，住民の要求を取りまとめる専門家の役割が明確化され機能している。合意上の争点になる可能性が高い費用負担についても，修繕と改善は明確に区別されている。すなわち，修繕費は家賃に含まれており，改善費用は原則として原価主義に基づいて家賃の値上げで回収する。もちろん大団地問題への対策時に代表されるように，連邦政府または州政府が公的補助を行う例外的場合もある。例えば，太陽光を反射する二重三重ガラスサッシュを設置すると，再生工事終了後工事費の10％が2年〜5年減税される，工事費全体が40年に渡って減税される，といった個別の税制上の優遇規定が存在する。また，1987年以前のドイツには，自己居住用家屋に関する用益価格を損益通算できる制度が存在していた。これらの税制上のインセンティブは，リノベーションに対する効用を高めると同時に住宅の取引リスクを軽減させることから，再生工事を政策的に促進するための手段として有効であろう。また，1970年代後半以降のドイツでは，① 持ち家助成への傾斜の結果としての都市部における社会住宅不足，② 原価主義の家賃設定による新旧住宅の家賃格差，③ 所得限度額を超えた入居者が住み続ける一方，入居希望者への供給不足が拡大しつづけるという不適正入居，という諸問題が生じた。これに対して，「ものへの補助」から「人への補助」へという助成方針の転換が行われた。戦後から高度成長期を支えた「持ち家促進・公的住宅」政策によって供給されてきたわが国住宅の状況は，「持ち家促進・民間借家」政策のドイツと単純には比較できないものの，「人への補助」[8]のわが国での実施は，所有主体の再生動機付け，居住者の住環境意識の向上，結果としての中古住宅市場の醸成に寄与する可能性がある。

これらの合意形成事例や対応制度は一応の参考にはなるものの，合意形成問題への対応は，欧米の再生諸先進国においても，専門家の役割・法制度を含めて確固とした共通技術が確立しているとはいい難い。わが国の文化と法制度を踏まえた独自の研究が必要とされる点である。

7.3.3 リノベーションとは何か？

現象・行為としての建築の中で，住宅は人間の生活と社会に最も密接な存在である。「欧米において，何故・如何に集合住宅・団地リノベーションが行われたのか」を理解するためには，経済・社会・政治・技術・文化的背景を認識する必要がある。また，「彼らの経験からわが国が何を学び取るべきか」を考えるためには，背景の相違を踏まえた方法の理解が求められる。

欧米でのリノベーションの根底にある条件は，リノベーションに関係する主体が「人間」としての自我を持ち自己責任を果たすのだという意識である。誤解のないように付け加えるならば，もちろん，彼らすべてがそのような意識のみで行動している訳ではない。しかしながら，欧米は，感情という人間性に代表されるヒューマニズムと，理性に基づく機能主義とのバラン

---

[7] 例えば，「区分所有関係の廃止は，権利者全員が合意した場合または権利者が1名となった場合に限られる」，「所有権の譲渡は他の権利者の同意を必要とする」，「3か月以上費用負担を滞納した場合，権利者の過半数の合意によって所有権を剥奪できる」等の規定がみられる。

[8] 「人への補助」への転換は工事費・市場家賃インフレーションを招く危険があるという批判もある。工事業者・所有主体への過剰な補助金の流入を防ぐための制度技術の手立てが同時に必要となろう。

スを保ちながら社会を築いてきた歴史に立脚しているといえるだろう。対してわが国は、「わび、さび」、「禅」といった欧米からみるときわめて人間の本質をとらえたヒューマニズムを有する反面、「ソニー」、「トヨタ」、「プレファブ住宅」といったテクノロジーの塊のような機能主義・構造主義的性格をも同時に持っている。この二面性がわが国社会の特性であるとすると、スクラップ・アンド・ビルドを当然のこととした20世紀の日本の都市形成過程はやや後者の面に偏りすぎていたといえないであろうか？　18世紀イギリスで始まった産業革命以降のモダニズムの進展と実行に関して、わが国は余りにも忠実すぎたのではないだろうか？

この意味において、わが国における集合住宅リノベーションとは、集合住宅や団地という空間を対象にして、ふたたび日本のヒューマニズムに立脚した都市空間を取り戻そうとする行為に他ならない。

◎参考文献

1) 住宅金融公庫調査による(アメリカ：American Housing Survey for the United States 2001, イギリス：http://housing.odpm.gov.uk/statistics, フランス：Annual Bulletin of Housing and Building Statistics for Europe and North America 2000, ドイツ：Annual Bulletin of Housing and Building Statistics for Europe and North America 2000, 日本：平成10年住宅・土地統計調査報告).

2) 住宅金融公庫調査による(ストック・データ：アメリカ：U.S.Census.Bureau, イギリス：Housing and Construction Statistics Great Britain Part1 March Quarter 2000, フランス："Bulletin Statistique du Ses Construction"(Logements ordinaires commneces), ドイツ："Bundes bau blatt"日本：国土交通省「住宅着工統計」, フロー(着工数)データ・ソースは1)と同じ).

3) 建築大辞典, 彰国社.

4) 住宅統計調査, 総務庁統計局, 1993.

5) Bundesbaublatt, 1991.

6) 図-7.2.2-7.2.21, 7.2.25, 7.2.28-7.2.36, 撮影：村上心.

7) Project Office 資料.

8) Archis 1997-3, Nederlands Architectuurinstituut, 1997.

9) Thomas Bock：ドイツにおける集合住宅再生について, 集合住宅再生シンポジウム・資料, 1999.8. 32%は外壁, 21%が屋根, 21%が窓である. 外壁32%の内, 9%はコンクリート壁で20%はれんが壁が占める.

10) Sample Institute in East Germany, 1993.

第8章
環境に配慮した集合住宅再生—デンマーク

8.1 はじめに

　日本の住宅も，フローの時代からストックの時代へと大きく変化しようとしているが，残念ながら日本の社会はいまだに新築中心である。とくに集合住宅におけるリニューアル，リノベーションについては，税制面，法的整備等，さまざまな部分において多くの課題を抱えている。

　今後の日本における集合住宅リノベーションを考えるにあたって，過去から多種多様なリノベーション実績をもつ住宅ストック先進国に学ぶべきことは多い。ここでは，デンマークにおけるリノベーション事例を紹介しながら，デンマークのリノベーションを支える社会システムを考えてみたい。とくに近年，デンマーク各地で行われている環境に配慮した集合住宅再生に着目し，その内容とそれを可能にした社会的な背景を検証する。

8.2 エリックスゲーデ集合住宅 (Eriksgade, Copenhagen)

　このプロジェクトはコペンハーゲン市内エリックスゲーデ（エリックス通）を挟んだ二つの街区にまたがる建物群のリノベーションである。既存の建物は，およそ1880年代に建設されたもので，今回のリノベーションは1993年から1998年にかけて実施された。このプロジェクトは都市におけるエコロジーの実験として行われ，資源の節減，エコロジー対策をテーマとした試みがなされている。このプロジェクトの特徴的なものとして，通りを挟んで相対する建物間の街路上部に太陽光発電パネルを設置している（図-8.2.1）。この二つの太陽光発電パネルは鉄骨トラスに取り付けられており，その形状は木葉か鳥の羽毛のようにもみえる。パネルの大きさからいっても発電量はあまり期待できないものの，環境に配慮した集合住宅再生プロジェクトであることを象徴する意味を持たせている。

図-8.2.1　エリックスゲーデ集合住宅

　ここで行われている環境に配慮した，環境共生型リノベーションの内容として，① 通りのアスファルト舗装を除去し，もとからの敷石を露出させて雨水などを地面に浸透させるように改良，② 街灯を，省エネタイプの照明器具に変更，③ 住戸には断熱を施し，周辺地域に設けられた地域暖房の効率向上を図る，④ 断熱ガラス，ソーラーウォール，屋根緑化の採用，⑤ 建物1階に共同洗濯場を新設し，洗濯水は雨水を利用，⑥ 中庭の舗装下地に建設廃材をリサイクルして使用，⑦ 家庭からのゴミを分別し，生ゴミは堆肥として再利用，が行われている。

8.3 ソルゴーン集合住宅
（Solgarden, Kolding）

コリング市で1996年から1997年にかけて、既存集合住宅のリノベーションと増築工事が行われた。

既存部分の屋根形状に合わせて、屋上一面に太陽光発電パネルを設置している（図-8.3.1）。

発電能力は年間7万kW、集合住宅全体の年間総使用電力の約4割で、主にリノベーション工事で新しく設置されたエレベータ、階段室の照明、共同洗濯場などの共用部の電力として使用され、余剰電力は電力会社に売電されている。ソルゴーンの太陽光発電パネルは北欧でも大規模なものであり、リノベーション工事全体の資金はデンマーク住宅都市省、コリング市、所有者、入居者で負担されている。太陽光発電設備工事費は2 200万デンマーククローネ（約3億9 600万円）で、太陽光発電による年間の節電効果は年間およそ7万デンマーククローネ（約56万円）としており、25年として計算されている太陽光発電設備の寿命を勘案すれば工事費の償却は困難である。

図-8.3.1　ソルゴーン集合住宅

8.4 フレデンスゲーデ集合住宅
（Fredensgade, Kolding）

ソルゴーン集合住宅に近接しており、周囲を通りで囲まれた1街区全体の集合住宅リノベーションである。このプロジェクトは1993年の初めに承認され1995年に完成している。中庭にバイオ・プラントの機能をもつガラスのピラミッドがあることで知られている（図-8.4.1）。

図-8.4.1　フレデンスゲーデ集合住宅

対象建物は40棟で、1900年から1920年代に建てられたものが33棟、1930年から1940年代に建設された建物7棟で、そのうち3棟は建築的な価値が低いとして建替えられている。総戸数は145戸で、所有形態はAAB（非営利住宅協会）、民間賃貸、個人所有など多岐にわたる。このプロジェクトではエネルギー・資源消費を節減する設計がなされており、① 省エネガラス・窓の採用、② アクティブ・パッシブソーラー設備、③ 節水型トイレ・器具の採用、④ 雨水のトイレ用水などへの利用が行われている。また、このプロジェクトにおける最大の特徴は、水を大切な資源と考えその価値を知らしめるための水処理施設である。汚水等は、街区から排出されることなくガラスのピラミッドを中心とするバイオ・プラントによって浄化され街区内で浸透処理される。また、この

設備を設けることで下水道料金が節減される。コリング市の上水道料金は23.67デンマーククローネ(426円)/m^3＋物品税25％，また下水道料金は15.36デンマーククローネ(276円)/m^3＋物品税25％で，このシステムは年間で145戸×70 m^3/戸＝10 150 m^{3}の処理能力があるため，年間19.5万デンマーククローネ(約350万円)ほどの下水道料金の節減効果がある。

8.5　ストッズゲーデ12集合住宅 (Studsgade 12, Arhus)

デンマーク第二の都市であるオーフスのプロジェクトである。八つの住戸と2軒の店舗を併設する市営の集合住宅のリノベーションである(図-8.5.1)。主な工事内容は，① 住戸間取りの変更，② 住戸の断熱性能の向上，③ 外壁に温水用パネルを設置して給湯に利用(住戸全体で使用される温水の6割をカバーしている)，④ ソーラー発電の設置(ここでつくられた電気は建物1階にある共同洗濯場で使用されている)，⑤ 雨水の利用などである。

写真は中庭に面した部分で，南面する外壁に温水パネル，窓の下部に給気用のソーラーウォール，太陽光発電パネルが設置されている。この集合住宅の運営にあたって，入居者は毎月一定額の電気・水道代を支払っている。そして当月の使用量がその料金を上回る場合追加徴収

図-8.5.1　ストッズゲーデ12集合住宅

し，下回れば払い戻しを行うというシステムを取っている。これは，住民に常時消費エネルギーの使用量・コストを意識させることで，集合住宅全体のエネルギー消費量の削減効果を狙っている。このプロジェクトにおけるリノベーション総事業費は1 000万デンマーククローネ(約1億8 000万円)で，その内太陽光発電・雨水利用設備の工事費200万デンマーククローネ(約3 600万円)と総事業費の20％程度が環境対策工事費に支出されている。

8.6　ヒデビューゲーデ集合住宅 (Hedebygade, Copenhagen)

(図-8.6.1)

図-8.6.1　ヒデビューゲーデ中庭

コペンハーゲン市内ヒデビューゲーデの既設建物は18棟で，全体の住戸区画は350戸(リノベーション後は270戸程度に減少)であり，その大部分がバスルームをもたない小さな個室2部屋だけの住戸であった。しかも，住戸のほとんどが老朽化しており，貧弱な設備と旧式の暖房設備しか備わっていないという状態であった。建築された年代はさまざまで，100年から120年程前に建てられた建物が多い。住戸の所有形態は，それぞれの建物によって異なり，コーポラティブ住宅，民間賃貸，持ち家等である。また，今回の工事を進めるあたり，コペンハーゲン市によって買い取られた住戸もある。この

プロジェクトは，デンマークの環境共生型集合住宅リノベーションのなかで最も規模の大きいもので，その目的としては以下のことがあげられている。

① 環境に配慮したリノベーションとして実験を確立させる。
② 都市の集合住宅リノベーションの一般的な改修手法となるよう，都市の環境対策に寄与する。
③ デンマークの環境資源政策を推進し，この分野における世界的な相互交流を図る。
④ 一般的な改修手法として定着させていく必要性の上から今回の工事において，経済・コスト面での貢献を目指す，等というものである。

ヒデビューゲーデのプロジェクトは，1997年末に工事が着工され，2001年末に完成している。

ここでは都市の環境に配慮したさまざまな実験プロジェクトが試みられている。

8.6.1 プリズム (Prisme)（図-8.6.2）

屋根に太陽を追尾する反射鏡を設け，太陽光を建物内部に取り込んで室内環境の向上を目的としている。また今回の工事で，断熱性能を高めるための断熱工事が行われたが，建物の街区側の外観は建築的な価値が高いとして室内側からの断熱工事が行われていが，中庭側はそれほど価値がないと判断されため外断熱で計画された。

8.6.2 グリーンキッチン (Green Kitchen)
　　　　　（図-8.6.3，図-8.6.4）

台所の外部側にアルミとガラスで出窓のように温室を増築している。そして，建物の屋根裏部分に熱交換器を設け，室内からの排気熱を新鮮外気へと熱交換し，暖められた外気はダクトを通してそれぞれの住戸にある温室に給気され

図-8.6.3　グリーンキッチン外部

図-8.6.2　プリズム

図-8.6.4　グリーンキッチン内部

る。そして，ラジエターの裏に設けられた取り入れグリルから室内へと導かれる。取り入れられる外気には，温室の植物から生じる酸素が付与され，さらにラジエターを通すことによって暖められるというシステムである。また，屋根から集められた雨水は，各階にある小さなタンクに貯められ，植物への水やりに利用している。有機ゴミの処理は，ダストシュートで，野菜，残飯等が地下室にある堆肥ドラムに集められる。そして，ここでつくられる堆肥は温室，中庭の植栽などに利用される。

8.6.3 ファサード(Facade)（図-8.6.5）

図-8.6.5 ファサード

出窓，バルコニーなどをモデュール化した部品の構成で，さまざまな用途に応じての対応が可能なようにユニット化したもの。ルーバー，ソーラーパネルもしくはソーラー電池，ソーラーウォール（換気用，非換気用）としての機能，断熱材，省エネガラスの使用等といった使い分けが可能となっている。

8.6.4 モニター(Moniter)

10棟，180戸の住人による水，電気など資源エネルギーの使用状況をモニターする設備が設けられている。また，湿度の測定，記録も行われている。これらの使用状況は常に記録され，住戸ごとまた建物棟別での比較もできるように

している。このプロジェクトの目的は，実際の資源エネルギーの節減効果を検証するためと情報を集積することで，今後のリノベーション工事に対する参考資料とするためである。

8.6.5 ウェイスト(Waste)（図-8.6.6，8.6.7）

図-8.6.6 ウェイスト

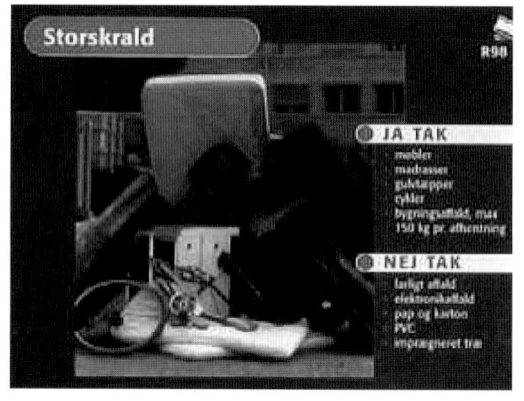

図-8.6.7 ゴミ置き場の扉に描かれた分別用表示

このプロジェクトでは，廃棄物を，①ガラス類，②プラスチック製品，③新聞・雑誌類，④古着，⑤ダンボール類，⑥生ゴミ，⑦危険物・環境に悪影響を与えるもの，⑧不要となった家具類・自転車などを分別している。具体的には，街区の中庭に2種類の異なった集積施設を設け，一つはゴミの分別廃棄用として，もう一つは，不要となった廃棄物（古着，使用可能なガラス類，ダンボール紙など）を，住人間でリサイクル，再使用できるようにし，少し

価値のある物は施設内にあるフリーマーケットルームにおいて売買も可能としている。

以上のように，さまざまな環境共生型集合住宅リノベーションがデンマーク各地で広く行われている。デンマークでも，新築建物に環境に配慮した設備が設置されることも多いが，既存の集合住宅の改修にあたって，環境共生型のリノベーションが行われている点が興味深いといえる。なぜ，老朽化した集合住宅の改修に最新ともいえる環境共生型リノベーションが行われているのか。その背景を，デンマークにおける住宅ストックの現状，建設産業，環境政策などの観点からみてみたい。

8.7　デンマークの住宅ストック

1998年度，デンマークにおける住宅ストックの総数約246万戸のうち戸建住宅が999千戸，2戸1戸等の連棟型住宅は308千戸，共同住宅は959千戸等となっている。

建設年代別の戸数は，1900年以前に建てられた住宅が全体の10.5％，1939年以前の建物が全体の36.5％である。戦後のマスハウジング時代と呼ばれる1960年代から1970年代にかけての建設が最も多く，戸数にして82万6000戸，割合で全体の33.6％に達している。1住戸あたりの居住者数は2.1人，居住者一人当たりの居住床面積は51 m²とかなりゆとりあるものとなっている。

良質な住宅ストックの条件の一つとして居住者一人当たりの居住面積の広さがあげられるが，この点についてデンマークの住宅はおおむね問題がないことがいえる。

8.8　デンマークの建設産業

1980年における建築労働者は，新築・増築部門，修繕部門とも50 000人程度の数値となっている。1982年には新築・増築部門が約30 000人と40％ほど減少している。新築分野における労働者の数値は，景気の変動によって大きく動いているが，修繕・維持管理部門の労働者の数値は，1985年に一時的な減少がみられるものの，ほぼ45 000人から50 000人の間で推移している。デンマークでは，修繕・維持管理の需要が新築・増築部門より恒常的であることがわかる（図-8.8.1）。

また，表-8.8.1から1990年度の住宅部門における建設投資額312億デンマーククローネ（5 616億円）のうち，修繕・補修に投資された総額は128億デンマーククローネ（2 304億円）でありその割合は41％である。また，1995年度の修繕・補修に投資された総額は住宅における投資額全体の55.5％に上っている。1997年度の473億デンマーククローネ（8 514億円）となる住宅部門の総投資額のうち，住宅の修繕・

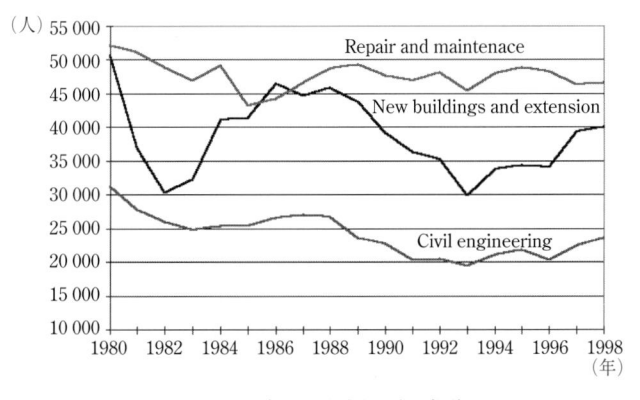

図-8.8.1　部門別建設労働者の推移

表-8.8.1　建設投資総額(1980〜1997)

単位：10億デンマーククローネ	1980	1985	1990	1995	1997
住宅	19.8	26.5	31.2	38.9	47.3
内修繕	—	—	12.8	21.6	20.9
住宅以外	15.2	19.5	26.5	24.8	34.6
土木部門	9.1	15.3	24.0	23.7	28.7

補修投資の総額は209億デンマーククローネ(3 762億円)、44.2％とその割合は減少しているが、投資額全体の44％を占めている。その他、1997年度の住宅建設を含まない土木分野における設備投資および建築の投資は、それぞれ287億デンマーククローネ(5 166億円)および346億デンマーククローネ(6 228億円)になっている。

8.9　デンマークの環境・エネルギー政策

1973年の第四次中東戦争を境として、デンマーク政府はエネルギー政策を大きく転換した。1974年、エネルギー省の設立。1976年2月「エネルギー供給法」の策定。同年5月、「エネルギー計画1976年」が策定された。これは、原油への依存を見直し、代替エネルギーの確保、省エネルギーを目的としたエネルギーの開発等を目的としている。また、1981年12月、「エネルギー計画1981年」を策定し、エネルギーの効率化、多様なエネルギー資源の研究・開発の取り組みを本格化させた。具体的には、北海油田の開発推進、また、1985年3月原子力発電に依存しない公共エネルギー計画が議会で決議されたのを受けて、風力発電の開発、天然ガス、麦藁、木屑、バイオガス、廃棄物などを利用したエネルギー資源の開発に取り組んでいる。図-8.9.1は、デンマークにおける消費エネルギーをその種類別、年代別の推移を表している。天然ガスおよび風力発電、バイオガス、廃棄物のエネルギー資源化等を含む再生エネルギーが増加しているのがみられる。

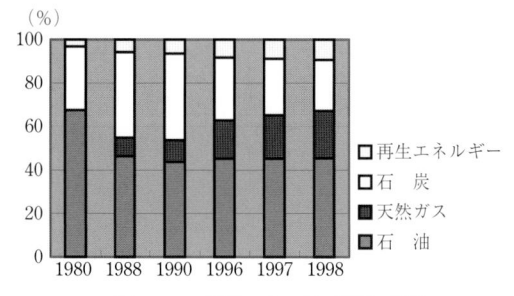

図-8.9.1　消費エネルギー資源の推移

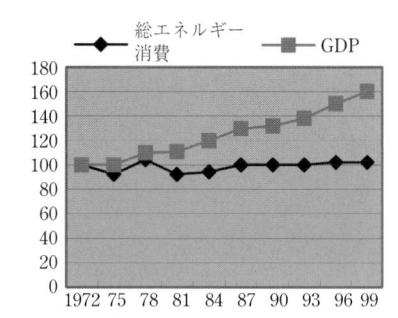

図-8.9.2　GDPと総エネルギー消費の指数
注) 1972年度を100とする

図-8.9.2は、GDPと総エネルギー消費の伸びを比較したものである。1972年度を100として、1999年度のGDPは約160と1.6倍の伸びを示しているにもかかわらず、総エネルギー消費はほとんど増加していないことがわかる。

図-8.9.1、図-8.9.2から、デンマークにおいて消費エネルギー資源の中身が着実に変わりつつあること、また、省エネルギー対策、エネルギーの効率利用といった政策が実を結んでいることが読みとれる。

8.10　まとめ(都市におけるエコロジー)

デンマークにおいて、一般的な集合住宅のリノベーション、また環境共生型リノベーション

が行われている背景として，まず，デンマークの社会資本としての住宅ストックが充実していることがあげられる。また，リノベーションをサポートする一定の社会システムが整っていることである。さらにデンマークの環境・エネルギー政策は，エネルギーの質的転換と消費エネルギーの節減・効率化を目指しており，さまざまな分野における資源消費の節減・効率化を実践していることがあげられる。既存の集合住宅における環境共生型リノベーションもそれらの延長線上にあるものである。

1995年5月，デンマーク政府は都市のエコロジーを目指す「アクション・プラン」を策定した。これは，資源消費の節減と建物を維持・使用する上での消費エネルギーの節減をめざしたものである。環境問題・省エネルギー対策を積極的に推進しているデンマークは都市における資源消費を節減する方策として都市の集合住宅に焦点をあてている。つまり，古い集合住宅をリノベーションすることによって住宅ストックの有効活用を図るとともに，住宅を維持する上でのエネルギー効率を高めることでエネルギーの消費節減を目指すというものである。デンマークの環境共生型集合住宅リノベーションはその実験的な取り組みであり，今後の都市における集合住宅リノベーションのテーマとなる可能性を持っている。

◎参考文献

1) Danish Ministry of Housing and Urban Affairs：Housing, Building and Urban Affairs in Denmark, 2001. http://www.boligministeriet.dk/
2) SBS, Urban Ecology Working Conference：The demonstration projects in Hedebygade, 1997.
3) The Danish Energy Agency：Energy Statisitics 2000. http://www.ens.dk/
4) 辻壽一，梶浦恒男，藤田忍：集合住宅における環境共生型リノベーションの研究 －デンマークの実験プロジェクトの考察－，(第1報)日本建築学会近畿支部研究報告集第41号・計画系，2001.6.

索　引

用　語	掲載章	ページ
── あ 行 ──		
亜鉛めっき鋼管	1章	41
圧送ポンプ	1章	41
アルミサッシ	1章	18
アンケート	2章	75
意思決定	7章	165
維持保全	4章	113
一団地認定	1章	56
	2章	73
イニシャルコスト	4章	119
インターホン	1章	42
インフィル	総論	4
ウィークリーマンション	3章	87
ウエイスト	8章	178
雨水再利用システム	7章	154
ウレタン防水	1章	37
エキスパンションジョイント	1章	38
エコロジー	8章	174
エポキシ樹脂ライニング	1章	24
エレベータ	1章	16,44
エレベータホール	1章	33,37
エントランス	1章	33,36
塩ビライニング鋼管	1章	41
オートロック	1章	34
屋外環境改善	1章	52
屋上	1章	39
屋上増築	7章	156
汚水処理施設	1章	55
踊り場	1章	45
── か 行 ──		
外構	1章	17
階高	4章	117
階段	1章	37
階段室型	1章	34
階段室型住棟	1章	45
	4章	111
買取特定公共賃貸住宅等制度要綱	6章	142
外壁	1章	40
確認申請	1章	46,56

用　語	掲載章	ページ
瑕疵担保責任	3章	88
ガス設備	1章	41
壁構法	2章	73
環境共生	8章	174
監修方式	1章	69
管理規約の変更	2章	76
管理組合	1章	19
	2章	75
管理事務所	1章	55
管理の共同化	1章	70
機械式駐車装置	1章	53
既設公営住宅改善事業	4章	107
既存不適格	1章	48,68
規模増改善	4章	108
給水設備	1章	40
給湯設備	1章	41
共同建替え	1章	71
共有地の悲劇	7章	167
共有物	1章	57
共用部分	1章	17,18
居住性	4章	117
躯体改修工事	1章	22
区分所有法	1章	36
	2章	76
グリーンキッチン	8章	177
グレードアップ	1章	33,36
計画修繕	1章	13
傾斜屋根	1章	39
建築確認	3章	91
合意形成	2章	75
	7章	168
公営住宅	4章	106
公営住宅環境改善事業	4章	107
公営住宅住居改良事業	4章	107
公営住宅ストック総合活用計画	4章	113
公営住宅等整備基準	4章	107
工事完了検査	3章	92
硬質塩ビ被服鋼管	1章	41
構造安全性	4章	117
高置水槽	1章	16,40

索引

用　　語	掲載章	ページ
高齢者向け優良賃貸住宅	5章	134
コーポラティブ住宅	8章	176
小口修繕	1章	16
51C型	6章	142
個別改善事業	4章	106
ゴミ処理・焼却施設	1章	55
コミュニケーションスペシャリスト	7章	167
コミュニティー施設	1章	55
コレクティブハウス	3章	87
コンクリート打ち放し	1章	23
コンバージョン	3章	84

―― さ 行 ――

用　　語	掲載章	ページ
再生住宅賃貸事業	6章	140
再生賃貸住宅（公社型）	6章	142
最低居住水準	6章	139
サステナブル	総論	2
	7章	150
錆	1章	14
サブ・コントラクター	7章	167
サブリース	3章	88
仕上げ材	1章	15
CATV	1章	42
シーリング材	1章	18
事故修繕	1章	16
自主管理	2章	72
事務所ビル	3章	86
社員寮	3章	99
社会問題の解決	7章	157
社宅	3章	87
集会所	1章	55
住戸改善事業	6章	139
住戸玄関廻り	1章	39
住戸交換	2章	77
住戸内リフォーム事業	6章	140
修繕積立金	1章	17, 20
住宅・都市整備公団	5章	124
住宅供給公社	6章	138
住宅金融公庫	7章	151
住宅建設5カ年計画	2章	72
住宅宅地審議会	総論	2
住宅転用助成制度	3章	86
樹脂系塗料	1章	23
受水層	1章	16, 40
樹木	1章	52
竣工図書	1章	56
省エネルギー	8章	174
小規模マンション	1章	66
情報通信設備	1章	42
植栽	1章	52
所有形態の変化	3章	84
シルバーコート	1章	18
スーパーリフォーム	1章	27

用　　語	掲載章	ページ
スクラップ・アンド・ビルド	7章	150
スケルトン	総論	4
ストック	総論	1
ストック活用事業	6章	139
ストック総合活用計画	5章	124
スラブ厚	4章	117
スラム化	7章	166
スロープ	総論	5
	1章	43
責任施工方式	1章	69
設計監理方式	1章	69
ゼネラル・コントラクター	7章	167
全体コンバージョン	3章	96
洗濯機置き場	2章	74
セントラル給湯	1章	34
全面的改善	4章	113, 117
専門家	1章	68
専有部分	1章	17, 18
専用使用	1章	19
	2章	76
総会決議	1章	57
総合的団地環境整備事業	5章	130
相対的老朽化	1章	14
増築	2章	71
	4章	108
ソーラーパネル	7章	154
外断熱	1章	34

―― た 行 ――

用　　語	掲載章	ページ
大規模修繕	1章	12
耐震基準	1章	47
耐震診断	1章	47
耐震補強	1章	47
太陽光発電パネル	8章	174
タイル	1章	15
ダクト	1章	41
ダストシュート	8章	178
建替え事業	4章	106
	5章	127
建物診断	1章	13
建物点検	1章	16
段差解消	1章	42
	5章	132
団地型マンション	1章	52
団地管理組合	2章	75
断熱ガラス	8章	174
駐車場	1章	53
駐輪場	1章	53
長期修繕計画	1章	17
長命化	1章	29
直結増圧方式	1章	40
賃貸化	1章	68

索　引

用　語	掲載章	ページ
定期借家	3章	100
手すり	1章	23
	5章	132
鉄筋露出	1章	14
鉄部塗装	1章	18
TVアンテナ	1章	18
電気設備	1章	41
電気容量	1章	16
登記	1章	57
	2章	76
トータルリニューアル	5章	136
トータルリモデル	4章	113, 117
都市基盤整備公団	5章	124
都市再生機構	5章	124
都市再生本部	5章	126
トップコート	1章	18
── な行 ──		
2戸1	1章	35
	4章	109
日常管理	1章	16
日本住宅公団	5章	125
ニュータウン	7章	151
ニューリフォーム住宅	6章	142
ネットワーク形成	1章	70
── は行 ──		
バイオ・プラント	8章	175
排水設備	1章	41
パイプシャフト	1章	28, 32
パラペット	1章	15, 23
バリアフリー	1章	42
バルコニー	1章	15, 39
バルコニーの室内化	7章	155
バンダリズム	7章	166
光ファイバーケーブル	1章	42
PC構法	1章	20
	2章	72
ビジネスホテル	3章	100
一部屋増築事業	6章	140
避難安全性	4章	117
ひび割れ	1章	14
費用便益	4章	119
ピロティー	1章	47
ファサード	8章	178
プチ・コンバージョン	3章	99
物理的老朽化	1章	14
部分コンバージョン	3章	94
フリープラン分譲	3章	88
プリズム	8章	177
プレイロット	1章	17, 55

用　語	掲載章	ページ
フロー	総論	1
フローリング	5章	132
平面式駐車場	1章	54
ペデストリアンウエイ	1章	55
ボイラー施設	1章	55
防水	1章	15
歩道	1章	52
ポリエチレン管	1章	41
── ま行 ──		
マス・ハウジング	7章	151
間取り改善	4章	110
マンション・アドバイザー	1章	71
マンション管理適正化法	1章	13
マンション建替え円滑化法	1章	13
メゾネット	4章	109
面格子	1章	18
モニター	8章	178
モルタル	1章	15
── や行 ──		
屋根防水	1章	15
屋根緑化	8章	174
用途廃止	4章	113
用途変更	3章	84
余剰床	2章	72
── ら行 ──		
ラーメン構法	2章	73
ライフアップ	5章	132
ライフサイクル	2章	72
ランニングコスト	4章	119
陸屋根	1章	39
リシン	1章	22
立体駐車場	1章	54
リニューアル	5章	132
リノベーション・レベル	7章	154
リフレッシュ事業	6章	142
レバーハンドル	5章	132
連担建築物設計制度	1章	56
廊下	1章	37
廊下型住棟	1章	45
	4章	111
老人ホーム	3章	98
── わ行 ──		
ワンルームマンション	3章	87

集合住宅のリノベーション	定価はカバーに表示してあります。
2004年3月1日　1版1刷発行	ISBN 4-7655-2475-2 C3052

編　者	社団法人 日本建築学会
発行者	長　　祥　　隆
発行所	技報堂出版株式会社

〒102-0075　東京都千代田区三番町8-7
　　　　　　　　　（第25興和ビル）

日本書籍出版協会会員
自然科学書協会会員
工学書協会会員
土木・建築書協会会員
Printed in Japan

電　話　営　業　(03)(5215)3165
　　　　編　集　(03)(5215)3161
　　　　FAX　(03)(5215)3233
振替口座　00140-4-10
http://www.gihodoshuppan.co.jp/

Ⓒ Architectual Institute of Japan, 2004　　　装幀　芳賀正晴　印刷・製本　技報堂

落丁・乱丁はお取り替え致します。

本書の無断複写は、著作権法上での例外を除き、禁じられています。

◆ 小社刊行図書のご案内 ◆

シックハウス事典

日本建築学会 編

A5・220 頁　ISBN：4-7655-2456-6

【内容紹介】　最近マスコミ報道にもたびたび登場するシックハウス症候群についての一般向き概説書．症状の説明から始め，原因や予防法，症状が出たときの対処法，困ったときの相談先，家づくり・家選びやリフォームにあたっての注意点等々を，建築学，医学，化学など関連分野の専門家が，Q&A 形式で簡潔に解説している（Q&A 99 項目）．新築，購入，リフォームを考えている方や，実際にシックハウス症候群に悩まされている方々に，ぜひ一読いただきたい．

［目次］
1. 室内の空気汚染に関する基礎知識
2. 住宅の購入から入居まで
3. リフォームをする
4. 入居したあとで
5. 自覚症状を覚えたら
6. 利用できる情報あれこれ

付録：室内ホルムアルデヒド濃度簡易計測サービス機関／化学物質過敏症の自己診断シート／関連図書

騒音規制の手引き
— 騒音規制法逐条解説／関連法令・資料集 —

日本騒音制御工学会 編／騒音法令研究会 著

A5・598 頁　ISBN：4-7655-3182-1

【内容紹介】　騒音に関する苦情は，公害苦情件数のなかでつねに上位を占め，その状況はさらに深刻化しつつある．一方で，「騒音規制法」は，指定地域制がとられていること，特定施設，特定建設作業について届出制となっており，年間 10 万件近い届出があること，自動車騒音について常時監視が規定されていること，改正が繰り返されていることなどから，法文解釈上，疑義が生じることも多い．本書は，その適切な運用が図れるよう，「騒音規制法」を条文ごとに詳細に解説するとともに，通知・通達など，最新の関連行政資料を網羅的におさめている．

［目次］第 1 章 総説／第 2 章 騒音規制法解説／第 3 章 環境基準等解説／第 4 章 騒音の測定／資料編

振動規制の手引き
— 振動規制法逐条解説／関連法令・資料集 —

日本騒音制御工学会 編／振動法令研究会 著

A5・356 頁　ISBN：4-7655-3186-4

【内容紹介】　公害のなかでも騒音とともに苦情陳情の多い問題である振動の規制を目的に，1976 年に制定された「振動規制法」は，振動問題に関する国レベルの規定としては世界初のものである．しかし，制定からすでに 25 年以上が経過し，最近は，国と地方自治体をめぐる状況が大きく変化したこともあって，改正が繰り返されるようになり，また国際動向の変化とも相まって，同法の詳しい解説書を望む声は次第に高まりつつあった．本書は，そのような声に応えるべくまとめられた書で，適切な運用が図れるよう，「振動規制法」を条文ごとに詳細に解説し，必要に応じて補足説明を行うとともに，関連法令，審議会答申などの行政資料を網羅的におさめている．

［目次］第 1 章 総説／第 2 章 振動規制法解説／第 3 章 振動の測定／資料編

技報堂出版　TEL 営業03(5215)3165 編集03(5215)3161
　　　　　　FAX 03(5215)3233